亚非研究

苏莹莹　主编

第20辑

外语教学与研究出版社
北京

图书在版编目（CIP）数据

亚非研究. 第20辑 / 苏莹莹主编. —— 北京：外语教学与研究出版社，
2023.12
ISBN 978-7-5213-5024-1

Ⅰ.①亚… Ⅱ.①苏… Ⅲ.①亚洲–研究–丛刊②非洲–研究–丛刊
Ⅳ.①D73–55②D74–55

中国国家版本馆 CIP 数据核字 (2023) 第 257139 号

出 版 人　王　芳
责任编辑　蔡　喆
责任校对　孙凤兰
封面设计　覃一彪　曹志远
出版发行　外语教学与研究出版社
社　　址　北京市西三环北路 19 号（100089）
网　　址　https://www.fltrp.com
印　　刷　北京捷迅佳彩印刷有限公司
开　　本　710×1000　1/16
印　　张　15
版　　次　2023 年 12 月第 1 版　2023 年 12 月第 1 次印刷
书　　号　ISBN 978-7-5213-5024-1
定　　价　69.00 元

如有图书采购需求，图书内容或印刷装订等问题，侵权、盗版书籍等线索，请拨打以下电话或关注官方服务号：
客服电话：400 898 7008
官方服务号：微信搜索并关注公众号"外研社官方服务号"
外研社购书网址：https://fltrp.tmall.com

物料号：350240001

目　录

"一带一路"文化交流专栏

古代孟加拉航线考…………………………………………薛克翘 / 03

近十年国内回鹘研究综述………………………………贺婷　张铁山 / 24

语言研究

对普什图语第一、二人称物主代词前缀 di/də>z/s- 的一些质疑 赵飞 / 67

"病句"是否有病：现代汉语无标记受事主语句及其中越翻译教学
　　启示…………………（越南）阮玉翠英　（越南）潘青皇 / 93

文学研究

菲律宾骑士传奇的民间文学渊源…………………………郑友洋 / 113

虚构与史实之间：宫崎市定《水浒传》研究评述……………郭珊伶 / 131

历史文化研究

老挝民办教育发展问题及对策探析………………欧阳诚　陆蕴联 / 157

婆罗摩笈多《婆罗摩修正体系》第 25 章 "行星运动指引"（第
　　18—36 节）译注…………………………………………吕鹏 / 178

区域国别研究

"清洁印度运动"优势、不足与原因分析 ······························刘鑫 / 201

菲律宾女性参议员的政治参与：以第十九届国会为例········ 洪天悦 / 215

Contents

Cultural Exchanges in the Belt and Road Initiative

The Study of the Ancient Bengal Route ·· XUE Keqiao / 03

A Review of Uighur Research in China in Recent 10 Years

··· HE Ting, ZHANG Tieshan / 24

Language Studies

Some Doubts on Pashto di/də>z/s- as Prefix of the 1st and 2nd Possessive

Pronouns ··· ZHAO Fei / 67

Is "Wrong Sentence" Wrong: Unmarked Patient-subject Sentence in Modern

Chinese and Its Revelation in Chinese-Vietnamese Translation Teaching

··

(Vietnam) NGUYEN Ngoc Thuy Anh, (Vietnam) PHAN Thanh

Hoang / 93

Literary Studies

The Affinity With Folk Literature of Philippine Metrical Romances

··· ZHENG Youyang / 113

Between Fiction and Historical Fact: Miyazaki Ichisada's Criticism and

Descriptions of *Water Margin* ······································· GUO Shanling / 131

Historical and Cultural Studies

Exploring the Development Problem and Countermeasure of Private

Education in Laos ······························· OUYANG Cheng, LU Yunlian / 157

Translation and Notes on Chapter 25 "Dhyānagrahopadeśa" (Verses 18-36)
of Brahmagupta's *Brāhmasphuṭasiddhānta*··························LYU Peng / 178

Country and Regional Studies

Analysis of the Strengths, Weaknesses and Causes of the "Swachh Bharat
Mission"···LIU Xin / 201
Political Participation of Women Filipino Parliamentarians: The Case of
the 19th Congress···HONG Tianyue / 215

"一带一路"文化交流专栏

古代孟加拉航线考

薛克翘

内容提要：在中国和孟加拉之间，从很早的时候起就存在一条海上航线，我们称之为"孟加拉航线"。这一航线的形成、发展和延续，大体经历了五个阶段：一为基础阶段，即中国的两汉、三国时期（前206—公元265年）；二为初成阶段，大体相当于中国的两晋至隋代（265—618年）；三为繁忙阶段，大体相当于中国唐至元代（618—1368年）；四为鼎盛阶段，大体相当于中国明代前期（约15世纪上半叶）；五为延续阶段，主要指清代晚期（1875—1911年）。

关 键 词：孟加拉航线；海上丝绸之路；孟加拉国；吉大港；郑和

作者简介：中国社会科学院亚太与全球战略研究院研究员，主要从事印度文化、中印文化交流史、中国与南亚交通史等研究。

　　要事先说明的是，"孟加拉航线"的提法，最早见于冯承钧的《中国南洋交通史》（初版于1937年）。他提到的是"榜葛剌航线"。他在介绍郑和下西洋的航线时，认为从苏门答腊西北角的亚齐出发，有两条航线，"一为赴榜葛剌之航线；一为赴锡兰之航线"（冯承钧，2012）。其后，周运中在《郑和下西洋新考》一书中直接提出了"孟加拉航线"（周运中，2013）。也就是说，"榜葛剌航线"或者"孟加拉航线"，都是明代南洋航线的支线，也可以说是当时中国—印度航线的支线。

　　而本文要讨论的"孟加拉航线"则是中国至孟加拉的航线。从很早的时候起，中国与孟加拉之间即存在一条航线。这一航线的形成、发展和延续，大体经历了五个阶段。下面我们就对这五个阶段做分析、论证和描述。

一、基础阶段

"基础阶段"的时间大体为汉代至三国时期，即前206—公元265年，有三个要点。

（一）汉代中国至南亚航线

《汉书·地理志》曰：

> 自日南障塞、徐闻、合浦船行可五月，有都元国；又船行可四月，有邑卢没国；又船行可二十余日，有谌离国；步行可十余日，有夫甘都卢国。自夫甘都卢国船行可二月余，有黄支国，民俗与珠崖相类。其州广大，户口多，多异物，自武帝以来皆献见。有译长，属黄门，与应募者俱入海市明珠、璧流离、奇石异物，赍黄金杂缯而往。所至国皆禀食为耦，蛮夷贾船，转送致之。亦利交易，剽杀人。又苦逢风波溺死，不者数年来还。大珠至围二寸以下。平帝元始中，王莽辅政，欲耀威德，厚遗黄支王，令遣使献生犀牛。自黄支船行可八月，到皮宗；船行可二月，到日南、象林界云。黄支之南，有已程不国，汉之译使自此还矣。（班固，1983）

能为多数中外学者所接受的看法是，文中的"黄支国"即今南印度泰米尔纳杜邦金奈（Chennai，旧称马德拉斯）市附近的康契普拉姆（Kanchipuram）地区，即玄奘《大唐西域记》中的建志补罗（Kancipura）[1]。而已程不国，有学者以为是斯里兰卡[2]，笔者从之。

---

[1] 此处论述可参见藤田丰八《前汉时代西南海上交通之记录》，何建民译《中国南海古代交通丛考》（商务印书馆1936年版）；费琅著、冯承钧译《昆仑及南海古代航行考》（中华书局1957年版）；冯承钧《中国南洋古代交通史》（商务印书馆1937年版）。

[2] 此处论述参考苏继廎在《〈汉书·地理志〉已程不国即锡兰说》一文中的说法，该文论述内容参见韩振华发于《厦门大学学报》1957年第2期的《公元前二世纪至公元一世纪间中国与印度东南亚的海上交通——〈汉书·地理志〉粤地条末段浅释》一文。

仅从这段文字看，如果没有多次航海的经验，便不可能得出这样一条清晰航线和这样一份确切的时间表。这说明，西汉时期中国与南亚的海上通道已经确立，它的起点有三：一在今广东徐闻，二在今广西合浦，三在今越南广治省东河市（汉时的日南）。它的终点有二：一在黄支，二在已程不国。

（二）对孟加拉湾的认知

三国时（220—265年），东吴拥有南海交通之便，因而出现了朱应、康泰这样由政府派遣的使者兼旅行家赴南洋考察。一般认为，在其考察之后，朱应著有《扶南异物志》（或简称《异物志》）一书，康泰则著有《扶南土俗记》（又称《扶南传》《吴时外国传》等）一书。除朱应的《扶南异物志》外，吴人还撰写过多种《异物志》，其中万震的《南州异物志》（又作《南方异物志》）最为著名。可惜这些书都已散佚，仅在后世其他书中保留下若干片段。从这些片段可知，当时的国人对孟加拉湾一带已经有了初步认知。

（三）对恒河口的认知

陈连庆曾经著文论及朱应、康泰出使扶南事。他认为，这"是中外交通史上的一件大事，可以和张骞通西域先后媲美"（陈连庆，1986）[32]。由于他们的著作很早就遗失了，所以，"通过《梁书》的记载，人们才知道朱应、康泰的具体活动"，"朱应大约出身于朱、张、顾、陆之族，而康泰当是流寓交广的康居人"（陈连庆，1986）[32]。根据康泰《吴时外国传》和《梁书·扶南国传》以及《太平御览》卷七八七引《扶南土俗》，可知扶南开国传说：摸趺国（古籍中又有横趺、摸跌、横跌等多种刊印）人混填得神弓，乘大船入海，其入海地为乌文国，然后到扶南，娶当地女主为妻，在扶南国称王。"岑仲勉把摸趺国比定为恒河口之担袂，又认为乌文国即 Andam 群岛（按今名安达曼群岛）之故名（见《中外史地考证》第 145 页 [1]）。其说确否虽尚待定论，但摸跌是印度东海岸的国家，乌文国是由印度往扶南的必经之地，扶南是印度移民与扶南土著所创建的国家，这都是不会错的。"（陈连庆，1986）[32-33]

这里，陈连庆比较赞成岑仲勉的比定，而所比定的地方摸跌（担袂）已经到了孟加拉地区的恒河口。这说明三国时期可能有人去过那一带，因而对那一带的情况比较熟悉。

二、初成阶段

大约从两晋经南北朝到隋代（265—618 年），可以看作中国—孟加拉航线的初成阶段。初成阶段的特点是航线已经开通，从中国到孟加拉，或者从孟加拉到中国，须经多次中转才能到达。法显的归国行程即是生动实例。当时及稍后，还有很多僧人的行程也可以作为补证。

（一）法显归国航程

法显在"中天竺"巡礼完毕，沿恒河东南行，来到"东天竺"的恒河入海口处——多摩梨帝（Tamralipti）。法显在这里居住二年，抄写经像。

然后，法显从多摩梨帝乘船南下，先到师子国（即狮子国，今斯里兰卡），在那里住二年，学习佛法，搜集佛经，收获颇丰。二年后，他搭乘商船回国，不料途中遇到风暴，船破漏水，失去航向，漂流十多日，靠上一小岛。在小岛补漏后，又经九十天，到达一个叫作"耶婆提"（Yavadeepa）的地方，就是今天印度尼西亚的爪哇和苏门答腊岛一带。法显又从这里搭

---

[1] 岑仲勉在 1962 年中华书局出版的《中外史地考证》中径直给出乌文国的外文名为 Andaman，又径直将摸跌国比定为担袂，并给出外文为 Tamralipti。前者为今印度洋孟加拉湾东南之安达曼群岛；后者为《法显传》中的多摩梨帝，今印度西孟加拉邦之塔姆卢克（古之港口，后因河水冲积而成内陆城镇）。

乘去广州的商船启程，不料又遇到风暴。船上缺少供给，有人甚至想把法显推到海里，但法显义正词严加以驳斥，那些人终于没敢动手。船终于抵达陆地，一打听，才知道已到今天山东境内的青岛崂山。

从《法显传》的记载看，当时并没有从孟加拉（多摩梨帝）到中国的直达商船，但经过多次换乘后，是可以到达中国的。

（二）其他僧人的补证

同一时期，中国赴印取经的僧人还有法勇（又名昙无竭，约活动于4—5世纪）和智严（活动于4—5世纪）。他们访印，均有践行海路的经验，是辗转到达印度的例证。有海上航行经验的印度僧人则有昙摩耶舍（Dharmayasas，意译法称，约活动于4—5世纪）、佛驮跋陀罗（Buddhabhadra，意译觉贤，359—429年）、求那跋摩（Gunavarman，意译功德铠，367—431年）、僧伽跋摩（Samghavarman，约活动于5世纪，又译众铠、僧铠）、求那跋陀罗（Gunabhadra，意译功德贤，394—468年）等。以上中印僧人的事迹分别见于《高僧传》卷一至卷三本传。

其中，求那跋摩的经历具有典型意义。他本是罽宾（当时的克什米尔）人，选陆路来华更近。但他周游了印度后，来到师子国修行，又从师子国登舟来中国。正如他在遗言中所说："避乱浮于海，阇婆及林邑，业行风所飘，随缘之宋境。"（慧皎，1992）从师子国到刘宋地界，中经阇婆（今印度尼西亚苏门答腊岛或爪哇岛）、林邑（今越南南部，王治因陀罗补罗在今岘港附近）辗转来华。

三、繁忙阶段

繁忙阶段指唐宋元时代，时间大体在618—1368年。之所以说这一时期东南海域交通繁忙，是因为此前活跃于海上丝路的商人，主要有中国人、印度人、波斯人和罗马人，以及沿线其他国家的人。但到了唐代以后，阿拉伯人崛起，阿拉伯商人异常积极地参与进来，在很大程度上促进了东西方交往和贸易的繁荣。僧人们也有了更多乘船出访的便利，留下了很多相关的记录。

（一）义净的记录

1. 关于航线的记录

唐代初期，玄奘和义净都有孟加拉地区几个小国的记录，这里要专门介绍一下义净的记录。

义净《大唐西域求法高僧传》卷下叙述自己赴印行程时说，他从广州来到南洋的室利佛逝（今印度尼西亚的苏门答腊岛的巨港一带）。其时，室利佛逝是一个强大的国家，其国王赞助佛教僧徒西行，用王家的船只送他们去印度朝拜圣地。义净就是得到室利佛逝国王赞助才顺利由室利佛逝出发前往"东天"（东印度）耽摩栗底的。

义净曾多次述及这条海路。例如在《大唐西域求法高僧传》卷下开首的《道琳传》中即曰：（道琳）"乃杖锡遄逝，鼓舶南溟。越铜柱而届郎迦，历诃陵而经裸国。所在国王，礼待极致殷厚。经乎数载，到东印度耽摩立底国。"（义净，1995）[133] 引文中，"铜柱"指今越南中部的古象林县；"郎迦"即郎迦戍，在今泰国北大年一带；"诃陵"在今加里曼丹岛西部；"裸国"指今印度安达曼岛。很清楚，义净时期，有许多人走的都是这条路。而凡是走这条路的人几乎都从今孟加拉国领土或领海经过过。

2. 关于地点的记录

义净书中记录的孟加拉地区小国主要有三个，一为耽摩栗底国，即法显所记的多摩梨帝国；二为三摩呾吒国（Samatata），在今孟加拉国的三角洲地区；三为诃利鸡罗国（Harikela），在今孟加拉国东部吉大港附近。

义净《大唐西域求法高僧传》卷下《昙光传》记载了诃利鸡罗国，曰：

> 昙光律师者，荆州江陵人也。既其出俗，远适京师，即诚律师之室。洒，善谈论，有文情，学兼内外，戒行清谨。南游溟渤，望礼西天，承已至诃利鸡罗国，在东天之东。年在盛壮，不委何之，中方寂无消息，应是摈落江山耳。（义净，1995）[141]

这里明确地说，诃利鸡罗国在东天竺之东，即今孟加拉国的东部。

义净还与一个诃利鸡罗国的僧人相识。从其记载看，诃利鸡罗国从上到下都信仰佛教。《大唐西域求法高僧传》卷下还有《无行传》，说无行禅师与智弘同行，也到过诃利鸡罗国：

> 无行禅师者，荆州江陵人也。……与智弘为伴，东风泛舶，一月到室利佛逝国。国王厚礼，特异常伦，布金花，散金粟，四事供养，五体呈心。见从大唐天子处来，倍加钦上。后乘王舶，经十五日，达末罗瑜洲。又十五日，到羯荼国。至冬末转舶西行，经三十日，到那伽钵亶那。从此泛海二日，到师子洲，观礼佛牙。从师子州复东北泛舶一月，到诃利鸡罗国。此国乃是东天之东界也，即赡部州之地也。停在一年，渐之东印度，恒与智弘相随。此去那烂陀途有百驿。既停息已，便之大觉……。（义净，1995）[181-182]

这里，义净再次强调诃利鸡罗国"乃是东天之东界也"。

现在的问题是，有人以为诃利鸡罗国在今印度奥里萨邦。笔者同窗王邦维否定了此说，认为："此国位置应在东印度之极东界，今奥里萨邦沿岸则不在此范围中。因此有人以为在今孟加拉国沿海的巴卡尔干杰县（Backerganj dist.）和诺卡利县（Noakhali dist.）；又或以为在今梅格纳河（Meghna R.）西岸；又或以为在今吉大港（Chittagaon）附近。参见 B.C.Law：HGAI.p.221。"（义净，1995）[142] 总之，诃利鸡罗国在今孟加拉国境内，这是正解。说明义净确切地记载了中国与孟加拉国当时的交通实况。

（二）《诸蕃志》的记载

南宋时期（1127—1279年），赵汝适的《诸蕃志》卷上有"鹏茄啰国"，即今孟加拉。这是孟加拉首次出现于中国汉文典籍，也是其不断崛起的表现。《诸蕃志》中只有简短数语：

> 西天鹏茄啰国，都号茶那咭，城围一百二十里。民物好胜，专事剽夺。以白砑螺殼磨治为钱。土产宝剑、兜罗绵等布。或谓佛教始于此，唐三藏玄奘取经曾到。（赵汝适，2000）[76]

别看短短数语，其信息量很大，计有国名、首都、民情、货币、土产、宗教，以及与中国的交往。由于是首次出现，所以我们此处要做详细考证。

先说国名。杨博文注释说，冯承钧考鹏茄啰"为今之孟加拉（Bangala）。案冯氏所考为是。此国《岛夷志略》作朋加剌，《瀛涯胜览》作榜葛剌"（赵汝适，2000）[80]。从读音讲，鹏茄啰对 Bangala 是无可挑剔的，元人汪大渊《岛夷志略》的朋加剌与鹏茄啰读音基本一致。相比之下，明人马欢《瀛涯胜览》的榜葛剌更加接近现代发音。从记载的内容看，《岛夷志略》"朋加剌"条对孟加拉的记载已经十分准确了，而《瀛涯胜览》的"榜葛剌"条的记载则更加细致真切。

再说首都。杨博文注"茶那咭"曰："殆即古城洛义漫伐底（Lakshmanwati），自六世纪起即为此国都城。后迭经迁都，于十二世纪末仍都此城，洛义漫伐底波斯语作 shahr-i-nao，义为新城，'咭'乃'唔'之讹。茶那唔殆波斯语 shahr-i-nao 之对音。其遗址在今郭里（Guar）。"（赵汝适，2000）[80] 此注总体可取，但有三个问题。第一，洛义漫伐底应为洛叉漫伐底之讹（属刊印之误），洛叉漫又译罗什曼那或罗奇曼，本是印度史诗《罗摩衍那》男主人公罗摩（Ram）的弟弟，伐底是后缀，意思是地方，洛叉漫伐底的意思是罗什曼那的地方。第二，以波斯文 shahr-i-nao（今乌尔都语、印地语、孟加拉语等多种现代语言均用 shahr 一词，意思是城市）对茶那咭或茶那唔，均过于牵强。笔者以为，茶那咭的对音应为 Janaki，三个音节对三

个汉字，对应严整，无可挑剔。Janaki 是《罗摩衍那》的女主人公，罗摩的
妻子悉多的别名，季羡林将此名译为遮那吉（因她是国王遮那竭之女而得此
名）（蚁垤，1980）。在《罗摩衍那》的《后篇》中，由于罗摩怀疑悉多（遮
那吉）不忠，特命罗什曼那将她送到恒河北岸遗弃。罗什曼那也在恒河北
岸抛弃了自己的肉身而灵魂升天（蚁垤，1984）。所以古代恒河北岸多地都
流传着这个传说，并常常将自己的居住地说成是罗什曼那的土地，或者是
悉多的地方（茶那咭）。第三，郭里通常译为高尔，其英文名字是 Gaur 而不
是 Guar（马宗达等，1986）[1185]。高尔正在恒河北岸。而且在 1178—1199 年，
统治这里的国王恰恰就叫罗什曼那·犀那（Lakshmana Sena）。犀那王朝（Sena
Dynasty，或称森那王朝）是孟加拉地区最后一个印度教王朝。

再说民族。说他们"专事剽夺"，恐是片面而偏激的，或者是张冠李戴
了，当时至少在孟加拉地区基本没有专门从事抢劫的民族。

再说物产。《诸蕃志》的鹏茄啰国有两点与《岛夷志略》的朋加剌一致，
一是使用贝壳为货币，二是土产兜罗绵。

再说信仰。有人说"佛教始于此"也是可以理解的，因为这里 8—12 世
纪在波罗王朝（Pala Dynasty）统治下，国王赞助佛教；说玄奘曾到这里，
也符合实际。至于其他问题，只好暂时存疑，这里仅谈一点另外的浅见。

在波罗王朝建立之前，孟加拉地区仅仅算是东天竺的一个部分，而且
区域内小国林立，就像玄奘和义净记载的那样，在今天的孟加拉国境内有
几个闻名一时的小国，如奔那伐弹那国、三摩呾吒国、诃利鸡罗国等。正
如印度史学家所说，在印度笈多王朝及其以前，孟加拉似乎仅仅是属于摩
揭陀国的一个部分。到公元 7—8 世纪，孟加拉地区有两个民族，而且他们
所建的国家比较有影响。一个是在孟加拉西部和西北部的高达国（Gauda）
的高达人（Gaudas），他们兴盛于 7 世纪，到 8 世纪初就消亡了。另一个是
地处三角洲地带的文伽国（Vanga）的文伽人（Vangas）。在高达王国处于无
政府状态时，人民拥立了一个叫瞿波罗（Gopala，约 750—770 年在位）的
国王。"有名的波罗王朝从瞿波罗开始，这个王朝在统治的最后年代中，它
自称是日族的后裔，也是来自海上。在波罗王朝统治下，孟加拉获得了一
个在它早期历史中未曾梦想到的繁荣时期。在当代记录中，波罗王室最早

的一些国王被称作文伽之主和高达之主，说明他们当时统治着东孟加拉和西孟加拉两个孪生国家。"（马宗达 等，1986）[179] 由此可知，是波罗王朝把整个孟加拉地区统一起来，建成了一个规模空前的区域性强国。这在孟加拉地区的历史上是第一次。

那么，这个波罗王朝的国家叫什么名字呢？既不叫高达，也不叫文伽，更不叫耽摩栗底、三摩呾吒、诃利鸡罗等，而是叫"文伽拉"。

印度有这样一件考古实例："德干地区的拉什特拉库塔王朝（753—973年）戈文达三世于公元805年镌刻的一处铭文提到'文伽拉'（Vangala），并提到达摩波罗（Dharmapala）为文伽拉国王。"（刘建，2010）戈文达三世（Govinda Ⅲ），793—814年在位；达摩波罗，约770—810年在位，是波罗王朝的第二代国王，以提倡和赞助佛教而著名。正因为这是9世纪初的事，所以，无论是玄奘还是义净，都没有提到东印度有一个叫作Vangala的国家，甚至也没有提到"文伽"。

毫无疑问，这个"文伽拉"就是今天所说的孟加拉的前身。因为孟加拉人习惯把辅音v读成b，所以Vangala后来就变成了Bangala。但是，我们不知道当时（9世纪初）孟加拉人的发音是否即如此，是否就有了Bangala这个叫法。这里要说的是，在波罗王朝崛起之后，至迟在9世纪初年，印度人，孟加拉以外的印度人，就已经称这片土地为"文伽拉"国了。从那时起，到赵汝适著成《诸蕃志》之前，即1225年之前，Vangala已经变成了Bangala。这中间经过了420年。孟加拉一词在汉文典籍中出现较晚，但在藏文文献中出现较早。

我们知道，一直到12世纪，孟加拉地区还有梵语流行。梵语抒情诗人胜天（Jayadeva）就生活在12世纪。他的著名诗作《牧童歌》（Gitagovinda）是梵语文学末期的经典之作。他的名字和诗作的标题中都有字母v，都没有变成b。而且其诗作句子中的v也都没有变成b。例如，其第九歌中的vinihita（安放）、viraha（分离）、pavana（风）等（黄宝生，2010），梵语规则未变。

但这仅仅是少数文人在恪守梵语的规则。普通民众使用的则是俗语。一般认为，从10世纪始，这种只有少数人掌握的梵语已完全失势，而在梵语和摩揭陀俗语（Magadhi Prakrit）基础上演变来的一种新的语言——阿波布朗舍语（Apabhransha）则广泛流行，并出现了最初的文学作品——佛教密宗成就师们的《佛教短歌和双行诗》（*Baudha gan o doha*），以及修行诗（carya）等。阿波布朗舍语是印地语和孟加拉语的前身，到 14 世纪中期，孟加拉语才发展成为一种独立的语言。现在，我们就来考察一下阿波布朗舍语诗歌的发音变化，即字母 v 变成 b 的情况。

密教成就师的一首修行诗中，"轮回"（bhava）、"速度"（veg）等词仍如梵文，但"左""涅槃"就由梵文的 vam、nirvana 变成了阿波布朗舍语的 bam、nibana（还省掉了 r）（Bagchi et al., 1956）。再如，在另一首诗中，提到"乾达婆城"（意思是海市蜃楼），阿波布朗舍语作 gandhavanari，梵文应作 gandharvanagari，这个词虽然有变化，但字母 v 没有变；同一首诗中还提到"石女"（意思是不能生育的女子），阿波布朗舍语作 bandhisua，梵文应为 vandhyasuta，这个 v 就变成了 b（薛克翘，2017）。这就证明，至迟到 10 世纪，阿波布朗舍语一些词汇中的 v 已经被读作 b 了。

上述密教修行诗是在中国西藏被发现的。而 Vangala 被读成 Bangala 的早期例证也可以在藏文文献中找到。我们知道，早年到西藏传播佛教的阿底峡（Atisha，982—1054 年）大师就是今孟加拉国人，其出生地在"毗扎玛普热（Vikramapura，威德城）"，"在今天孟加拉达卡附近"（褚俊杰，1989）。在阿底峡去世后出现的藏文木刻版《阿底峡尊者传》中，明确说"中天竺金刚座之东方，有国曰邦伽罗"（郑堆，2010）[137]。"中天竺金刚座"指位于今印度比哈尔邦菩提伽耶、相传佛祖释迦牟尼成佛时所坐的地方（郑堆，2010）[137]，佛教信徒认为那是大地的中心，而释迦牟尼当年活动的地方为印度的中心，故今印度比哈尔邦、北方邦一带被称作"中天竺"或"中印度"。

在仲敦巴大师（1005—1064 年）的《噶当问道语录》中记载，他前去靠近尼泊尔边界的普兰迎请阿底峡时（1045 年），曾向阿底峡发出三问，其第一问曰："现有印度班智达的情况如何？"阿底峡答曰："现在印度班智达很多，我来藏区时，东部潘伽罗地方每天都涌现出修证成就者。"（秦士金，1994）这里的班智达，梵文 pandita，又译板的达、班抵达等，本为印度教婆罗门大学者的称号，佛教中用作大师的称号。这里的潘伽罗，即邦伽罗，说明阿底峡时已将 Vangala 读作 Bangala 了。也就是说，10—11 世纪时，孟加拉人就将孟加拉读成为邦伽罗了。而《诸蕃志》的记载迟到了 200 年。这200 年间，中国与孟加拉的经贸来往较少。而佛教金刚乘的交流较多，而且主要在西藏，中国汉地的僧人较少到孟加拉去，而主要是去"中天竺"。

（三）元代的相关记载

1. 伊本·白图泰的记录

阿拉伯旅行家伊本·白图泰（Ibn batuta，又译伊本·巴图塔，1304—1368 年）于 1333 年经中亚地区进入印度，在德里苏丹穆罕默德·沙（Mohammad Shah）的宫廷为官，后又被任命为特使出使中国。他著有《游记》一书，通常称为《伊本·白图泰游记》。他记叙喀里古特城（Calicut，今称卡利卡特，在印度西南海岸）说："中国、爪哇、锡兰以及兹贝·埋赫勒人，以及也门、波斯人都至此地，真是各方商人会萃之地。"（白图泰，1985）[489] 接着他还详细介绍了中国船只的大小、帆数、水手、造船地点（广州和泉州）、造船方法、船内设备等，反映了元代人的航海能力及其与南亚的贸易情况（白图泰，1985）[481-491]。

伊本·白图泰亲历了孟加拉三角洲地区。他详细记录道："在海上住了四十三夜，才到达孟加拉地区，这里幅员辽阔，生产大米，我在世界上从未见过任何地区的物价比这里更为低廉的了。"（白图泰，1985）[529] 他还说："我最初到达的孟加拉地区的城市是苏德喀万城，那是大海岸上的一座大城，印度人所朝拜的恒河，以及准河，都在此合流入海。"[1]（白图泰，1985）[530] 这里说的苏德喀万城，应即前面英国学者引文中所判定的霍比甘杰，"准河"实指布拉马普特拉河。接着，伊本·巴图塔介绍了孟加拉苏丹的情况，说他是一位志趣高尚的人，热爱异乡的客人，支持修道者和苏非派。然后介绍了苏丹的身世和孟加拉的王室与政局的变迁。他说："我走进苏德喀万时，没去拜见当地素丹，因他是反抗印度国王的，我担心后果不

---

[1] 该书原版本为"淮河"，现依据新版本改为"准河"（白图泰，2015）。

妙。便离开苏德喀万去凯艾姆鲁山区，两者之间为一月行程。这是一条宽阔的山脉，连接着中国……那就是麝的产地。山区的人，貌似土耳其人，他们善于服侍人。他们中的童仆较之其他童仆更为值钱。他们以玩魔法谋生。我所以到这山里来，是为了拜会一位贤人，他就是谢赫哲俩伦丁·梯布雷则。"（白图泰，1985）[531] 这里所说的"凯艾姆鲁山"显然是指喜马拉雅山的东端，说明孟加拉与西藏距离很近，并且存在麝香贸易往来。他所说的贤人"谢赫哲俩伦丁·梯布雷则"即苏非派圣人沙·贾拉尔。这里的"谢赫"和"沙"都是传道者或圣人的意思。他接着说，"我辞别谢赫哲俩伦丁后，出发到哈班格城。这是一座宽大美丽的城市。从凯艾姆鲁山脉流下的大河穿城而过，名为蓝河，可航行至孟加拉及勒克脑地区，沿河左右都是水车、花园和村舍，像埃及尼罗河两岸的情况一样。当地居民是受保护的异教徒，征收其收成的一半，还有其他赋税。"（白图泰，1985）[535] "船行十五日后，抵索努尔喀万城。"（白图泰，1985）[535] 这里，"哈班格城"应在离锡尔赫特西南不太远的河流两岸，"蓝河"应即梅克纳河，"勒克脑"应是勒克瑙提的误译，"索努尔喀万城"即位于今达卡附近的锁纳儿港。

总之，伊本·巴图塔的记录再次证实，继南宋之后，到元代时，孟加拉地区已经逐渐发达起来了。其主要表现为，孟加拉与中国西藏的联系依然紧密；从孟加拉国的港口到中国有航线；当时的穆斯林在孟加拉地区很活跃。

2. 汪大渊的记载

元代汪大渊曾两度随船至南洋考察，其第一次出海在1330年，四年后返回。第二次是在1337年，两年后返回。他曾到过南亚许多地方，回国后于1349年撰成《岛夷志略》一书。书中对印度各地记载颇详，对了解元朝与印度的海上文化交流极有帮助。他每到一地，都很注意那里的地理、土质、物产、贸易、人种、民俗等。在谈到"朋加剌"（即孟加拉，今孟加拉国和印度西孟加拉邦）时也是这样（汪大渊，1981）[330]。这是中国汉文古籍中关于孟加拉国的最早、最准确、最详实的记载。这也证明，孟加拉作为一个国家，此时已经强盛起来。

我们注意到，苏继庼在注释本条时写道：

> 此国东部古为 Vanga 国地。《后汉书·西域传》之磐起国，《魏略》之磐越（起）国，皆指此国。十世纪时之当地文献作 Vangaladesam，十三世纪时之著录作 Bangala 与 Bengala。（汪大渊，1981）[332]

苏先生这里说的 Vagaladesam 是个梵文词，其词根 desam 为 desa 的名词形式，意思是地方或国家。今天的孟加拉国（Bangladesh）就是从梵文的 Vagaladesam 变来的。

四、鼎盛阶段

（一）郑和出访孟加拉

明代初期，郑和七下西洋，中国与孟加拉国有了进一步交往，而且，相关的记载也多了起来。

郑和船队从江苏刘家港出发，到福建补给，然后到今东南亚之越南、新加坡、文莱、马来西亚、印尼、泰国、柬埔寨等地；再穿越马六甲海峡，到今南亚之斯里兰卡、印度、孟加拉国、马尔代夫等地；再经阿拉伯海入波斯湾、红海，到今天的巴基斯坦、伊朗、土耳其和阿拉伯半岛诸国；再南行到非洲东海岸诸国。

这里有三部书必须介绍。这三部书都是由同郑和一起下西洋的人写成的，最为可靠，也格外珍贵。一部是《瀛涯胜览》，作者是马欢。第二部书是《星槎胜览》，作者是费信。第三部书是《西洋番国志》，作者是巩珍。这三部书互相印证，互相补充，较全面地反映了当时"西洋"各国的情况，也反映了郑和船队的活动情况，是宝贵的第一手资料，也是研究这段历史和当时西洋各国，包括孟加拉国情况的必读书。此三书加上《郑和航海图》《顺风相送》等资料，为我们提供了孟加拉航线的确凿证据。

（二）侯显出使孟加拉

据《明史》卷三〇四《侯显传》（张廷玉，1974）可知，侯显是功劳仅次于郑和的出使外藩的太监。他曾"五使绝域"：（1）于明永乐元年（1403年）初使西藏，"陆行数万里"，3年多以后完成任务回到京师（今南京）；（2）明永乐十一年（1413年）二次奉命从陆路出使尼泊尔；（3）明永乐十三年（1415年）由海路出使榜葛剌国，据《星槎胜览》记载，费信是这次随侯显出访的通事（翻译官）；（4）明永乐十八年（1420年）受命前往沼纳朴儿国宣谕皇旨，赐金币安抚，返回时经过金刚座，似未至榜葛剌；（5）明宣德二年（1427年）再次出使西藏诸地。也就是说，侯显"五使绝域"只有一次是专访榜葛剌国。

（三）孟加拉航线

近年来，周运中出版新作《郑和下西洋新考》，对中国与榜葛剌国的交通也十分重视，并特地提出了"孟加拉航线"的概念，并予以论证。他的论证有新意，其新意来自他发现了一份新资料，即明末张鼐《宝日堂初集》中其先祖张璇客死并埋葬于孟加拉国吉大港的记载。据张鼐文得知，张璇（1359—1413年），字本中，自号柳塘，道教徒，法名为道和，明永乐十年（1412年）随少监杨敏出使榜葛剌国，翌年病殁于察地港官厂内。关于"官厂"，周运中认为即《星槎胜览》中所说的"抽分所"，有些勉强。笔者以为，根据上下文，察地港的抽分所是榜葛剌国立的税收部门，而张璇去世时所在的官厂才是明朝人建立的临时存放物资和船员休憩的场所。因为严从简《殊域周咨录》卷十一"榜葛剌"条讲了："海口有察地港，番商海泊于此丛聚，抽分其货。"明显是榜葛剌国立的抽分所，中国人不可能跑到那里去抽番商们的税。

据周运中推测，"吉大港官厂应该设置于永乐十年杨敏船队首次到榜葛剌时，那时榜葛剌国王等亲自到吉大港迎接，具备设置条件。吉大港官厂

应该一直使用到明宣德八年（1433 年）下西洋终止后，经历 20 多年。"（周运中，2013）

五、清后期的孟加拉航线

（一）黄楙材考察东孟加拉

黄楙材（1843—1890 年），江西上高县（今属宜春市）人。自幼家境贫寒，但勤奋好学，才华出众。青年时即博览群书，尤长于天文历算、地理测绘等。1878 年，朝廷因英国殖民者对我国西藏虎视眈眈，特派黄楙材等一行 6 人前往印度考察。他们从成都出发，经缅甸入印度，历时半年。后取海路回国。回国后黄楙材绘制了《五印度全图》一册、《西域回部图》一册、《四川至西藏程途》一册、《云南至缅甸程途》一册、《游历刍言》一卷、《西徼水道》一卷上呈皇帝御览。此外尚著有《西游日记》《印度札记》二书。

关于孟加拉，黄楙材在《西游日记》中也有较详细的实地考察及相关叙述和介绍。他是经过缅甸到印度去的，所以对缅甸的地理状况有很多介绍，其中关于缅甸西南部若开邦的介绍，就涉及孟加拉：

> 阿拉干部（即今缅甸若开邦）在跛散（今译勃生）之西北，袤长二千余里，广二三百里，其地重冈叠嶂，陆路罕通，山内为缅境，山外为英属，居民多文莱族（此指马来人），南方海口曰唉家（今译阿恰布，又名实兑），北方海口曰彻第缸（今译吉大港），有陆路可通孟加拉。二埠俱有华人在此贸易，二十年来英人广为招徕，建造洋楼，渐见繁盛。（黄楙材，1897）[33]

这里说的是缅甸若开邦当时的情况。从这里我们知道，那时在缅甸的阿恰布港和孟加拉的吉大港，已经有中国商人在那里贸易谋利了。黄楙材接着又说："华人商贩缅地实繁有徒，迤北陆路则滇人居多，迤南海滨则闽粤尤众。"（黄楙材，1897）³⁵ 又可知，在当时吉大港从事贸易的华商应以闽粤人居多。这说明，从中国的闽（泉州为代表）、粤（广州为代表）两地到吉大港是有一条航线的，这也就是开始于宋代，兴盛于明代，至清代尚延续的"孟加拉航线"。只不过到了清代，由于英国殖民者将在印度的统治中心设立在加尔各答，所以，以加尔各答日益繁华兴盛，而东孟加拉的达卡、吉大港等地就逐渐被边缘化，因而显得相形见绌了。

黄楙材曾亲自到过姑斯替（Kushitia，库什蒂亚），今属孟加拉国。还曾带一二随从和翻译乘火车到姑斯替，然后"附轮船至亚山（即印度阿萨姆邦），往返二十日"，又从姑斯替到达卡等地旅游。（黄楙材，1897）³⁸ 也就是说，黄楙材从姑斯替乘船，先沿着恒河东南下行，到恒河与布拉马普特拉河交汇处又转而逆行北上，经孟加拉国北部地区又东向进入阿萨姆地区。这在古代中国旅行家中是绝无仅有的。

据黄楙材的《西游日记》，他的归国行程便是孟加拉航线的具体写照：加尔各答—唉家（阿恰布或实兑）—漾贡（仰光）—槟榔屿（位于马来西亚西北，Penang Island）—马六甲—新加坡—西贡（今越南胡志明市）—中国香港。

（二）马建忠吴广霈的记录

马建忠（1845—1900 年），字眉叔，江苏丹徒（今镇江）人。清光绪七年（1881 年），受李鸿章委派，前往印度同印度总督交涉鸦片事宜，同行者还有吴广霈等人。

马建忠回国后将其访印日记整理为《南行记》二卷，于 1896 年刊行。据《南行记》上卷记叙，1881 年农历六月二十四日，马建忠一行自天津港出发，经烟台、上海，再到香港换船，然后经西贡、新加坡，至槟榔屿。关于槟榔屿，马建忠写道：

> 二十八日晴。进口，闻舟泊二日乃开，遂登岸，借住闽商颜金水栈中，聊避暑氛。此间华商侨寓者约八万人，闽商为首，广帮次之，非如

新加坡之富户尽属广人。颜之居室悉仿西制，埠内华商皆构别墅，翚飞
乌革，洵足为吾国生色，不图海外竟别开生面如此。（马建忠，2013）

参照此前黄楙材的有关记载，可知槟榔屿来自闽粤的华商的确很多，
他们首先接触到西方文化，在南洋做得风生水起。同时，槟榔屿也是"孟加
拉航线"上的重镇，所起作用相当于唐代南洋的室利佛逝。

吴广霈（1855—1919 年），安徽泾县西南茂林人。1881 年，随马建忠去
印度交涉鸦片事务，回国后写下《南行日记》。

总之，马吴二人的记载使我们知道了当时的从天津到香港，再从香港
到加尔各答的"孟加拉航线"。当然，还有从孟买到锡兰，再从锡兰到中国
香港的航线，我们姑且称之为"孟买航线"。这两条航线在槟榔屿会合。

（三）康有为的记录

康有为（1858—1927 年）广东南海县（今广东省佛山市南海区）人。
他作为 1898 年戊戌变法的主要推动者，事败逃亡，开始海外流亡生涯。同
年，康有为避祸槟榔屿，10 月 27 日，乘船去印度，11 月 2 日抵达加尔各
答，月底卜居大吉岭。在其间近一个月的时间里，他在女儿康同璧等人陪
同下先在加尔各答一带参观。11 月 8 日傍晚，他到"支那街天后庙"去演说，
见到当地华人。他记载了当地华人的概况：广东华人约于 18 世纪中后期到
加尔各答，1901 年当地已有 4,000 华人。

这些广东的华人到印度去，走的就是"孟加拉航线"。正如康有为的《印
度游记·序》中所说（括注为笔者所加）：

吾自南路跨大海来，经星架坡（即新加坡）、槟榔屿至恒河口之卡拉
吉打（即加尔各答）而入印度。海陆之程，各万余里，然大陆艰难，风
灾冰窖，头痛身热。故六朝唐宋时，非高僧艰苦者不敢远游。今则海道
大通，自粤来卡拉吉打者，月有汽船六艘，海波不兴，如枕席上。遇粤

之木工、履工集于印度者数千人，吏于卫藏或商人多假途出入，岁月相望，视如门户。（康有为，2016）

这里，康有为强调的是海路到印度比陆路更平稳安全。更重要的是他提供了一条信息，即当时从广东到加尔各答每月有六艘汽船，即平均 5 天一班，可谓频繁了。也就是说，那时候，这条"孟加拉航线"已经很通畅、很安全，往来人员很多了。乘坐者除了工人以外，还有官吏、商人等。

（四）一位印度士兵的记录

1900 年，中国的义和团运动爆发。英国当局为了保护他们在中国的利益，从印度调集军队到中国镇压义和团运动，其中有不少印度士兵。非常令人感动和难忘的是，有的士兵记录了他们来华参战的经过，表达了他们对中国人民的同情。一名叫塔库尔·格达达尔·辛格（Thakur Gadadhar Singh，1869—1920 年）的印度士兵，用印地文记下了他于 1900 年 6 月 29 日随部队从印度加尔各答出发，前往中国天津，又从天津进入北京的过程，也记下了他在这个过程中的所见所闻和自身感受。他于 1901 年 9 月回国。回国后，1902 年，他将自己的记录以《在中国的十三个月》为题，在北方邦的勒克瑙出版。115 年后这本书被翻译为英文出版（Singh，1902；Singh，2017）。

他们是 6 月 29 日下午从加尔各答出发的，7 月 11 日到达香港，作短暂停留（作补给）后北上，经威海卫、大沽口，于 7 月 17 日到达天津。这就是当时的"孟加拉航线"。另外，据格达达尔·辛格说："我们的前辈，即 1858 年的战士们（引按，指英殖民当局派兵帮助清政府镇压太平天国运动），就是从这条道路到中国去的。这是传统的道路，我们也得走。"（Singh，1902）[309] 即是说，19 世纪中和 20 世纪初，英国人充分利用这条航线从事军事活动。

参考文献

BAGCHI P C, SASTRI S B, 1956. Caryagiti-kosa of Buddhist Siddhas[M]. Santiniketan: Vishvabharati: 16.

SINGH T G, 1902. Cina men Terah Mas[M]. Lakhnau: Hindi Granthkar Press: 309.

SINGH T G, 2017. Thirteen Months in China[M]. Trans, Anand A. Yang, Kamal Sheel, Ranjana Sheel. New Dehly: Oxford University Press.

白图泰，1985. 伊本·白图泰游记 [M]. 马金鹏，译 . 银川：宁夏人民出版社 .

白图泰，2015. 伊本·白图泰游记 [M]. 马金鹏，译 . 北京：华文出版社 .

班固撰，1983. 汉书 [M]. 颜师古，注 . 北京：中华书局：1671.

陈连庆，1986. 孙吴时期朱应、康泰的扶南之行 [J]. 东北师大学报（哲学社会科学版）（4）.

褚俊杰，1989. 阿底夏与十一世纪西藏西部的佛教 [J]. 西藏研究，（2）：55.

冯承钧，2012. 中国南洋交通史 [M]. 上海：上海古籍出版社：68.

黄宝生，编，2010. 梵语文学读本 [M]. 北京：中国社会科学出版社：501-502.

黄楙材，1897. 西輶日记 [M]. 湖南新学书局 .

慧皎，1992. 高僧传 [M]. 汤用彤，校注 . 北京：中华书局：114.

康有为，2016. 康有为列国游记（上册）[M]. 北京：商务印书馆：1.

刘建，2010. 列国志：孟加拉国 [M]. 北京：社会科学文献出版社：58.

马建忠，2013. 马建忠集 [M]. 王梦珂，点校 . 北京：中华书局：116.

马宗达，等，1986. 高级印度史（下册）[M]. 张澍霖，等译 . 北京：商务印书馆 .

秦士金，1994. 阿底峡与仲敦巴——1 世纪西藏佛教的整顿者 [J]. 西藏研究（2）：92.

汪大渊，1981. 岛夷志略校释 [M]. 苏继顾，校释 . 北京：中华书局 .

薛克翘，2017. 印度密教 [M]. 北京：中国大百科全书出版社：162.

义净，1995. 南海寄归内法传校注 [M]. 王邦维，校注 . 北京：中华书局 .

蚁垤，1980. 罗摩衍那（一）[M]. 季羡林，译 . 北京：人民文学出版社：27.

蚁垤，1984. 罗摩衍那（七）[M]. 季羡林，译 . 北京：人民文学出版社：338，556.

张廷玉，等，1974. 明史 [M]. 北京：中华书局：7768-7769.

赵汝适，2000. 诸蕃志校释 [M]. 杨博文，校释 . 北京：中华书局 .

郑堆，2010. 阿底峡大师早年生平考 [J]. 西藏研究（2）.

周运中，2013. 郑和下西洋新考 [M]. 北京：中国社会科学出版社 .

The Study of the Ancient Bengal Route

XUE Keqiao

Abstract: Since very early times, there has been a sea route between China and Bangladesh, which we call the "Bengal Route". The formation, development and continuation of this route generally went through five stages: one is the basic stage, namely the Han and Three Kingdoms periods (206 B.C.-265 AD); the second stage is the first stage of formation, roughly equivalent to the Jin and Sui Dynasties (265-618) in China; the third is the busy period, roughly equivalent to the Tang Dynasty to the Yuan Dynasty (618-1368) in China; the fourth is the peak period, roughly equivalent to the early Ming Dynasty (about the first half of the 15th century); and the fifth is the continuation period, mainly referring to the late Qing Dynasty (1875-1911).

Keywords: Bangladesh route; Maritime Silk Road; Chittagong; Bangladesh; Zheng He

（责任编辑：曾琼）

近十年国内回鹘研究综述

贺婷　张铁山

内容提要： 本文就近十年来国内回鹘相关研究的学术成果做一大概的回顾与总结，以期对今后的民族语言研究、敦煌学、吐鲁番学、民族史学等相关研究有所裨益。统计范围以 2012 年 1 月 1 日至 2022 年 12 月 31 日为时间期限，以回鹘为主题在中国知网 CNKI 数据库进行文献搜索，显示 2,217 篇文献，先按照发表年度、涉及学科、文献类型及来源、作者、机构进行定量分析，以期把握宏观情况；再按照文献的研究内容对相关文献进行回顾，为今后的回鹘相关研究提供参考。

关 键 词： 回鹘；数据分析；研究综述

作者简介： 贺婷，中央民族大学中国少数民族语言文学学院在读博士，主要从事回鹘文文献整理与研究、中国古典文献学研究；张铁山，中央民族大学中国少数民族语言文学学院教授，博士生导师，主要从事语言学、中国古典文献学、突厥语族语言与古籍、古代突厥文和回鹘文研究。

　　回鹘是我国古代少数民族部落。8 世纪时，先后活跃于古代中国的北方和西北地区。其称谓各历史时期有所不同，南北朝写作"袁纥"，隋朝写作"韦纥"，唐朝写作"回纥"（林干，2007）。《新唐书·回鹘传》记载："回纥，其先匈奴也，俗多乘高轮车，元魏时亦号高车部，或曰敕勒，讹为铁勒"。唐贞元四年（788 年），武义天亲可汗上表请改称回鹘，取自"回旋轻捷如鹘也"。[1] 自后魏时代（4—6 世纪）出现与回鹘人相关记录（哈密顿，1986），最迟不晚于 8 世纪，回鹘人以粟特文字母为基础创制了回鹘文（张

---

[1] 《资治通鉴·唐纪四十九》："贞元四年戊辰，公元七八八年，冬，十月，戊子，回纥至长安，可汗仍表请改回纥为回鹘，许之。"

铁山，2005），9世纪在高昌王国得到广泛使用，13—15世纪作为金帐汗国、帖木儿帝国和察合台汗国的官方文字使用，先后在新疆地区使用了800余年，对我国古代社会产生深远影响（朱崇先，2017）。回鹘在历史上产生了大批文字资料，回鹘文文献主要见于新疆吐鲁番和甘肃敦煌及河西走廊地区（朱崇先 等，2005）。回鹘文文献有碑刻、写本、木刻书等载体种类，内容十分丰富，是中华民族的重要文化遗产之一，也是研究古代西域各民族社会历史、宗教信仰、语言文字、文学艺术、科学技术等方面的重要资料。

本文就近十年来国内回鹘相关研究的学术成果做一大概的回顾与总结，以期对今后的民族语言研究、敦煌学、吐鲁番学、民族史学等相关研究有所裨益。笔者以2012年1月1日至2022年12月31日为时间期限，以"回鹘"为主题在中国知网CNKI数据库进行文献搜索，显示2,217篇文献，先按照发表年度、涉及学科、文献类型及来源、作者、机构进行定量分析，以期把握宏观情况；再按照文献的研究内容对相关文献进行回顾，为今后的回鹘相关研究提供参考。

一、近十年来国内回鹘研究宏观情况

（一）发表年度

在知网收录的2,217篇文献中，2020年收录文献最多，达228篇；2022年收录文献最少，仅137篇。2012年1月1日至2022年12月31日，可以分为三个阶段，第一个阶段是2012—2016年，文献数量在200篇左右；第二个阶段是2017—2020年，文献数量在225篇左右；第三个阶段是2021—2022年，平均文献数量为169篇（见图1）。由于文献搜索时间在2022年末至2023年初，有部分拟于2022年发表的文章还未正式出版，导致未被收录至知网中，故2022年收录文献数量少；第二个阶段的文献数量比第一个阶段的文献数量增加了12.5%，研究热度增加并持续稳定在高位，成果丰硕；第三个阶段的文献数量减少，可能与新冠疫情以来的防控等特定环境有关，传统实地田野调查无法正常开展或开展不充分，给相关研究带来不小的挑战和困难。

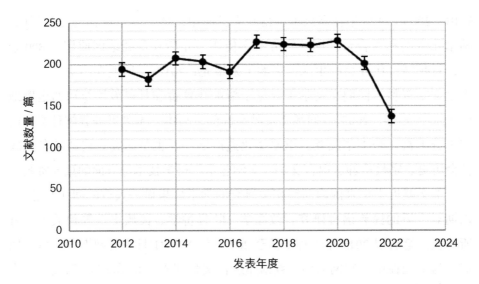

图1 2012—2022年以"回鹘"为研究主题，年度知网收录的文献数量

（二）涉及学科

在知网收录的2,217篇文献中，主要涉及学科达20个，且有交叉。其中考古最多，达582篇，占文献总数的26%；其次是中国古代史，达467篇，占文献总数的21%；再次是宗教、中国语言文字，文献数量均在350篇以上，占比皆在16%以上；民族学、中国民族与地方史志，文献数量在190篇上下，占比近9%；中国文学、美术书法雕塑与摄影、图书情报与数字图书馆、轻工业手工业，文献数量78—108篇，占比3.5%—5%；中国政治与国际政治、旅游、行政学及国家行政管理，文献数量56—65篇，占比2.5%—3%；文化、地理、世界历史、音乐舞蹈、外国语言文字、贸易经济、人物传记，文献数量在24—39篇，占比最少，在2%以下（见表1）。

表1 2012—2022年，以"回鹘"为研究主题，涉及各主要学科知网收录的文献数量及占比

序号	涉及学科	文献数量	占比
1	考古	582	26.25%
2	中国古代史	467	21.06%
3	宗教	369	16.64%
4	中国语言文字	358	16.15%
5	民族学	195	8.80%
6	中国民族与地方史志	189	8.53%
7	中国文学	108	4.87%
8	美术书法雕塑与摄影	97	4.38%
9	图书情报与数字图书馆	87	3.92%
10	轻工业手工业	78	3.52%
11	中国政治与国际政治	65	2.93%
12	旅游	61	2.75%
13	行政学及国家行政管理	56	2.53%
14	文化	39	1.76%
15	地理	38	1.71%
16	世界历史	35	1.58%
17	音乐舞蹈	30	1.35%
18	外国语言文字	25	1.13%
19	贸易经济	24	1.08%
20	人物传记	24	1.08%

　　整体来看，涉及考古、中国古代史、宗教、中国语言文字等四个学科的文献数量最多，皆在350篇以上；其次是涉及民族学、中国民族与地方史志等两个学科，文献数量在190篇左右；最后是涉及中国文学、美术书法雕塑与摄影、图书情报与数字图书馆、轻工业手工业、中国政治与国际政治、旅

游、行政学及国家行政管理、文化、地理、世界历史、音乐舞蹈、外国语言文字、贸易经济、人物传记等 16 个学科，文献数量基本在 100 篇以下（见图 2）。

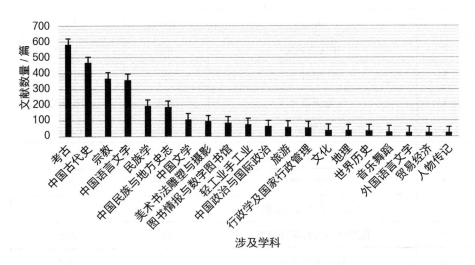

图 2　2012—2022 年以"回鹘"为研究主题，涉及各主要学科知网收录的文献数量

（三）文献类型及来源

在知网收录的 2,217 篇文献中，源自学术期刊 1,518 篇，占比约 68%；源自硕士、博士学位论文 433 篇，占比约 20%；源自学术集刊 196 篇，占比约 8.8%；源自会议 44 篇，占比约 2%；源自报纸有 23 篇，占比约 1%；成果、标准分别为 2 篇、1 篇，占比在 1% 以下。回鹘相关研究主要以学术期刊类型刊发，而成果、标准的文献类型少（见图 3），原因在于回鹘相关研究属于人文社科基础研究，因此应用类成果很少。

2012—2022 年，各主要文献来源可分为四个梯队，《敦煌研究》《西域研究》《河西学院学报》《兰州大学》《敦煌学辑刊》为第一梯队，刊发相关研究论文约有 60—70 篇；《吐鲁番学研究》《西夏研究》为第二梯队，刊发相关研究论文约有 40 篇；《中央民族大学》《西北民族大学》《内蒙古大学西夏学》《民族语文》《陕西师范大学》《中国边疆史地研究》《新疆师范大学》

为第三梯队，刊发相关研究论文有 20—30 篇；《西北民族大学学报 (哲学社会科学版)》《中央民族大学学报 (哲学社会科学版)》《内蒙古师范大学》《丝绸之路》《丝绸之路研究集刊》为第四梯队，刊发相关研究论文有 15—20 篇（见图 4 ）。

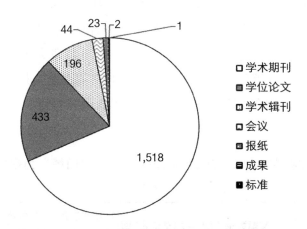

图 3　2012—2022 年，以"回鹘"为研究主题各文献类型知网收录的文献数量及比例

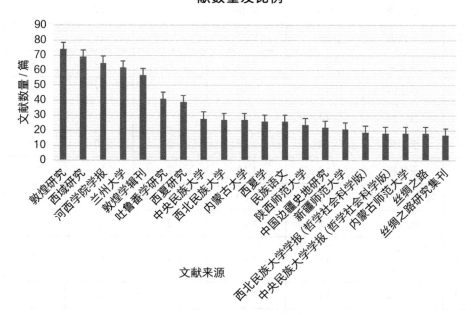

图 4　2012—2022 年，以"回鹘"为研究主题，各主要文献来源知网收录的文献数量

（四）作者

2012—2022 年，从知网收录文献数量可以看出，杨富学研究成果突出，共 114 篇，年均逾 10 篇，这与学者本人学识广博、不断拓展研究的广度和深度密切相关。杨富学与其他学者合作、作为第一作者、独著的研究成果数量分别为 81 篇、77 篇、33 篇，可以看出作者自主独立研究能力强，并善于科研合作，从而实现科研突破。张铁山、白玉冬研究成果颇丰，论文分别达 25、24 篇，独著分别达 14、16 篇，年均 2 篇以上。其他作者的研究论文未逾 15 篇，年均在 1 篇上下（见表 2 和图 5）。

表 2　部分作者在 2012—2022 年知网收录以"回鹘"为研究主题的文献数量

序号	作者姓名	文献数量（回鹘研究）/篇	年均发文量（回鹘研究）/篇	与其他学者合作发文量（回鹘研究）/篇	作为第一作者发文量（回鹘研究）/篇	独著（回鹘研究）/篇
1	杨富学	114	10.36	81	77	33
2	张铁山	25	2.27	11	25	14
3	白玉冬	24	2.18	8	22	16
4	沙武田	15	1.36	6	11	9
5	吕　钊	14	1.27	14	1	0
6	李树辉	13	1.18	0	13	13
7	王红梅	13	1.18	2	12	11
8	吐送江·依明	12	1.09	4	9	8
9	史金波	11	1.00	2	11	9
10	阿依达尔·米尔卡马力	11	1.00	4	11	7
11	陈爱峰	11	1.00	4	10	7
12	张海娟	11	1.00	9	5	2

（续表）

序号	作者姓名	文献数量（回鹘研究）/ 篇	年均发文量（回鹘研究）/ 篇	与其他学者合作发文量（回鹘研究）/ 篇	作为第一作者发文量（回鹘研究）/ 篇	独著（回鹘研究）/ 篇
13	张田芳	10	0.91	9	5	1
14	松井太	9	0.82	8	8	1
15	宋洪民	8	0.73	3	8	5
16	李 云	8	0.73	7	8	1
17	木再帕尔	7	0.64	0	7	7
18	付 马	7	0.64	1	7	6
19	陆 离	7	0.64	1	6	6
20	盖佳择	7	0.64	5	5	2

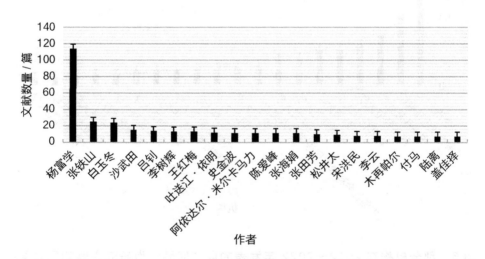

图 5 部分作者在 2012—2022 年知网收录以"回鹘"为研究主题的文献数量

（五）机构

2012—2022 年发表文献数量较多的机构有 20 个。如图 6 所示，各机构发文量递减趋势大致呈对数分布 $y = -57.66\ln(x) + 182.36$（$R^2 = 0.9711$）。兰州大学发表的文献数量最大，达 193 篇；其次是甘肃省敦煌研究院，达 160篇；中央民族大学 113 篇；陕西师范大学、西北民族大学、新疆大学发文量在 80 篇上下；新疆师范大学、内蒙古大学发文量在 60 篇上下；其他机构在50 篇以下。以上机构除了甘肃省敦煌研究院、中国社会科学院民族学与人类学研究所、新疆吐鲁番学研究院是专业研究机构外，其他 17 个机构均为高校。近年来，高校在发挥知识和人才独特优势，从事探索性、创造性科学研究活动上不断突破，科研成果丰硕。

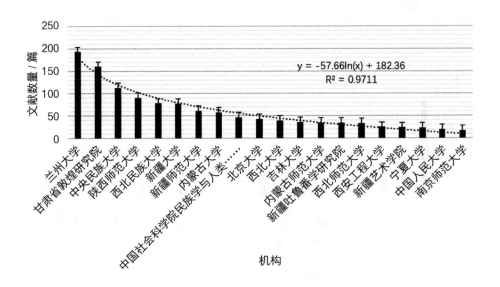

图 6 部分机构在 2012—2022 年发表的以"回鹘"为研究主题知网收录的文献数量

按照地域划分，知网收录文献数量较多的 20 个机构中，除吉林大学位于东北，南京师范大学位于东南外，其他研究机构皆分布于中国北方、西部及西北地区。一方面，回鹘活跃于古代中国的北方草原、西部以及西北地区，回鹘文献主要发现于西北的新疆吐鲁番地区、甘肃的敦煌以及河西走廊地区，因此北方各研究所和高校容易就近进行相关研究。另一方面，回鹘语属于阿尔泰语系，进行回鹘相关研究需要对回鹘语进行研究和学习，而中国的西部和北部地区，包括新疆、青海、甘肃、内蒙古等在内的地区是中国阿尔泰语系分布的主要区域，因此在这些地区的北方各研究所和高校进行回鹘相关研究具有一定的优势和条件。知网收录文献数量较多的北方、西部、西北部各研究所和高校还有相对集中的特点：兰州大学、西北民族大学、西北师范大学集中于甘肃省兰州市；新疆大学、新疆师范大学、新疆艺术学院集中于新疆乌鲁木齐市；陕西师范大学、西北大学、西安工程大学集中于陕西省西安市；内蒙古大学、内蒙古师范大学集中在内蒙古呼和浩特；中央民族大学、中国社会科学院民族学与人类学研究所、北京大学、中国人民大学在北京市。

二、近十年来国内回鹘研究相关文献回顾

（一）历史类

1. 著作

由郑炳林、杨富学主编的"中国北方古代少数民族历史文化丛书"于2012年8月由甘肃民族出版社出版发行。丛书共包括10本，有郑炳林主编《敦煌民族研究》，李翎著《藏传佛教阿弥陀佛与观音像研究》，薛宗正著《回纥史初探》，杨富学、陈爱峰著《西夏与周边关系研究》，杨富学著《中国北方民族历史文化论稿》（增订本），张碧波、庄鸿雁著《萨满文化研究》，任爱君著《辽朝史稿》，李经纬著《回鹘文社会经济文书辑解》（上下），杨富学编译《回鹘学译文集》。其中，杨富学和陈爱峰合著的《西夏与周边关系研究》一书，主要论述了北方少数民族政权西夏在立国及执政过程中与周边其他少数民族政权及宋朝的关系。该书分为上中下三编，除前言外，主要选取西夏与周边民族关系研究的薄弱环节和空白点，论述了西夏时期的丝绸之路与商贸往来、西夏与周边民族的政治关系、宗教与文化交流等问

题（杨富学 等，2012）。由朱悦梅和杨富学合著的《甘州回鹘史》于 2013 年 7 月由中国社会科学出版社发行。本书将地下出土材料与史书的记载相印证，尽可能全面地重构甘州回鹘的历史，内容包括甘州回鹘的政治、经济文化与总结诸方面，特别关注回鹘与周边政权。杨富学著《回鹘与敦煌》于 2013 年 11 月由甘肃教育出版社发行，系统论述了敦煌回鹘的来龙去脉与历史文化情况（杨富学，2013a）。刘戈著《回鹘草原绿洲拾芥》于 2016 年 5 月由民族出版社出版。本书为作者的文集，对于研究中世纪中国的政治史、民族史、经济史、文化史等具有十分重要的史料价值。全书由 20 篇论文、2 篇译文以及附录构成，主要涉及阿尔泰语系突厥语族特别是回鹘，从不同角度反映了同一个主题——回鹘的历史与文化，特别是回鹘与中原地区的关系，具体展现了回鹘在鄂尔浑草原地区生活时期及在新疆绿洲地区生活时期的历史与文化（刘戈，2016a）。杨富学和张海娟合著的《从蒙古豳王到裕固族大头目》于 2017 年 5 月由甘肃文化出版社出版。作者深入阐述了裕固族的形成史，并探讨了裕固族与蒙古豳王家族之间的关系。全书除绪论和结论外，共分为正文十二章。第一章至第七章主要探讨了豳王家族的形成过程及其辖区的军事、经济、文化等方面的发展情况；第八章至第十二章则分析了在裕固族形成的过程中，蒙古豳王所扮演的角色（杨富学，张海娟，2017a）。杨富学著《敦煌民族史探幽》于 2018 年 4 月由甘肃文化出版社出版。本书为对古代敦煌民族关系进行全方位梳理研究的专著，包括少数民族对古代敦煌文化的贡献、河西考古学文化与月氏乌孙之关系、敦煌文献与唐代吐蕃史的构建、摩诃衍禅法及其在吐蕃中的流传与影响、西域与敦煌吐蕃佛僧饮酒之风及其成因、关于沙州回鹘国的建立、和田新出突厥卢尼文木牍及其所见史事钩沉、黠戛斯在西域的进出、回鹘佛教——汉传佛教在西域的翻版、敦煌莫高窟第 464 窟的断代及其与回鹘之关系、文殊山万佛洞西夏说献疑、敦煌汉藏对音资料所见溪母字与见母字读音混同现象之一斑以及"裕固学"与河西回鹘关系的章节（杨富学，2018a）。陆庆夫著《敦煌民族文献论稿》于 2019 年 12 月由甘肃文化出版社出版。本书共分为概论篇、迁徙篇、交通篇、归义篇、融合篇五篇，共包含二十章。全书论述了不同时期敦煌粟特人的汉化、凉州唐人的吐蕃化以及沙州归义军政权的回鹘化等现象，揭示了西北各民族间通过接触与吸纳、融聚与联合、控制与渗透等不同方式形成的同化过程（陆庆夫，2019）。波音著《草与禾：中华文明 4000 年融合史》于 2019 年 6 月由中信出版社出版。本书从多个角度观察华夏文明与草原文明之间数千年的碰撞、互动、融合过程，强调了两种文明如何协调自身，如何呼应对方，如何选择文明的发展方向，如何不断演进，最后融合成中华文明（波音，2019）。森安孝夫著《丝绸之路与唐帝国》于 2020 年 1 月由北京日报出版社出版。本书特别关注唐帝国与游牧民族，尤其是鲜卑、突厥、回鹘的关系，以及唐帝国与丝绸之路的关联。本书从 7 世纪初唐朝建国开始，一直写到 8 世纪中叶"安史之乱"的发生。在这段时间内，唐帝国与境外诸多国家的冲突、往来不断。作者讲述了与丝绸之路历史一体的粟特人的东方发展史、唐朝的建国史与建国前后突厥的动向，以及安史之乱为唐帝国带来的变化和回鹘的活动，从而描绘了当时世界上最繁荣的唐王朝（森安孝夫，2020）。杨富学著《北国石刻与华夷史迹》于 2020 年 1 月由光明日报出版社出版。本书以我国北方地区发现的各种石刻为研究对象，主要关注墓志，并兼及石塔、经幢、墓碑等，为研究唐代历史文化与北方民族（如回鹘、仆固、浑部、葛逻禄、薛延陀、党项）史提供了重要资料（杨富学，2020a）。王贞平著、贾永会译《多极亚洲中的唐朝》于 2020 年 6 月由上海文化出版社出版。本书是唐史学者王贞平关于唐代军事外交的专著（王贞平 等,2020）。《敦煌民族史》是杨富学、张海娟、胡蓉、王东合著的通史著作，于 2021 年 12 月由社会科学文献出版社出版。该书反映了古代敦煌民族的历史，阐述了多民族共荣"历史正道"主题，并展示了敦煌诸民族的历史贡献。本书围绕敦煌各历史时期的民族脉络，分为导论、史前河西先民及其活动、汉代的敦煌诸族、吐谷浑在敦煌的活动、五凉时期的敦煌诸胡、吐蕃在敦煌的统治及其文化遗产、粟特与敦煌、归义军时代的敦煌诸族、回鹘与敦煌、西夏与敦煌、蒙古统治时期的敦煌以及裕固族对敦煌文化的贡献等十二章（杨富学 等，2021）。

2. 文献

2012 年 1 月 1 日至 2022 年 12 月 31 日以回鹘为主题在中国知网数据库

进行文献搜索，显示的 2,217 篇文献中，约有 700 余篇是关于回鹘相关历史研究的文献。研究内容广泛，包括古代中国的政治、军事、民族、宗教信仰、文化交流等内容。

政治方面，大部分研究着眼于五代唐宋元时期回鹘人与中原政权、中国北方及西北部周围各政权之间的博弈、交流及往来，进而对社会经济、文化交往交流产生深远影响。在博士论文《辽代民族政策研究》中，纪楠楠通过对辽代核心区域各民族和外围区域各民族的政策进行论述和分析，揭示了辽代民族政策在中国多民族国家形成过程中所起到的重要作用。特别是在直接控制、羁縻、封贡等方面，辽代民族政策对于中国的政治和文化交流产生了深远的影响，具有重要的"承上启下"作用（纪楠楠，2013）。杜笑倩在《唐朝回纥"化俗"政策研究——以德宗时期为重点》中，考释了回纥唐朝关系，对"化俗"与"法俗"的概念进行说明，整理出唐德宗时期的化俗政策的主要形式及其意义（杜笑倩，2015）。在文章《论唐蕃长庆会盟后吐蕃与回鹘、南诏的关系》中，陆离利用敦煌汉藏文书和传世汉藏史籍，分析了唐蕃长庆会盟前的形势，并指出在唐蕃长庆会盟后，吐蕃与唐朝和解，回鹘与南诏政权随之也与吐蕃会盟和好，实现了通使往来。吐蕃同回鹘、南诏的和解对于吐蕃大力崇佛及唐蕃维州事件也产生了重要影响（陆离，2019）。在《元代佛教文化与国家整合——以王权合法性构建为中心》一文中，张海娟和胡小鹏从元代君主"转轮王"面相的形塑、元代佛教护国经典与王权推动、佛教文化与王朝国家整合三个方面，阐述了元代佛教文化与国家整合的王权合法性构建。文中指出，元代统治者通过利用佛教文化，形塑出元朝皇帝为佛教"转轮王"的君主形象；同时借助皇权的推动，促进了蕴含着强烈护国色彩与王权思想的佛教文献的弘播，进而从世俗与宗教两大领域双向强化了其统治合法性与政治领域中的"国家""君王"观念（张海娟 等，2022）。在《论唐代和亲视域下的文化认同与国家认同》一文中，范香立和郭晓燕指出，和亲政策是唐王朝治理边疆的重要举措。受此影响，边疆民族与唐朝统治下的中原汉族形成了双向的文化认同，同时边疆民族对唐王朝的国家认同也逐渐加深。文化认同和国家认同的加强有助于淡化民族间的差异与隔阂，推动民族融合；同时也促进了民族间的交往与联系，加速了边疆地区经济文化教育的发展。这在中华民族多元一体格局的形成过程中发挥着极为重要的作用（范香立 等，2015）。

军事方面，归义军与回鹘关系是近年的研究热点之一。杜海在《敦煌归义军政权与沙州回鹘关系述论》中，通过对史料的分析，论述了敦煌归义军政权与沙州回鹘关系在曹延禄时期、曹贤顺时期和曹氏归义军政权逐渐衰落三个时期的变化情况。他勾勒出"沙州蕃族"（沙州回鹘）部落与归义军政权的关系：在曹延禄时期，两者关系良好，沙州回鹘甚至为归义军出使中原提供导引；但随着沙州回鹘的壮大，他们不仅在外交上帮助归义军政权，还可能参与了归义军的内政，支持曹宗寿推翻节度使曹延禄的统治。在曹贤顺时期，归义军政权与沙州回鹘联合进行外交出使活动，并且以"归义军—沙州回鹘联盟"名义奉曹贤顺为最高首领。然而，随着敦煌曹氏归义军政权的逐渐衰落，沙州回鹘政权逐渐崛起，曹氏归义军的衰亡也是沙州回鹘崛起的过程（杜海，2015）。贾娟玲在《张氏归义军与河西回鹘关系考》中，通过对张议潮、张淮深和张承奉三个时期的分析，探讨了张氏归义军政权与河西回鹘之间的关系。双方之间存在着时战时和的情况，但总的来说，河西回鹘因占据有利的地理位置而具有明显的优势。河西回鹘在甘州建立政权，控制了中原王朝与西域之间的重要交通要道，使得甘州回鹘政权能够在各方的博弈中占据优势地位（贾娟玲，2017）。李军在《控制、法定与自称：唐宋之际归义军辖区变迁的多维度考察》中，对归义军初创期、张淮深统治期、唐末及金山国时期的沙州政权、五代宋初的归义军各时期的辖区进行了多维度考察。他指出，在曹议金之后，由于归义军无力对外拓展，同时中央政府也无意经略河西西部地区，因此归义军的实际控制区、中央授予及自称辖区最终趋于一致。在不同时期，归义军的实际控制区、中央授予及自称辖区都发生了一定的变化（李军，2021）。

民族方面，基础研究和应用研究并重。松井太著、巩彦芬译、杨富学校的成果《契丹和回鹘的关系》从回鹘学的角度出发，对契丹和回鹘之间的政治、经济、文化联系进行了最新研究。文章通过对勃兴前的契丹与回鹘之关系、契丹（辽）和回鹘的关系、契丹与回鹘在欧亚大陆的贸易、契丹佛教和回鹘佛教以及西辽和回鹘五个部分的论述，全面深入地探讨了契丹和回鹘之间的关系（松井太，2018）。孙小敏在《贺兰山回鹘四族名号考》中，从《宋史·外国传》中贺兰山下四族回鹘的名号应如何断句谈起，运用审音勘同的历史语言学方法，对相关的官称、官号进行了逐一考证（孙小敏，2017）。史金波在《"丝绸之路"上的少数民族》一文中，从"丝绸之路"上的少数民族及其贡献、"丝绸之路"是各民族交往交流交融的典型地区以及和平交往是"丝绸之路"发展的历史趋势三个方面，对"丝绸之路"上的少数民族进行了阐述。了解"丝绸之路"上的少数民族对深刻认识"丝绸之路"的过去、现在和未来具有不可忽视的重要意义（史金波，2016）。

宗教方面，侧重研究回鹘人在中国古代各个历史时期信仰和嬗变，并积极探索发生这种变化的原因。王红梅在《宋元时期高昌回鹘弥勒信仰考》一文中，通过梳理已刊布的回鹘文文献，认为弥勒造像及经变画出现在北庭回鹘佛寺中，回鹘文本的弥勒经典以《弥勒会见记》残卷数量最为庞大，文学作品主要有《弥勒颂》《弥勒赞诗》《圣尊弥勒赞》以及佛经题记、发愿文等。王红梅认为，高昌回鹘的弥勒信仰并非仅来自汉传佛教，而有可能也受到龟兹以及中亚地区弥勒信仰的影响（王红梅，2021）。杨富学、彭晓静《宋代民变与摩尼教的蟠结和原委》中，根据最近在福建霞浦、泉州和福州等地发现的摩尼教资料，指出宋代摩尼教在遭受来自官府的各种打压后，开始由尚和戒斗而向尚武斗狠的方向转变，以图自保，并向帮会化转型，逐渐形成了严密的宗师体系和堂口组织。此外，摩尼教崇尚光明，提倡禁欲崇俭和团结互助，对于贫苦农民很有吸引力。这些特征非常有利于农民起义的发动，应为宋代民变多与摩尼教相蟠结的历史原委（杨富学 等，2016）。王红梅和黎春林在《元明之际畏兀儿宗教嬗变述论》中，考察了察合台诸汗的宗教政策，论述了伊斯兰教在西域的扩张、畏兀儿佛教衰败的进程以及其历史影响（王红梅 等，2015）。

文化方面，聚焦于回鹘人与汉人、周边各民族"交往、交流、交融"的研究。杨富学和张海娟在《儒家孝道思想在回鹘中的流播与影响》一文中，分别从唐代回鹘孝道思想的起源、西迁回鹘孝道观的继承和发展，以及元代内迁畏兀儿孝道思想的成熟和影响三个方面，探讨了儒家孝道思想在回鹘中的传播和影响。回鹘孝道观的形成过程是回鹘儒化过程的一个缩影，生动地展示了儒家文化及其孝道观对回鹘的深远影响（杨富学，张海娟，2017b）。闫国疆和郝新鸿在《多元共生、动态交融——回鹘西迁后的西域文明与居民身份变化》一文中，研究了唐朝失守和回鹘西迁后西域的情况，并介绍了国内第一个接受伊斯兰教的王朝——喀喇汗王朝。9—13世纪，回鹘、契丹、蒙古和原西域居民相互融合，形成了畏兀儿、哈萨克等多个新的民族。西域居民的身份认同呈现出更加明显的多元共生和动态交融的特点。今天新疆的任何一个族裔性群体都是长期历史发展中或远或近、自他乡而来并与当地原住居民交融共生、共同发展的结果（闫国疆 等，2015）。

3.总论

赵倩对回鹘西迁问题进行了研究综述。通过对回鹘西迁研究著述的归纳和总结，发现学界在西迁回鹘的分支、落脚点和主体方面存在众说纷纭的情况（赵倩，2108）。郑玲对河西回鹘与西夏关系做了研究综述，系统梳理河西回鹘与西夏之间的战和关系、贸易往来和文化交流等方面的研究成果，为深入研究西夏与回鹘关系史提供基础性文献资料（郑玲，2016b）。

（二）经济类

1.著作

《十至十四世纪回鹘王国的经济和社会制度》是 Д.И.吉洪诺夫的著作，俄文本于1966年出版。中文译者为姬增禄。中文版作为新疆通史项目"翻译丛书"之一种，由新疆人民出版社于2012年11月出版。中文版保留了 Л.П.波塔波夫担任责任编辑所写的"简介"和作者的"序言"。该书由引言、十一章正文、结论、增补和附录组成。十一章的主要内容包括：6—9世纪的回鹘人、回鹘占领前夕的东部天山地区、天山附近的回鹘王国、农业、城市和手工业、商业和高利贷、租税和徭役等（吉洪诺夫，2012）。刘戈著《回鹘文契约断代研究——昆山识玉》，于2016年3月由中华书局出版，是刘戈主持的国家社科基金项目"西北丝绸之路历史文化研究——回鹘文契约断代研究"的结项成果，也是其从事回鹘文契约文书研究以来的第三部力作。该书获陕西师范大学优秀著作出版基金资助，由序言、发现篇、探索篇、参考文献、附录、后记等六个部分组成。发现篇《回鹘文 q 形态研究》共 4 节；探索篇《蒙元时代回鹘文契约中的晚期文字现象——以有 uluγ suu［(蒙古) 皇帝］套语的文书为例》共 8 节，附录共 4 小节，收录了国内外回鹘文契约研究者的相关文书编号的对照表，部分回鹘文契约原文照片影片及摹写，以及作者设计的回鹘文名章与创作的作品。另附主要参考文献与后记（刘戈，2016b）。乜小红的《中国古代契约发展简史》于2017 年 3 月由中华书局发行。本书以西北出土的契约为基础，从横向和纵向两个方面阐述了中国中古契约的类型及其发展。作者探讨了以血缘为纽带的家庭、宗族规约和以地缘为纽带的社会基层券约，并对西北出土的佉卢文契约、吐蕃文契约、回鹘文契约等进行了论述和比较。此外，作者还提出了自己对中国古代契约发展史规律性的认识（乜小红，2017）。

2. 文献

经济类回鹘相关研究文献涉及交通、贸易、钱币等研究。

交通方面，聚焦于古代中国西北的河西走廊、丝绸之路的开通、维护、管理和使用。回鹘道一直是敦煌和中原之间的主要通道之一。然而，学术界对于唐五代宋初回鹘道尚未有专门的研究。魏迎春和郑炳林在《河西陇右陷落期间的回鹘道》一文中，研究了吐蕃占领河西期间的回鹘道。他们发现，该道加强了敦煌的河西节度使和西域的安西、北庭节度使之间的联系，促进了贸易往来和经济发展（魏迎春 等，2019）。李华瑞结合相关史料，分析了北宋对陆路东西交通经营的情况，分为太宗和神宗两个阶段。他认为，北宋时期经营陆路东西交通与汉唐时期相比发生了很大的变化，由主动经营转向被动。这是因为无论是经营对象还是对交通路线的经营，北宋都不能实施有效的行政管理和武力保障（李华瑞，2016）。在硕士论文《宋代的青海道》中，万幸通过对青海道和唃厮啰政权的研究成果进行学术史回顾，梳理了青海道的发展史，探讨了青海道经历的变化和发展。他利用计算机技术手段呈现青海道不同历史时期的线路走向，围绕唃厮啰政权的发展和对外关系论述北宋时期青海道的兴盛过程，并讨论了青海道所具备的功能和作用（万幸，2019）。

贸易方面，研究内容涉及绢马互市、植棉业、葡萄种植及葡萄酒酿制、纺织业贸易等方面。杨富学和安语梵在《唐与回鹘绢马互市实质解诂》一文中，指出了唐与回鹘的绢马互市及其特点，非贸易因素及实质，并分析了回鹘所获巨量绢匹的去向。他们认为，唐与回鹘之间的绢马互市虽然有贸易之名，但实际上交易占主导作用的是政治因素而非各取所需的互通有无。回鹘崛起于朔漠，但经济上主要受制于来自中亚的粟特人。以回鹘名义进行的大规模绢马互市，使回鹘汗国获得了可观的利润，但真正获利最多的却是粟特商人和摩尼僧。这些商人和僧人借助回鹘汗国的力量，以超低价攫取唐朝的绢匹，再以高价售卖，从中牟取暴利，这才是唐与回鹘绢马互市的实质所在（杨富学 等，2020）。杨富学和单超成对高昌回鹘王国棉织业进行考析后发现，棉织品在高昌回鹘王国境内广泛使用，深入回鹘社会生活的各个方面。高昌地区特殊的气候条件、回鹘社会的农奴制度以及与外界的交流学习等，都促进了高昌回鹘人棉织技术的革新和发展。高昌回鹘人先进的棉织技术不仅传播到其他地区，还带动了周边地区的棉织业发展（杨富学 等，2018）。杨富学和单超成在《高昌回鹘的葡萄种植与葡萄酒酿制》一文中，通过对社会经济文书及相关史料的分析，发现高昌回鹘时期葡萄园种植经济发达。葡萄园既可以租佃，也可以买卖，官府、寺院、地主和农民都广泛拥有葡萄地，官府还专门设置了葡萄园税。葡萄酒酿制也非常流行，葡萄酒税成为政府规定的实物税之一。吐鲁番地方官府还要向蒙古皇室进贡葡萄酒，驿站也要按规定向过往人员提供葡萄酒作为祇应（杨富学 等，2019）。《敦煌出土元代回鹘文书中的行在缎子》是由森安孝夫著、冯家兴和白玉冬译的论文。该论文研究了伯希和编号敦煌莫高窟第 181 窟出土的第 193 号和 194 号回鹘文书，这些文书是记录物品发放的账本残片，年代属于元代。通过对这些文书进行转写、汉译，结合对 qïngsai tavar 的考释，表明杭州产的缎子在元代已经流通于西北地区的敦煌等地。这一现象的背景是当时回鹘人联系网在中原的存在（森安孝夫，2021）。路虹和杨富学对敦煌文献中沙州与周边回鹘的商品贸易进行了研究。通过对借贷文书中使团成员、出使地、借贷物品、利头等方面的分析，突出体现了沙州使团的商业贸易功能，以及甘州、西州、伊州回鹘与沙州之间的经济交流与互补。文献中的借贷契约是主要的研究对象，结合其他文书和相关史籍的记载，研究发现，西州回鹘非常喜欢棉织物，棉布甚至兼具货币职能；甘州回鹘以畜牧业为主要的经济生活方式，大量输出畜牧业产品到周边和中原地区，同时甘州还承担着中西方贸易中转站的作用，促进了中西方文化的交流与传播（路虹 等，2021）。

钱币方面，对新疆各地出土的钱币进行分析，结合出土的社会经济文书及相关史料进行研究。何爽和何道洪在《失落在西域的中原"桃花石"——喀喇汗王朝及喀喇汗钱币》一文中，分三个部分介绍了喀喇汗王朝、喀喇汗钱币以及喀喇汗钱币与新疆。文章指出，喀喇汗国采用阿拉伯科裴体文字以西方冲压法打造了三种典型的伊斯兰风格钱币：玉素甫·阿尔斯兰汗钱、桃花石汗钱和穆罕默德·阿尔斯兰汗钱，并解释了铭文"桃花石"的含义。这些流传下来的喀喇汗王朝"桃花石"钱币印证了一个事实，在西域，通过历代中央王朝的经营，在边疆的少数民族中，中华民族统一的概念早已形成。因此，"桃花石"钱币既是东西文明的又一次融合，同时也证明了新疆自古以来都是中华民族永远不可分割的一部分。在新疆丝路沿线，除了发现具有鲜明西方色彩的东罗马金币、马人武士裤装、对人对兽树纹蜀袍之外，还出土了起源于罗马的玻璃杯、用希腊打压方法制作的贵霜钱币、和田马钱、波斯银币、犍陀罗艺术风格的泥塑头像等珍贵文物（何爽 等，2013）。根据这些发现，唐养文认为，新疆自古以来就是东西方经济文化交流荟萃之地，这些文物为研究提供了宝贵资料文（唐养文，2103）。曹源和袁炜的《高昌回鹘棉质货币考》（曹源 等，2017）、曹源的《纺织品：丝绸之路金属铸币的重要补充》（曹源，2016）、徐晓卉的《晚唐五代宋初时期棉布在敦煌地区充当货币考论》《归义军时期敦煌的"官布"》（徐晓卉，2014a；徐晓卉，2014b）对棉质货币进行研究，指出纺织品作为丝绸之路金属铸币的重要补充，流行于铸币短缺的地区和年代。

3. 总论

在《回鹘文契约研究及其存在的问题》一文中，张铁山主要介绍了国内外对回鹘文契约的研究成果，并针对这些研究中存在的问题进行了分析。其中，他探讨了回鹘文契约的分类、与其他文种契约的对比研究、乡规民约、法律程式等宏观方面的问题。此外，他还对契约的断代、专有名词、量词、转写和翻译等微观方面的问题进行了研究和分析，旨在为今后的回鹘文契约研究提供解决方法（张铁山，2021b）。罗将、韩树伟、侯文昌、孙娜都从不同角度对回鹘契约文书的研究作了述评（罗将，2020；韩树伟，2019；侯文昌，2015；孙娜，2012）。

（三）语言文字类

1. 著作

2012 年 8 月杨富学的著作《回鹘学译文集》由甘肃民族出版社出版，该书收录了德、日、英、法诸国学者发表的回鹘研究的重要著作，可为国内回鹘学研究提供参考（杨富学，2012）。后在以往诸多学者研究成果的基础上，对学界关于敦煌与丝绸之路文化最新研究成果进行了再一次的梳理与总结，于 2015 年 5 月由甘肃教育出版社出版《回鹘学译文集新编》（杨富学，2015）。刘戈著《回鹘文契约文字结构及年代研究——于阗采花》，于 2020 年 9 月由中华书局出版。本著作由验证篇与普查试点篇两部分组成。就回鹘文契约中的 t/d、s/z 的交替与 s/š、q/γ、n 形态中的加点以及条件式附加成分中全形（-sar、-sär）、缩略形（-sa、-sä、-za、-zä）问题，以大量图片为据，提出这一时代上述文字的年代特征是：t/d、s/z 的交替与不交替并存；s/š、q/γ、n/y 等文字结构中的加点与不加点并存，并且，不交替、不加点现象多于交替、加点现象。关于条件式附加成分中的缩略形，只是提出了疑问，没有深入讨论。在这本著作的验证篇里，作者又找了一批蒙元时代年代因素比较多的文书对自己在上本书中的发现和观点进行了验证；在普查试点篇里作者先是从蒙元时代的文书（十五件）中找出了条件式附加成分的规律性现象：全形与缩略形并存，全形多于缩略形。之后，作者就此问题对山田信夫书中年代不清楚，或者纪年不能与公元对应的文书进行了普查。普查结果证明：这批文书中的条件式附加成分现象与蒙元时代文书中的情况惊人地相似（刘戈，2020）。由赵莉、荣新江主编的《龟兹石窟题记》于 2020 年由中西书局出版。本书对现藏于古代龟兹国范围内的婆罗谜文字资料，特别是石窟题记进行认读、统计、详细释读和研究。全书分为三篇：题记报告篇、图版篇和研究篇。题记报告篇报告了龟兹石窟题记现状，每个题记包括语言、类型、内容转写、译文和说明。图版篇收录了近 1,200 幅石窟题记照片。研究篇则在基本认识石窟题记的基础上，深入研究相关问题，涉及语言、文字等多个领域（赵莉 等，2020）。

2. 文献

回鹘语言文字方面的文献，涉及文字考释、语音研究、语法研究、语言翻译。回鹘文文献的载体丰富，有纸本、碑铭、壁画、古钱币等类型。近十年有关回鹘语言文字的研究成果丰硕。例如，皮特·茨默著、杨雪和吐送江·依明译《对回鹘语 +čIlAyU 的注解》（茨默，2022），闫珠君、杨富学《敦煌回鹘石窟分期断代问题刍议——兼论"六字真言"的概念与使用》（闫珠君 等，2022），付马的《〈蒙古山水地图〉中的"洗儿乞""脱谷思"与回鹘时代的伊西路》（付马，2021），杨富学、葛启航的《回鹘文 xj 222-0661.09 文书若干问题新探》（杨富学 等，2020），王红梅《蒙元时期回鹘文的使用概况》是关于文字考释方面的研究（王红梅，2012）；杨富学、叶凯歌的《敦煌回鹘语头韵诗及其格律特征》是关于语音方面的研究（杨富学 等，2021）；木再帕尔《粟特语对回鹘语语法的影响》（木再帕尔，2020），张铁山、朱国祥《回鹘文〈金光明经〉中的汉语借词对音研究》是关于词汇的研究（张铁山 等，2014）；吐送江·依明《〈福乐智慧〉回鹘文维也纳抄本的文字特点浅析》（吐送江·依明，2018），张铁山、崔焱《回鹘文契约文书参与者称谓考释——兼与敦煌吐鲁番汉文文书比较》是对回鹘文文本的研究（张铁山 等，2017）；吐送江·依明《吐峪沟出土回鹘文〈土都木萨里修寺碑〉研究》（吐送江·依明，2020），张铁山《云南大理发现回鹘文墓碑考释》（张铁山，

2017），张铁山、彭金章《敦煌莫高窟北区 B77 窟出土木骨上的回鹘文题记研究》（张铁山 等,2018），张铁山《新疆历史钱币上语言文字的交融与合璧》（张铁山，2015）是其他载体上有关语言文字考释的研究。

3. 总论

松井太著、杨富学和臧存艳译《回鹘文文献研究的现状及发展趋势》一书，介绍了数字化和网上数据库在回鹘文文献研究中的应用，并对德国、俄罗斯、中国、日本及其他国家的编目工作进行了概述，最后，书中还简要介绍了回鹘研究的现状和未来发展趋势（松井太，2018）。玛力亚木·阿不都热依木的硕士论文《日本研究回鹘文写本概况》详细介绍了大谷光瑞和大谷探险队从中国新疆地区发掘并带回日本的古写本概况以及日本回鹘佛教写本的保存状况。此外，论文还介绍了目前在日本研究回鹘文写本的收藏中心、主要研究组织、机构和刊物。在前人的研究基础上，全面介绍了日本在回鹘文写本研究方面的情况和成果，对研究成果和存在的问题进行了评述。回鹘文佛教文献和文书资料与汉文化、汉语言有着极深的渊源（玛力亚木·阿不都热依木，2014）。欧阳荣苑在回鹘文文献中与汉语相关问题的音韵学研究成果方面，从对音研究、回鹘文汉字音研究、语言类型学研究和借词研究四个方面进行了概述。他指出，回鹘文文献中与汉语相关问题的音韵学研究仍有许多方面可以挖掘。为了解决音韵学的几大难题，需要新的材料和方法来佐证。例如，重纽三四等字的读音问题、介音的构拟问题、入声字的演变问题、方言演变的历史层次、汉语借词的语音特点和历史来源辨析等。通过回鹘文文献语言资料，汉语音韵研究或许可以获得新的收获（欧阳荣苑，2013）。史金波著《中国近代出土文献的文字学、语言学和历史学价值》一书在阐释语言学价值时指出，出土文献不仅为已知的语言增加了大量新语料，尤其是极为珍贵的古语言资料，而且还发现了许多以前未知的语言。这些出土文献揭示了许多少数民族古代语言的语音、词汇和语法面貌，有力地推进了语言的系属研究、对比研究和语言史研究（史金波，2020）。

（四）宗教类

1.著作

杨富学所著《回鹘摩尼教研究》于 2016 年由中国社会科学出版社出版。该书系统阐述了回鹘与摩尼教相互融合的历史过程，对以往研究中存在的多个问题进行了校勘和补正，并从多角度解释了回鹘信仰中的摩尼教要素（杨富学，2016）。《元代畏兀儿宗教文化研究》是王红梅、杨富学等合著的一本专著，于 2017 年 11 月由科学出版社出版。全书以回鹘文文献为依据，分专题论述了回鹘文佛教文献、藏传佛教对畏兀儿的影响、畏兀儿北斗信仰、回鹘政权与佛教的关系、莫高窟北区石窟以及河西回鹘佛教等内容。该书充分运用了回鹘文文献、汉文史籍、国内外相关研究成果以及最新考古调查，着重考察了西域、河西地区回鹘政权由重摩尼教转而崇奉佛教的历程，探析了护国思想对回鹘佛教的影响，论述了元明之际伊斯兰教在西域再度兴起、佛教衰败的进程及其影响。此外，通过对莫高窟第 464 窟、榆林窟的研究，追踪了河西回鹘佛教徒的活动及其最后的去向（王红梅 等，2017）。陈爱峰著《高昌回鹘时期吐鲁番观音图像研究》于 2020 年 9 月由上海古籍出版社出版。该书将高昌回鹘时期的观音图像分为三个时期、五种组合以及两大信仰体系，这一结论可以进一步作为高昌回鹘佛教艺术分期的参考，同时也为观察其艺术变迁提供了窗口。该书还对观音图像的题材、内容和绘画风格进行了详细的辨识和考证，获得了许多新的发现。此外，作者还引入了艺术史"以图证史""以图补史"的观念，并进行了尝试性探讨，为高昌佛教艺术的专题研究提供了很好的示范（陈爱峰，2020）。杨富学著《霞浦摩尼教研究》以福建霞浦、屏南、福清等地发现的摩尼教文献、文物和遗址为中心，结合历史记载和民间传说等资料，深入探讨了霞浦摩尼教的传播方式和传播路线。通过这些历史遗留的活化石材料，重构了古代摩尼教在福建、浙江等地传播的历史及其影响。从中国与波斯历史文化交流的角度，展示了霞浦摩尼教文书、文物的重要学术价值。本书主要分为上中下三编。上编研究霞浦摩尼教的历史、文化、宗教仪式等内容；中编阐述霞浦摩尼教遗存的踏查情况并进行文献研究；下编以摩尼教文献的整理与刊布为主，内容包括《祷雨疏》《冥福请佛文》《点灯七层科册》《兴福祖庆诞科》《贞明开正文科》和《奏申牒疏科册》六件重要的文献（杨富学，2020b）。

2. 文献

佛教研究方面，回鹘之佛教信仰的规模可从译成突厥语的佛教文献中得到了解。从已出土回鹘文文献的情况看，除少数为世俗文书、文学作品、医学和历法作品以外，绝大部分为佛教文献。近十年来，相关研究涉及回鹘文《阿含经》《增壹阿含经》《华严经》《佛说天地八阳神咒经》《金光明经》《圆觉经》《说心性经》及观音经变、观音图像等研究。

张铁山对敦煌研究院旧藏两叶回鹘文《阿含经》残片进行了研究，对编号 D.0845 和 D.0904 残片的原文进行转写和注释，并附汉文原文以资对照（张铁山，2021a）。阿依达尔·米尔卡马力介绍国家图书馆藏回鹘文《阿含经》情况，对其来历、文献特点等进行了分析，并从语文学角度考察并考证出其内容分别属于《中阿含经》（GT15-01）、《长阿含经》（GT15-41）、《别译杂阿含经》（GT15-02）三件回鹘文《阿含经》（阿依达尔·米尔卡马力，2020a）。张铁山和崔焱首次刊布敦煌研究院旧藏编号分别为 D0898、D0848、D0899 三叶回鹘文《增壹阿含经》残片，对原文进行转写和注释，并附汉文原文以资对照（张铁山 等，2020）。阿依达尔·米尔卡马力对中国国家图书馆藏一叶编号为 GT15-61，属于《增壹阿含经》第 41 卷的回鹘文《增壹阿含经》进行了研究（阿依达尔·米尔卡马力，2020b）。

阿依达尔·米尔卡马力和萨仁高娃对中国国家图书馆收藏的编号分别为 GT15-65、GT15-18 的两叶回鹘文《华严经》第六卷"如来现相品"残叶进行了文献学考证，指出其对应的汉文原文。通过对内容、纸张、页眉、笔迹等方面的比对，认为敦煌研究院、甘肃省博物馆、兰州范氏、台北傅斯年图书馆藏诸写本和羽田藏图片与国家图书馆收藏品属于分散至各处的同一写本（阿依达尔·米尔卡马力 等，2021）。张铁山和皮特·茨默首次刊布现藏中国文化遗产研究院的编号为 xj224-0661.11 和 xj223-0661.10 的两页回鹘文写本残卷，内容属于"八十华严"卷十三《光明觉品》，并对回鹘文原文进行了拉丁字母换写、转写、汉译、注释并对相关问题作了考释（张铁山 等，2012）。阿依达尔·米尔卡马力和萨仁高娃对中国国家图书馆藏三件回鹘文文献进行语文学研究，其中两件（GT15-17：十无尽藏品、GT15-38：毘卢遮那品）属于《华严经》。通过对纸张、字体、笔迹等的比较，笔者认为该两件文献和兰州范军澍收藏回鹘文《华严经》属同一文献，故国家图书馆藏品应来自敦煌。另一件文献（GT15-28：大方广佛华严经海印道场忏义）属于《大方广佛华严经海印道场十重行愿常徧礼忏义》，是其经名的译文，属该文献的首次发现刊布（阿依达尔·米尔卡马力 等，2020）。阿依达尔·米尔卡马力《安藏与回鹘文〈华严经〉》一文对回鹘文《华严经》的研究情况进行了综述，并对各地收藏的《四十华严》《八十华严》写本进行了详细的介绍和评析。作者认为，台北傅斯年图书馆收藏品中的《十地品》和《十定品》写本与百济康义、小田寿典刊布的羽田明私人收藏《八十华严》照片为同一写本，可以相互拼接。通过对相关跋文、卷名、品名、页眉等的分析，作者提出了《八十华严》和《四十华严》同为安藏译作的观点（阿依达尔·米尔卡马力，2013）。

　　阿依达尔·米尔卡马力的《国家图书馆藏一叶回鹘文〈佛说天地八阳神咒经〉研究》对北京国家图书馆收藏一叶回鹘文《八阳经》写本（编号GT15-12）进行转写、翻译和语文学注释等，并将其与伦敦本、京都本等进行对比分析，提出该文献不同于其他版本的观点（阿依达尔·米尔卡马力，2022）。张铁山的《试析回鹘文〈金光明经〉偈颂》以回鹘文《金光明经》为底本，与汉文本进行对照，分析梵文偈颂、汉译佛经偈颂与回鹘文偈颂的异同，认为梵文偈颂、汉译偈颂和回鹘文偈颂既有一致的地方，也有各自的特点（张铁山，2013）。张铁山的《汉文—回鹘文〈金光明经·舍身饲虎〉校勘研究》通过对回鹘文本《金光明经·舍身饲虎》与汉文本进行校勘，找出二者的差异，并探讨了回鹘文本的五种翻译技巧。这五种技巧包括：一是将"菩萨"等名词翻译为佛教界专有名词，使用梵文；二是将一些"中夏实无此术"的物品翻译为梵文；三是在不影响原意的前提下，进行直接翻译；四是为了使译文更加连贯或增加故事性等目的，增加了一些词语或句子；五是对"偈颂"的翻译，偈颂是指赞佛或阐述佛经、佛理的颂诗（张铁山，2012）。张铁山、皮特·茨默的《敦煌研究院藏回鹘文〈圆觉经〉注释本残片研究》对现藏敦煌研究院陈列中心，编号 D707 的文献进行原文换写、转写、汉译和注释，并在此基础上探讨残片的相关问题（张铁山 等，2015）。阿依达尔·米尔卡马力、张戈的《中国国家图书馆藏两件回鹘文〈圆觉经〉注疏残叶研究》对中国国家图书馆藏新发现两叶回鹘文残片（GT15-39、GT15-20）进行考释，认为这两叶回鹘文残片同样属于《圆觉经》注疏（阿依达尔·米尔卡马力 等，2022），且与张铁山、皮特·茨默合作刊布的敦煌研究院旧藏《圆觉经》注疏（D707）为散落于两处的同一个文献。认为世界各地收藏《圆觉经》注释文献证明，回鹘人不仅崇信佛教，还深受中原佛法理论和佛教文化的影响。

陈爱峰对观音经变（《净土的选择：柏孜克里克第 29 窟六字观音经变考释》《柏孜克里克第 40 窟如意轮观音经变研究》）和观音图像（《高昌回鹘时期吐鲁番观音图像研究》）进行了研究（陈爱峰，2016；陈爱峰，2018a；陈爱峰，2018b）。杨富学、张田芳围绕回鹘文《说心性经》进行了回鹘文《说心性经》作者身份考、敦煌本回鹘文《说心性经》为禅学原著说、回鹘文《说心性经》中的金轮王梦与唐传奇关系探微等一系列的研究（杨富学，张田芳，2017；杨富学，张田芳，2018；张田芳 等，2021）。

摩尼教研究方面，回鹘人早在漠北游牧时期就已经接受了摩尼教。西迁以后，摩尼教仍与佛教、景教并存于回鹘，并留有一些回鹘文摩尼教文献。松井太和王平先的《榆林窟第 16 窟叙利亚字回鹘文景教徒题记》介绍了榆林窟第 16 窟墙壁上的一份题记。该题记是敦煌地区的第一份景教徒突厥文献，由来自瓜州的回鹘景教徒朝圣者于元代书写。这份题记清楚地表明，在元代统治时期，敦煌周边存在着回鹘景教徒，这也证明了回鹘景教徒与佛教徒有部分共同的文化传统（松井太 等，2018）。白玉冬的《丝路景教与汪古渊流——从呼和浩特白塔回鹘文题记 Text Q 谈起》对呼和浩特白塔回鹘文题记 Text Q 进行了释读，反映了蒙元时期曾有突厥语族景教徒在丰州地区活动。同时，作者还分析了汪古部五大代表性集团渊流（黑水汪古、东胜汪古、耶律氏汪古、马氏汪古、巩昌汪古），认为在宋辽之际，西域景教向东发展（白玉冬，2018）。木再帕尔《回鹘摩尼教诸神之名考》

中，比较详细地整理和说明了摩尼教教义中经常出现的诸神在不同语言中的形式。同时，结合回鹘摩尼教文献，作者解释了文献中常见神祇之名的来源，揭示了粟特语对回鹘语的影响（木再帕尔，2021）。杨富学的《林瞪及其在中国摩尼教史上的地位》通过对林瞪与龙首寺、林瞪与摩尼师祈雨、摩尼教绢画所见林瞪的二重身份等方面进行论述，阐释了林瞪在中国摩尼教史上的地位与影响（杨富学，2014）。杨富学与其他学者合作发表了关于福建摩尼教的相关研究：《唐代开教福建摩尼僧呼禄法师族出回鹘新证》（杨富学 等，2022）、《宋元以来霞浦世俗化之摩尼教非"灵源教"说》（盖佳择等，2021）、《福建摩尼教遗存踏查之主要收获》（杨富学，李晓燕，彭晓静，2017）、《霞浦摩尼教夷数崇拜考》（杨富学，薛文静，2017）、《福建摩尼教祈雨与丝路沿线祈雨传统之关联》（彭晓静 等，2016）、《从霞浦本〈摩尼光佛〉看摩尼教对佛教的依托》（杨富学 等，2014）。

景教方面，除了对以往相关文献进行研究外，还在考古发掘方面有了新的发现，这些发现为进一步深入研究与回鹘相关的景教提供了实物支撑。马玲玲《莲花上的十字——中国元代景教碑刻图像研究》以景教碑刻图像造型作为研究的切入点，对中国元代景教碑刻在艺术方面进行了简略的分类整理。该研究旨在透过对中国元代景教碑刻图像的研究，展示其背后所涵盖的多元文化背景，进一步揭示在东西方文明交流的过程中，景教艺术与中国境内本土宗教艺术、异域宗教艺术、地域文明中的艺术之间的交互关系（马玲玲，2014）。王静在《丝绸之路上景教的本土化传播及其衰落》一文中，通过对景教在西亚、南亚、中亚和唐至元时期在中国传播的分析，阐述了丝绸之路上景教本土化传播的原因及其衰落。文章指出，从 14 世纪上半叶开始，景教在丝路沿线的传播遭遇困境，其根本原因是其"本土化"的程度不够，未能真正完成"本土化"。在佛教、儒家、伊斯兰和天主教等主流文化的重重包围下，景教的生存空间逐渐缩小，最终走向衰落（王静，2022）。盖佳择和杨富学在《基督教、佛教与摩尼教对汉文景教文献的影响——以"船喻"为中心》一文中，探讨了景教与摩尼教之间的联系以及汉文景教经典"船喻"与基督教的关系，并揭示了景教舟船譬喻与摩尼教、佛教之间的关联（盖佳择 等，2019）。牛汝极《敦煌景教文献的发现及其对丝路宗教研究的启示》主要通过敦煌景教文献文物的发现，探讨其对丝绸之路宗教研究的启示与意义（牛汝极，2021）。葛承雍在《从出土文献对比景教礼仪吟诵的特色》一文中，分析了20世纪初在新疆吐鲁番出土的基督教祷告文本残片。这些文本不仅保留了东方教会的礼拜用语，还记录了礼仪吟诵音调及其他识别符号，为我们提供了第一手吟诵时的珍贵资料。通过与其他宗教的对比，文章阐明了吐鲁番基督教文献中的吟诵不是简单的民间念经口诵，而是经过标识确定音调后的重新传诵。这类吟诵对于提升信徒的神圣观念具有促进作用，并留下了一份有特色的珍贵遗产（葛承雍，2018）。任冠和魏坚在《2021年新疆奇台唐朝墩景教寺院遗址考古发掘主要收获》一文中披露，在奇台唐朝墩的北部中央位置，他们发现并清理出一处景教寺院遗址，主体坐东朝西，形制结构特点鲜明，包括南北两组建筑，由中殿、祭台、若干房间、后廊等部分构成，主体年代为高昌回鹘时期，历经复杂的建造、修缮、毁弃和重建过程。寺院遗址内出土了大量题材珍贵的壁画，包括头带十字架的圣像、权杖、棕枝、回鹘文题记、"也里可温"榜题等内容，体现出丝绸之路上东西文化的交流与融合（任冠 等，2022）。

伊斯兰教方面，10世纪下半叶，在新疆历史上著名的喀喇汗王朝时期，伊斯兰教开始传入新疆。研究伊斯兰教内容的回鹘文文献对研究伊斯兰教史及其在新疆的最初传播具有重要价值。杨富学在《元代敦煌伊斯兰文化觅踪》一文中，通过对莫高窟碑刻、莫高窟北区出土文献、瓜州锁阳城形制以及马可波罗笔下的沙州穆斯林等元代敦煌伊斯兰文化因素的考察，认为元代晚期敦煌一带的伊斯兰文化是真实存在的（杨富学，2018b）。王志刚和宋德志在《伊斯兰文化的传播与维吾尔族近代格局的形成》一文中，通过对新疆民族构成和变化趋势、蒙元和东察合台汗国时期伊斯兰文化的发展以及近代维吾尔族的形成等方面的分析和阐释，认为近代意义上的维吾尔族的形成是西迁回鹘与环塔里木原著民族和其他外来民族长期融合的产物。在这一过程中，伊斯兰文化的传播占据了主导地位，并对维吾尔族的形成起到了关键性的作用（王志刚 等，2013）。徐莎莎在《试论库车地区佛教的衰亡和伊斯兰教的兴起》一文中，系统地论述了从库车地区佛教的繁盛到衰落，进而伊斯兰教的兴起及发展的历史过程。文章分析了库车地区佛教的衰亡和伊斯兰教的兴起这一历史现象的社会原因及社会影响（徐莎莎，2013）。付承章在《论辽代陶瓷中的伊斯兰文化元素——以七连环图案为例》一文中介绍了七连环图案的发现概况，并分析了它的文化内涵及使用人群。通过相关史料和实物的分析，文章认为"回鹘营"和"同文驿"中居住着相当数量的伊斯兰教徒，这些人对伊斯兰教在辽朝的传播发展过程中起到了至关重要的作用（付承章，2018）。努尔艾力·沙亚库皮在《喀喇汗语〈古兰经行间译本〉研究》一文中，主要研究现存于土耳其伊斯坦布尔突厥和伊斯兰古籍博物馆编号73的喀喇汗语《古兰经行间译本》。文章对TIEM73古兰经译本进行了拉丁字母转写、换写及翻译，并以脚注形式指出它们之间的区别。在此基础上，作者进一步阐述了该文献的语言特点（努尔艾力·沙亚库皮，2013）。

在宗教信仰问题上，回鹘的信仰十分多元化，既信仰过佛教、摩尼教、景教、伊斯兰教，也信仰过祆教、基督教、道教等多种宗教。从4—5世纪开始，粟特人通过丝绸之路不断来到中国，促进了祆教在中国的传播。冯敏在《中古时期入华粟特人与祆教的在华传播——以固原史姓人墓地为中心》一文中，结合国内粟特人考古资料，探讨入华粟特人与祆教的相关问题。他认为，粟特人信仰的祆教随着他们来到中国而传播，回鹘、蒙古人也深受祆教思想的影响。在数百年的传播过程中，祆教发生了一定的变化，并对中原文化产生了影响（冯敏，2013）。唐晓峰在《唐元间基督教史述评——兼论早期中国基督教史的连续性》一文中认为，唐元及其之间的基督教史具有连续性。这一结论既基于对中国历史及现有疆域的理性认知，注重中华民族多元一体的整体格局，同时也建立在对唐元及其之间中国基督教群体构成及其信仰实践的内在一致性的分析之上（唐晓峰，2022）。刘永明从所录斋文的形成时间和文书的抄写时间两方面进行了断代。他认为，斋文的形成大致从唐玄宗时期开始，一直延续到晚唐和五代初期的归义军时期。这一长时间段的形成过程赋予了该文书多方面的研究价值。此外，他还对该文书所反映的唐代道教斋事活动进行了考察，分析了这一时期道教斋醮活动的内容及特点（刘永明，2013；刘永明，2014）。

3. 总论

关于回鹘佛教的总论有：李云、刘江的《新疆古代高昌地区佛教艺术中的弥勒信仰研究评述》（李云 等，2018）、宁晴《近三十年来敦煌佛教疑伪经研究综述》（宁晴，2017）、姚淑艳《回鹘文〈玄奘传〉研究综述》（姚淑艳，2017）、金琰《耿世民先生与回鹘佛教研究》（金琰，2013）、单欣《〈华严经〉研究综述》（单欣，2013）、杨富学《新世纪初国内回鹘佛教研究的回顾与展望》（杨富学，2013b）、乔睿《回鹘文〈慈悲道场忏法〉研究综述》（乔睿，2012）。关于回鹘摩尼教的总论有：盖佳择、杨富学《霞浦摩尼教历史文化研究述评》（盖佳择 等，2020）、杨富学、盖佳择《敦煌吐鲁番摩尼教文献研究述评》（杨富学 等，2015）。其他宗教类综述：王静《新疆境内出土景教遗物综述》（王静，2014）、张之佐《新中国建立以来回鹘宗教史研究综述》（张之佐，2015）、马小鹤《中国学术国际化中的三夷教研究》（马小鹤，2015）。

（五）文学类

1. 著作

《敦煌》是井上靖著、刘慕沙译的历史长篇小说，于2014年由北京十月文艺出版社出版。在小说中，月光玉作为物的叙事主体出现，形成了一条昭示主人公命运的暗线。在创作之初，作家参考了大量史料，强调玉石在中国河西走廊上发挥的重要作用。小说深入探究了西域历史真相，同时也用文学创作揭示了宏大的思想主题——华夏文明特有的玉文化对多民族国家的文化认同作用（井上靖，2014）。《〈弥勒会见记〉异本对勘研究——回鹘文（哈密本）与吐火罗A（焉耆）文本之比较》是郑玲所著，于2014年12月由甘肃人民出版社出版。该书以季羡林译释的新博本《弥勒会见记》和耿世民解读的哈密本《弥勒会见记》为底本，以同题异本形式进行对勘分析，全书分为四章。前三章按吐火罗文本顺序对照回鹘文本前三品内容进行对勘比较，第四章则从普通语言学角度切入，关注语言接触视野下的《弥勒会见记》词汇分析。该书为回鹘语文、佛教流变、语言接触等方面的进一步研究提供了基础文献资料，对促进中亚语文学研究具有积极意义（郑玲，2014）。

2. 文献

回鹘文文学作品种类很多，有戏剧剧本、曲词、诗歌、长诗等，围绕文学作品进行学术研究的人也不少，其中，《弥勒会见记》《乌古斯可汗的传说》《福乐智慧》是研究的热点。汤德伟、高人雄《现存汉唐西域佛剧的文本考述》，对现存汉唐西域佛教戏剧的文本《舍利弗传》等三部佛教戏剧残本、吐火罗文与回鹘文《弥勒会见记》、有争议的敦煌佛剧《释迦因缘剧本》进行详细的考述，对这些文本的问世、作者、成书时期、校刊、整理研究等情况做一番梳理（汤德伟 等，2018）。韩文慧从西域戏产生的文化背景、西域戏的孕育、西域戏的形成、西域戏剧本个案研究以及途经西域的佛教对后世戏曲的影响等方面，对佛教文化视域下的西域戏生成进行了研究。在古代艺术史上，两宋教坊所演的大曲队舞是一种奇葩，对于古代宫廷戏剧的发展也产生了重要影响。其中，有两种大曲队舞还蕴含着一些传统体育和传统民俗的史料（韩文慧，2016）。黎国韬和马小涵对《射雕回鹘队》和《抛球乐队》进行了考察，认为《射雕回鹘队》表现了古代射箭运动的内容，并与久已失传的回鹘民俗"射雕盘"有密切联系。而《抛球乐队》大曲曲本中的曲辞则对古代"抛球"运动的情形进行了详细描述，是研究这项传统体育运动的重要材料（黎国韬 等，2014）。余恕诚和王树森在《论唐代和亲诗歌的诗史意义》一文中，探讨了金城公主入藏和群臣饯别诗歌、盛唐诗人对和亲的态度及成因、唐与回鹘和亲中的吐蕃因素以及中晚期诗歌对和亲的思考，认为唐代和亲诗歌反映了当时社会对和亲公主命运的忧心与悯怀，同时也体现了对和亲政策本身的深入思考。虽然立场不同，态度也有所差异，但这些诗歌以其强烈的现实关怀，为后人全面深入认识唐代和亲提供了独特视角。作为唐诗中一类重要的诗歌类型，这些诗歌具有高度的诗史意义（余恕诚 等，2013）。关于戏剧《弥勒会见记》的研究很多，例如郑玲的《〈弥勒会见记〉——文学及传译价值探析》（郑玲，2014）、《反思与重构——回鹘文〈弥勒会见记〉》（郑玲，2016a）、《民族翻译文献的典范之作——〈弥勒会见记〉》（郑玲，2017）、《异本对勘的典范之作——以回鹘文〈弥勒会见记〉为例》（郑玲，2019），延斯 - 乌沃·哈特曼著、陈瑞翻译的《论〈弥勒会见记〉的部派归属》（哈特曼，2017），康颖宽的《〈弥勒会见记〉研究》（康颖宽，2014）。米吉提·阿布拉的《维吾尔民间达斯坦〈乌古斯传〉研究及汉译本探析》主要综述了对《乌古斯传》的研究概况，并介绍了其汉译本，旨在为读者提供更为全面的了解，同时为进一步了解维吾尔民间达斯坦的形成、发展与传播方面提供一定的借鉴作用（米吉提·阿布拉，2022）。李婷在《〈乌古斯可汗的传说〉研究》一文中，通过对《乌古斯可汗的传说》的研究，深入了解了其成书过程、历史上出现过的不同版本等。同时，她还在研究中挖掘出了不少有关维吾尔族宗教、语言、文学、传统文化的信息（李婷，2012）。以 11 世纪维吾尔诗人玉素甫·哈斯·哈吉甫所撰长诗《福乐智慧》为研究内容的也较多。如秦晨和胡成功的《11 世纪维吾尔文化与中原文化的交流——基于〈福乐智慧〉的分析》（秦晨 等，2019）、孟颖的《〈福乐智慧〉中的智者形象》（孟颖，2017）、秦晓梅的《〈福乐智慧〉英译本中的民俗文化翻译研究》（秦晓梅，2016）、白育文的《〈福乐智慧〉中的政治哲学思想研究》（白育文，2016）、欧阳伟的《〈福乐智慧〉传播方式的演变及其影响》（欧阳伟，2016）、吐送江·依明的《〈福乐智慧〉赫拉特抄本同年代的回鹘文文献概况》（吐送江·依明，2013）、刘霞的《〈福乐智慧〉艺术形式之别致：独创与兼收并蓄》（刘霞，2013）、凯丽比努、梅热依、段燕华、王建斌的《论〈福乐智慧〉中的"善"及其"以行追责"思想》（凯丽比努 等，2012）、玉努斯江·艾力和玉苏甫江·艾买提的《论〈福乐智慧〉中的"梅禄"、"可汗"和"于都斤"的名称》（玉努斯江·艾力 等，2012）。

3. 总论

孙崇涛的《西域戏剧文献综论》综合归纳 20 世纪以来发现的有关古代西域戏剧的文献、文物及其研究状况。认为中国戏曲是艺术高度综合、品性极为独特的民族戏剧样式，其形成是众多艺术源头流汇的结果，走的是一条"多元归一"的历史路径，这跟西方某些戏剧单元起源于宗教、祭祀或游戏等情形是很不相同的（孙崇涛，2020）。《福乐智慧》的语言和族属问题一直是该研究领域的热点，而吉尔吉斯斯坦的《福乐智慧》研究始终围绕着这个问题展开，形成观点对比鲜明的两派。古丽尼沙·加马力对吉尔吉斯斯坦《福乐智慧》研究成果进行评述，通过对这些研究成果的分析，可以了解吉尔吉斯斯坦学者在《福乐智慧》研究领域与中国学者的共识和分歧（古丽尼沙·加马力，2015）。李梅从《弥勒会见记》文本、版本、释读、成书年代、文学体裁、宗教、语言等方面，对 20 世纪以来的《弥勒会见记》研究进行了梳理（李梅，2014）。

（六）其他

关于回鹘研究的课题除了历史类、经济类、语言文学类、宗教类、文学类外，还有诸如艺术、建筑、医学、饮食、婚俗等研究课题，约为 370 余篇，约占总量的 17%。

参考文献

哈密顿，1986. 五代回鹘史料 [M]. 耿昇·穆根来，译. 乌鲁木齐：新疆人民出版社：1.

哈特曼，2017. 论《弥勒会见记》的部派归属 [J]. 陈瑞翾，译. 亚非研究，（2）：258-268.

吉洪诺夫，姬增禄，2012. 十至十四世纪回鹘王国的经济和社会制度（汉文版）[M]. 新疆：新疆人民出版社.

阿依达尔·米尔卡马力，2013. 安藏与回鹘文《华严经》[J]. 西域研究，（3）：74-86+155.

阿依达尔·米尔卡马力，2020a. 国家图书馆藏三件回鹘文《阿含经》残叶研究 [J]. 西域研究，（4）：123-133+169.

阿依达尔·米尔卡马力，2020b. 中国国家图书馆藏一叶回鹘文《增壹阿含经》研究 [J]. 敦煌研究，（6）：88-93.

阿依达尔·米尔卡马力，2022. 国家图书馆藏一叶回鹘文《佛说天地八阳神咒经》研究 [J]. 敦煌学辑刊，（2）：56-65.

阿依达尔·米尔卡马力，萨仁高娃，2020. 国家图书馆藏三件回鹘文《华严经》残叶研究 [J]. 河西学院学报，36（6）：14-19.

阿依达尔·米尔卡马力，萨仁高娃，2021. 中国国家图书馆藏回鹘文《华严经·如来现相品》残叶研究 [J]. 新疆大学学报（哲学·人文社会科学版），49（3）：149-156.

阿依达尔·米尔卡马力，张戈，2022. 中国国家图书馆藏两件回鹘文《圆觉经》注疏残叶研究 [J]. 宗教学研究，（1）：183-189.

白玉冬，2018. 丝路景教与汪古渊流——从呼和浩特白塔回鹘文题记 Text Q 谈起 [J]. 中山大学学报（社会科学版），58（2）：141-153.

白育文，2016.《福乐智慧》中的政治哲学思想研究 [D]. 乌鲁木齐：新疆师范大学.

波音，2019. 草与禾：中华文明 4000 年融合史 [M]. 北京：中信出版社.

曹源，2016. 纺织品：丝绸之路金属铸币的重要补充 [J]. 甘肃金融，（8）：65-67.

曹源，袁炜，2017. 高昌回鹘棉质货币考 [C]. 中国民族文博.

陈爱峰，2016. 柏孜克里克第 40 窟如意轮观音经变研究 [J]. 吐鲁番学研究，（2）：81-97.

陈爱峰，2018a. 净土的选择:柏孜克里克第 29 窟六字观音经变考释 [J]. 宗教学研究，（3）：98-107.

陈爱峰，2018b. 高昌回鹘时期吐鲁番观音图像研究 [D]. 武汉：武汉大学.

陈爱峰，2020. 高昌回鹘时期吐鲁番观音图像研究 [M]. 上海：古籍出版社.

茨默，杨雪，吐送江·依明，2022. 对回鹘语 +čIlAyU 的注解 [J]. 国学学刊，（3）：102-108+141.

单欣，2013.《华严经》研究综述 [J]. 古籍整理研究学刊，（5）：109-113.

杜海，2015. 敦煌归义军政权与沙州回鹘关系述论 [J]. 敦煌学辑刊，1（4）：143-150.

杜笑倩，2015. 唐朝回纥"化俗"政策研究——以德宗时期为重点 [J]. 法律史评论，8（0）：3-24.

范香立，郭晓燕，2015. 论唐代和亲视域下的文化认同与国家认同 [J]. 贵州民族大学学报（哲学社会科学版），（4）：59-66.

冯敏，2013. 中古时期入华粟特人与祆教的在华传播——以固原史姓人墓地为中心 [J]. 西北民族大学学报(哲学社会科学版)，（6）：91-96.

付承章，2018. 论辽代陶瓷中的伊斯兰文化元素——以七连环图案为例 [J]. 草原文物，（2）：76-82.

付马，2021.《蒙古山水地图》中的"洗儿乞"、"脱谷思"与回鹘时代的伊西路 [J]. 中国边疆史地研究，31（1）：174-182+217.

盖佳择，杨富学，2019. 基督教、佛教与摩尼教对汉文景教文献的影响——以"船喻"为中心 [J]. 中东研究，（1）：19-40+267.

盖佳择，杨富学，2020. 霞浦摩尼教历史文化研究述评 [J]. 丝绸之路，（1）：15-37.

盖佳择，杨富学，2021. 宋元以来霞浦世俗化之摩尼教非"灵源教"说 [J]. 宗教学研究，（1）：241-253.

葛承雍，2018. 从出土文献对比景教礼仪吟诵的特色 [J]. 世界宗教研究，（6）：1-7.

古丽尼沙·加马力，2015. 吉尔吉斯斯坦《福乐智慧》研究成果评述 [J]. 新疆大学学报（哲学·人文社会科学版），43（6）：83-88.

韩树伟，2019. 吐鲁番、敦煌出土回鹘文契约文书研究述要 [J]. 西北民族论丛，（1）：255-277+334.

韩文慧，2016. 佛教文化视域下的西域戏生成研究 [D]. 陕西师范大学.

何爽，何道洪，2013. 失落在西域的中原"桃花石"——喀喇汗王朝及喀喇汗钱币 [J]. 东方收藏，（1）：33-35.

侯文昌，2015. 敦煌出土吐蕃文契约文书研究述评 [J]. 陇东学院学报，26（6）：71-75.

纪楠楠，2013. 辽代民族政策研究 [D]. 长春：东北师范大学.

贾娟玲，2017. 张氏归义军与河西回鹘关系考 [J]. 甘肃广播电视大学学报，27（6）:6-8+14.

金琰，2013. 耿世民先生与回鹘佛教研究 [J]. 河西学院学报，29（6）：8-12.

井上靖，刘慕沙，2014. 敦煌 [M]，北京：十月文艺出版社.

凯丽比努，梅热依，段燕华，王建斌，2012. 论《福乐智慧》中的"善"及其"以行追责"思想 [A]// Proceedings of 2012 international conference on education reform and management innovation(ERMI 2012). 5：613-616.

康颖宽，2014.《弥勒会见记》研究 [D]. 北京：中国艺术研究院.

黎国韬，马小涵，2014.《射雕回鹘队》与《抛球乐队》新探 [J]. 文化遗产，（5）：74-78.

李华瑞，2016. 北宋东西陆路交通之经营 [J]. 求索，（2）：4-15.

李军，2021. 控制、法定与自称：唐宋之际归义军辖区变迁的多维度考察 [J]. 中国史研究，（4）：110-127.

李梅，2014. 20 世纪以来《弥勒会见记》研究综述 [J]. 西域研究，（2）：127-137.

李婷，2012.《乌古斯可汗的传说》研究 [D]. 北京：中央民族大学.

李云，刘江，2018. 新疆古代高昌地区佛教艺术中的弥勒信仰研究评述 [J]. 新疆艺术（汉文），（6）：4-13.

林干，2007. 突厥与回纥史 [M]. 呼和浩特：内蒙古人民出版社：155-157.

刘戈，2016a. 回鹘草原绿洲拾芥 [M]. 北京：民族出版社.

刘戈，2016b. 回鹘文契约断代研究——昆山识玉 [M]. 北京：中华书局.

刘戈，2020. 回鹘文契约文字结构及年代研究——于阗采花 [M]. 北京：中华书局.

刘霞，2013.《福乐智慧》艺术形式之别致：独创与兼收并蓄 [J]. 新疆大学学报（哲学·人文社会科学版），41（2）：134-137.

刘永明，2013. P. 3562V《道教斋醮度亡祈愿文集》与唐代的敦煌道教（一）[J]. 敦煌学辑刊，（4）：10-26.

刘永明，2014. P. 3562V《道教斋醮度亡祈愿文集》与唐代的敦煌道教（二）[J]. 敦煌学辑刊，（1）：12-23.

陆离，2019. 论唐蕃长庆会盟后吐蕃与回鹘、南诏的关系 [J]. 中国边疆史地研究，29（3）：41-51+214.

陆庆夫，2019. 敦煌民族文献论稿 [M]. 兰州：甘肃文化出版社.

路虹，杨富学，2021. 敦煌文献所见沙州与周边回鹘的商品贸易 [J]. 中原文化研究，9（3）：113-122.

罗将，2020. 二十年来敦煌契约文书研究述评与展望（2000—2020）[J]. 河西学院学报，36（4）：53-59.

马玲玲，2014. 莲花上的十字——中国元代景教碑刻图像研究 [D]. 苏州：苏州大学.

马小鹤，2015. 中国学术国际化中的三夷教研究 [J]. 天禄论丛，5（0）：1-21.

玛力亚木·阿不都热依木，2014.日本研究回鹘文写本概况 [D].乌鲁木齐：新疆师范大学 .

孟颖，2017.《福乐智慧》中的智者形象 [D].乌鲁木齐：新疆大学 .

米吉提·阿布拉，2022.维吾尔民间达斯坦《乌古斯传》研究及汉译本探析 [J].汉字文化，
　　（7）：136-138.

木再帕尔，2020.粟特语对回鹘语语法的影响 [J].民族语文，（2）：53-64.

木再帕尔，2021.回鹘摩尼教诸神之名考 [J].河西学院学报，37（1）：29-35.

乜小红，2017.中国古代契约发展简史 [M].北京：中华书局 .

宁晴，2017.近三十年来敦煌佛教疑伪经研究综述 [J].甘肃广播电视大学学报，27（2）：
　　15-19.

牛汝极，2021.敦煌景教文献的发现及其对丝路宗教研究的启示 [J].世界宗教文化，（1）：
　　1-9.

努尔艾力·沙亚库皮，2013.喀喇汗语《古兰经行间译本》研究 [D].北京：中央民族大学 .

欧阳荣苑，2013.回鹘文文献中与汉语相关问题的音韵学研究成果概述 [J].语言与翻译，
　　（2）：29-32.

欧阳伟，2016.《福乐智慧》传播方式的演变及其影响 [J].喀什大学学报，37（1）：51-54.

彭晓静，杨富学，2016.福建摩尼教祈雨与丝路沿线祈雨传统之关联 [J].石河子大学学报
　　（哲学社会科学版），30（1）：29-33.

乔睿，2012.回鹘文《慈悲道场忏法》研究综述 [J].佳木斯教育学院学报，（11）：94-
　　95+101.

秦晨，胡成功，2019.11世纪维吾尔文化与中原文化的交流——基于《福乐智慧》的分
　　析 [J].山西财经大学学报，41（S2）：109-114.

秦晓梅，2016.《福乐智慧》英译本中的民俗文化翻译研究 [J].语文建设，（18）：87-88.

任冠，魏坚，2022.2021年新疆奇台唐朝墩景教寺院遗址考古发掘主要收获 [J].西域研究，
　　（3）：106-113.

森安孝夫，2020.丝绸之路与唐帝国 [M].北京：北京日报社 .

森安孝夫，冯家兴，白玉冬，2021.敦煌出土元代回鹘文书中的行在缎子 [J].中山大学学
　　报（社会科学版），61（4）：107-119.

史金波，2016."丝绸之路"上的少数民族 [J].历史教学（下半月刊），（3）：3-9.

史金波，2020.中国近代出土文献的文字学、语言学和历史学价值 [J].中央民族大学学报
　　（哲学社会科学版），47（6）：13-22.

松井太，巩彦芬，2018.契丹和回鹘的关系 [J].河西学院学报，34（3）：11-19.

松井太，王平先，2018.榆林窟第16窟叙利亚字回鹘文景教徒题记 [J].敦煌研究，（2）：
　　34-39.

松井太，2018.回鹘文文献研究的现状及发展趋势 [J].杨富学，臧存艳，译 .民族史研究，
　　（0）：407-426.

孙崇涛，2020.西域戏剧文献综论 [J].曲学，7（0）：19-30.

孙娜，2012.改革开放以来（1979—2011）敦煌契约文书研究文献综述 [J].成都纺织高等
　　专科学校学报，29（3）：80-84.

孙小敏，2017. 贺兰山回鹘四族名号考 [J]. 西域研究，（2）：12-16+140.

汤德伟，高人雄，2018. 现存汉唐西域佛剧的文本考述 [J]. 四川职业技术学院学报，28（5）：63-70.

唐晓峰，2022. 唐元间基督教史述评——兼论早期中国基督教史的连续性 [J]. 世界宗教研究，（8）：79-87.

唐养文，2013. 回鹘简史与回鹘文钱币 [J]. 东方收藏，（1）：31-32.

吐送江·依明，2013.《福乐智慧》赫拉特抄本同年代的回鹘文文献概况 [J]. 黑龙江史志，（17）：146+148.

吐送江·依明，2018.《福乐智慧》回鹘文维也纳抄本的文字特点浅析 [J]. 敦煌学辑刊，（1）：43-54.

吐送江·依明，2020. 吐峪沟出土回鹘文《土都木萨里修寺碑》研究 [J]. 河西学院学报，36（1）：1-7.

万幸，2019. 宋代的青海道 [D]. 西安：陕西师范大学.

王红梅，2012. 蒙元时期回鹘文的使用概况 [J]. 黑龙江民族丛刊，（6）：92-97.

王红梅，2021. 宋元时期高昌回鹘弥勒信仰考 [J]. 世界宗教文化，（4）：56-63.

王红梅，黎春林，2015. 元明之际畏兀儿宗教嬗变述论 [J]. 宗教学研究，（2）：258-264.

王红梅，杨富学，等，2017. 元代畏兀儿宗教文化研究 [M]. 北京：科学出版社.

王静，2014. 新疆境内出土景教遗物综述 [J]. 西北工业大学学报（社会科学版），34（2）：78-83+95.

王静，2022. 丝绸之路上景教的本土化传播及其衰落 [J]. 西域研究，（3）：114-129+172.

王贞平，贾永会，2020. 多极亚洲中的唐朝 [M]. 上海：上海文化出版社.

王志刚，宋德志，2013. 伊斯兰文化的传播与维吾尔族近代格局的形成 [J]. 塔里木大学学报，25（1）：69-72.

魏迎春，郑炳林，2019. 河西陇右陷落期间的回鹘道 [J]. 敦煌学辑刊，（3）：7-19.

徐莎莎，2013. 试论库车地区佛教的衰亡和伊斯兰教的兴起 [D]. 乌鲁木齐：新疆师范大学.

徐晓卉，2014a. 晚唐五代宋初时期棉布在敦煌地区充当货币考论 [J]. 天水师范学院学报，34（2）：37-40.

徐晓卉，2014b. 归义军时期敦煌的"官布" [J]. 中国农史，33（1）：45-57.

闫国疆，郝新鸿，2015. 多元共生、动态交融——回鹘西迁后的西域文明与居民身份变化 [J]. 西北民族大学学报（哲学社会科学版），（6）：49-56.

闫珠君，杨富学，2022. 敦煌回鹘石窟分期断代问题刍议——兼论"六字真言"的概念与使用 [J]. 石河子大学学报（哲学社会科学版），36（1）：94-102.

杨富学，2012. 回鹘学译文集 [M]. 兰州：甘肃民族出版社.

杨富学，2013a. 回鹘与敦煌 [M]. 兰州：甘肃教育出版社.

杨富学，2013b. 新世纪初国内回鹘佛教研究的回顾与展望 [J]. 西夏研究，（2）：57-77.

杨富学，2014. 林瞪及其在中国摩尼教史上的地位 [J]. 中国史研究，（1）：109-124.

杨富学，2015. 回鹘学译文集新编 [M]. 兰州：甘肃教育出版社.

杨富学，2016. 回鹘摩尼教研究 [M]. 北京：中国社会科学出版社.

杨富学，2018a. 敦煌民族史探幽 [M]. 兰州：甘肃文化出版社 .

杨富学，2018b. 元代敦煌伊斯兰文化觅踪 [J]. 敦煌研究，（2）：11-21.

杨富学，2020a. 北国石刻与华夷史迹 [M]. 北京：光明日报出版社 .

杨富学，2020b. 霞浦摩尼教研究 [M]. 北京：中华书局 .

杨富学，安语梵，2020. 唐与回鹘绢马互市实质解诂 [J]. 石河子大学学报（哲学社会科学版），34（4）：89-102.

杨富学，包朗,2014. 从霞浦本《摩尼光佛》看摩尼教对佛教的依托 [J]. 宗教学研究，（4）：256-266.

杨富学，陈爱峰，2012. 西夏与周边关系研究 [M]. 兰州：甘肃民族出版社 .

杨富学，单超成，2018. 高昌回鹘王国棉织业考析 [J]. 吐鲁番学研究，（1）：41-49.

杨富学，单超成，2019. 高昌回鹘的葡萄种植与葡萄酒酿制 [J]. 民族史文丛，（1）：97-123.

杨富学，盖佳择，2015. 敦煌吐鲁番摩尼教文献研究述评 [J]. 吐鲁番学研究，（2）：79-95.

杨富学，葛启航，2020. 回鹘文 xj 222-0661.09 文书若干问题新探 [J]. 文献，（5）：19-41.

杨富学，李晓燕、彭晓静，2017. 福建摩尼教遗存踏查之主要收获 [J]. 宗教学研究，（4）：259-271.

杨富学，彭晓静，2016. 宋代民变与摩尼教的蟠结和原委 [J]. 石河子大学学报（哲学社会科学版），30（3）：1-9.

杨富学，熊一玮，2022. 唐代开教福建摩尼僧呼禄法师族出回鹘新证 [J]. 西域研究，（2）：137-144+172.

杨富学，薛文静，2017. 霞浦摩尼教夷数崇拜考 [J]. 世界宗教文化，（6）：71-77.

杨富学，叶凯歌，2021. 敦煌回鹘语头韵诗及其格律特征 [J]. 敦煌研究，（2）：32-40.

杨富学，张海娟，2017a. 从蒙古豳王到裕固族大头目 [M]. 兰州：甘肃文化出版社 .

杨富学，张海娟，2017b. 儒家孝道思想在回鹘中的流播与影响 [J]. 内蒙古社会科学（汉文版），38（5）：72-80.

杨富学，张海娟，胡蓉，王东，2021. 敦煌民族史 [M]. 北京：社会科学文献出版社 .

杨富学，张田芳，2017. 回鹘文《说心性经》作者身份考 [J]. 中国边疆学，（1）：192-199.

杨富学，张田芳，2018. 敦煌本回鹘文《说心性经》为禅学原著说 [J]. 西南民族大学学报（人文社科版），39（1）：79-86.

姚淑艳，2017. 回鹘文《玄奘传》研究综述 [J]. 语文学刊，37（1）：136-141.

余恕诚，王树森，2013. 论唐代和亲诗歌的诗史意义 [J]. 吉林师范大学学报（人文社会科学版），41（1）：1-6.

玉努斯江·艾力，玉苏甫江·艾买提，2012. 论《福乐智慧》中的"梅禄"、"可汗"和"于都斤"的名称 [J]. 西北民族研究，（1）：125-133.

张海娟，胡小鹏，2022. 元代佛教文化与国家整合——以王权合法性构建为中心 [J]. 西南民族大学学报（人文社会科学版），43（7）：59-66.

张田芳，杨富学，2021. 回鹘文《说心性经》中的金轮王梦与唐传奇关系探微 [J]. 中国古代小说戏剧研究，（0）：21-34.

张铁山，2005. 回鹘文献语言的结构与特点 [M]. 北京：中央民族大学出版社：325.

张铁山，2012. 汉文—回鹘文《金光明经·舍身饲虎》校勘研究 [J]. 新疆师范大学学报（哲学社会科学版），33（4）：63-67.

张铁山，2013. 试析回鹘文《金光明经》偈颂 [J]. 中央民族大学学报（哲学社会科学版），40（1）：119-123.

张铁山，2015. 新疆历史钱币上语言文字的交融与合璧 [J]. 吐鲁番学研究，（1）：65-75.

张铁山，2017. 云南大理发现回鹘文墓碑考释 [J]. 民族语文，（3）：83-86.

张铁山，2021a. 敦煌研究院旧藏两叶回鹘文《阿含经》残片研究 [J]. 敦煌学辑刊，（1）：6-11.

张铁山，2021b. 回鹘文契约研究及其存在的问题 [J]. 西域研究，（4）：132-140+169.

张铁山，崔焱，2017. 回鹘文契约文书参与者称谓考释——兼与敦煌吐鲁番汉文文书比较 [J]. 西域研究，（2）：79-84+141.

张铁山，崔焱，2020. 敦煌研究院旧藏三叶回鹘文《增壹阿含经》残片研究 [J]. 民族语文，（1）：3-10.

张铁山，彭金章，2018. 敦煌莫高窟北区 B77 窟出土木骨上的回鹘文题记研究 [J]. 敦煌学辑刊，（2）：37-43.

张铁山，茨默，2012. 两页回鹘文《华严经·光明觉品》写本残卷研究 [J]. 民族语文，（4）：73-81.

张铁山，茨默，2015. 敦煌研究院藏回鹘文《圆觉经》注释本残片研究 [J]. 敦煌研究，（2）：97-101.

张铁山，朱国祥，2014. 回鹘文《金光明经》中的汉语借词对音研究 [J]. 新疆大学学报（哲学·人文社会科学版），42（1）：35-139.

张之佐，2015. 新中国建立以来回鹘宗教史研究综述 [J]. 世界宗教文化，（4）：151-157.

赵莉，荣新江，2020. 龟兹石窟题记 [M]. 上海：中西书局.

赵倩，2018. 回鹘西迁问题研究综述 [J]. 河西学院学报，34（6）：41-47.

郑炳林，杨富学，2012. 中国北方古代少数民族历史文化丛书 [M]. 兰州：甘肃民族出版社.

郑玲，2014.《弥勒会见记》文学及传译价值探析 [J]. 商丘师范学院学报，30（1）：93-95.

郑玲，2016a. 反思与重构——回鹘文《弥勒会见记》文学价值刍议 [J]. 宁夏社会科学，（6）：250-253.

郑玲，2016b. 河西回鹘与西夏关系研究综述 [J]. 西夏研究，（2）：80-85.

郑玲，2017. 民族翻译文献的典范之作——《弥勒会见记》[J]. 唐山师范学院学报，39（3）：86-88+123.

郑玲，2019. 异本对勘的典范之作——以回鹘文《弥勒会见记》为例 [J]. 西夏研究，（3）：82-87.

郑玲著，2014.《弥勒会见记》异本对勘研究——回鹘文（哈密本）与吐火罗 A（焉耆）文本之比较 [M]. 甘肃：人民出版社.

朱崇先，2017. 中国少数民族古籍文献整理研究 [M]. 上海：商务印书馆：9-10.

朱崇先，李生福，张铁山（编著），2005. 中国少数民族古典文献学 [M]. 北京：民族出版社：141.

朱悦梅，杨富学，2013. 甘州回鹘史 [M]. 北京：中国社会科学出版社.

A Review of Uighur Research in China in Recent 10 Years

HE Ting, ZHANG Tieshan

Abstract: In this paper, we have reviewed and summarized the academic achievements of Uighur studies in China over the past decade, with a view to contribute to future research on ethnic languages, Dunhuang studies, Turpan studies, ethnography and other related studies. We searched the CNKI database for research papers from January 1, 2012 to December 31, 2022. To gain a macroscopic understanding, we performed a quantitative analysis based on the year of publication, subjects covered, types and sources of literature, authors and institutions. Next, we review the relevant literature based on its research content to provide a reference for future research related to the Uighur community.

Keywords: Uighur; data analysis; research review

（责任编辑：刘钊）

语言研究

对普什图语第一、二人称物主代词前缀 di/də>z/s- 的一些质疑

赵飞

内容提要：普什图语第一、二人称物主代词在不同的方言中呈现出不同的结构：中部方言使用介词 di/də 加人称代词间接格形式（di mā、di tā、di mung、di tāse/di tāso）构成分析式，而其他方言则使用前缀 z/s- 加人称代词间接格形式（zmā、stā、zmung，stāse/stāso）构成综合式。语言学家对 di/də 和 z/s- 关系的看法较为一致，认为 z/s- 是 di/də 的一种方言变体形式，但本文运用历史语言学的比较方法，将普什图语与古代及现代印欧语进行对比后，从语音学和形态学等方面提供了与主流观点不同的一些视角和分析。

关 键 词：普什图语；物主代词；方言；比较方法

作者简介：赵飞，商务印书馆责任编辑，硕士，主要从事印欧语系和阿尔泰语系语言的历史演变研究。

一、形态结构差异及传统观点

（一）形态结构差异

同绝大部分现代印欧语系语言一样，普什图语也有独立的物主代词，且有人称、数之分；普什图语方言众多，物主代词在方言中呈现出明显的形态结构差异。中部方言中，三个人称的物主代词均使用分析式结构，即介词 di/də 加上人称代词的间接格形式 mā "我"、tā "你"、mung "我们"、tāse/tāso "你们"、də "他"、de "她"、dawi "他们" 等，与普通名词的所有格结构（介词＋名词间接格形式）相同；其他方言中，物主代词则按人称

分为两种情况：第三人称物主代词使用分析式结构表达，与中部方言情况相同；而第一、二人称物主代词 zmā、stā、zmung、stāse/stāso 等则使用综合式结构表达，即前缀 z/s- 加人称代词的间接格形式 mā、tā、mung、tāse/tāso 等 [1]。

di/də 与 z/s- 这两个语义上等值的语法单位究竟是否存在联系？如果存在，又是什么样的联系？普什图语不同方言之间的这种区别吸引了语言学家的注意，并对其进行了解释，而且在这一问题上存在广泛的共识，形成了传统观点。

（二）传统观点

普什图语研究者普遍将这一差异视为语音差异，即 di/də>[2]z/s-，认为 di/də 在普什图语东部方言中人称代词第一、二人称间接格形式前变为 z/s-，因此 z/s- 是介词 di/də 在东部方言中的变体形式。

格里云贝尔格（Gryunberg）认为，"普什图语物主代词只有第一、第二人称两种形式。第三人称'物主代词'是介词 də 和人称代词第三人称间接格形式的结合，而第一人称单数 (d)zmā、第二人称单数 stā 则是前缀 (d)z-/s- 与人称代词第一、二人称单数间接格形式的结合；第一人称复数 (d)zmuž/(d)zmunž、第二人称复数 stāse/stāso 也是相同的结构"。可以看出，虽然格里云贝尔格对普什图语物主代词的判断标准与大部分学者不同，即认为物主代词应该是综合式而非分析式结构，但他仍认可前缀 z-/s- 与前置词 də 存在密切联系（Gryunberg，1987）。

特格伊（Tegey）和罗伯逊（Robson）认为西部方言保留了 di/də，在东部方言中则转变为 z/s-，即 di/də >z/s-（Tegey et al.，1996）[69]。

车洪才、张敏在《普什图语基础语法》中指出，"普什图语的物主代词

---

[1]　与主流叙述不同，温德福尔（Windfuhr）认为"中部方言物主代词第一、二人称单数使用 di ma 和 di ta，其他方言多用 zmā 和 stā。而第一、二人称复数形式均使用 zmung 和 stāse，没有方言区别"（Windfuhr，2012），似乎有些失实。

[2]　">"为历史语言学常用符号，表示前面的内容演变为后面的内容。

是由前置词和人称代词构成的，即前置词 di/də 加上人称代词的变格 [1] 形式，不过在组合过程中有的发生了音变，在第一人称中 di/də 变成了 z，在第二人称中 di/də 变成了 s"（车洪才 等，2003）。《普什图语汉语词典》中则将 zmā 解释为"人称代词 zə 的间接格 mā 和前置词 di/də 合成的变形" [2]（车洪才 等，2014）。

大卫（David）也认为，"在大部分方言中 də 在第一和第二人称中弱变（lenite）为摩擦音，因此在 t[3] 前变为 s，在 m[4] 前变为 z"（David，2014）。

综上所述，传统观点认为综合式结构源于分析式结构，且双方的差异为语音差异。鉴于普什图语属于印欧语系伊朗语族，因此有必要了解一下印欧语系语言名词所有格和物主代词的结构特点，以便更好地厘清普什图语名词和代词所有格的形态结构特点及其发展轨迹。

二、印欧语系语言所有格的形态结构特点

印欧语系的所属关系主要涉及名词和代词两大词类，表达方法有综合式和分析式两种。

（一）印欧语系语言名词所有格的形态结构特点

现代普什图语的名词所有格形式是由介词 di/də 引导的分析式结构，这

---

[1]　即间接格。

[2]　zmung、stā、stāse/stāso 等解释与其相同，故此处不再赘述。

车洪才和张敏在《普什图语汉语词典》中将 zmā 一词分为两种释义，一为人称代词"我"，如 zmā sara "与我一起"，二为物主代词"我的"，并将结构分析置于第一种释义中（车洪才 等，2014）。虽然在编著词典时这种根据语义及词类将词条进行拆分是必要的，也是非常科学的，但鉴于两种释义的结构完全相同，虽然 de...sara 这一搭配的实际意义已经偏离了"所有、所属"这一语义，但其中的 de 要求所有格却是不变的，与 de 作为独立介词时的用法无异。基于此，本文将其合并讨论，不再根据词类进行拆分。

[3]　即人称代词第二人称间接格形式 tā、stāse/stāso 等。

[4]　即人称代词第一人称间接格形式 mā、mung 等。

一点无论中部方言还是非中部方言均是如此。不过介词构成所有格并不是伊朗语族乃至印欧语系固有的语言现象。原始印欧语及古代印欧语系诸语言名词均有形态学格体系，有 4—8 个格位（如梵语、赫梯语、阿维斯塔语有八个，教会斯拉夫语、亚美尼亚语有七个，拉丁语有六个，古希腊语、哥特语有五个，盎格鲁—撒克逊语、古高地德语、古萨克森语、古冰岛语、古弗里西亚语、古荷兰语有四个 [1]），而其中的属格即用来表达名词之间的所属关系。

现代印欧语系语言的名词所有格主要有两种表达方式：格体系的属格形态词尾、介词 / 前置词所引导的分析式结构。

根据坎贝尔的补偿理论，语义是恒定的，而表达方式则会不停地变化：一种表达方式消失，表达的语义并不会消失，而是会改由另一种表达方式来实现（Campbell，2008）。在印欧语系中，一旦一种语言形态学意义上的格体系完全消失或是数量及功能萎缩，那么介词的使用范围就会扩大以取代包括属格在内的格体系的作用，即便它们的原始意义并非表示"所属"这一概念。这一点在罗曼语族、日耳曼语族、斯拉夫语族、伊朗语族中均有所体现。

罗曼语族：现代罗曼语族语言多已失去拉丁语格体系 [2]，借助源自拉丁语 de 的介词表达名词的所有格意义是一种普遍现象，而 de 在古典拉丁语中只能表示"从""关于"等意义，并不能表达所属关系。

日耳曼语族：虽然除了德语、卢森堡语、冰岛语、法罗语外，现代日耳曼语已经完全失去了名词格体系，不过却普遍保留了名词属格形式（除荷兰语、弗里西亚语）。与此同时，日耳曼语也像罗曼语一样广泛使用表示"从"的介词来表达所属（除冰岛语、法罗语），如英语 of，德语 von，瑞

---

[1] 虽然按照传统观点日耳曼语族语言有 4—5 个格位（哥特语多了一个呼格），但更早期的日耳曼语言很可能还有其他格位，其中一些在古代日耳曼语中仍有残留，极个别甚至保留至今，如英语 why 一词便源于盎格鲁—撒克逊语中 hwat（>what）一词的工具格形式（比较：现代法罗语 hví）。

[2] 虽然古法语和古奥克西坦语曾经保留了两个格位（直接格和间接格），但由于没有独立的属格形式，因此完全不足以独立表达所属关系：如古法语中虽然间接格可以独立表达所属，如 li filz le roi "国王之子"（le roi<li reis "国王"，比较：现代法语 le fils du roi），但大多数时候还是会借助介词 de 来表达所属。

典语、挪威语 av，丹麦语 af 等。因此实际上形成了综合式与分析式并用的局面。

斯拉夫语族：现代斯拉夫语族的语言绝大多数均完整保留了格体系，因而所属关系普遍用属格形态词尾来表达。但保加利亚语和马其顿语是两个例外：两者均完全失去了古代教会斯拉夫语的格体系 [1]，因此名词所有格要借助前置词 na 所引导的分析式结构来表达 [2]，而 na 在其他任何古代和现代斯拉夫语中都不表达与"所属"相关的语义。

伊朗语族：现代伊朗语族语言普遍失去了名词格体系，但名词所有格却并非用介词，而是用耶扎菲结构表达。普什图语保留了格体系，但只有两个格，即直接格和间接格，与古法语、古奥克西坦语及印地—乌尔都语、古吉拉特语、旁遮普语等现代印度语族语言相同。因此普什图语的名词所属关系也要借助分析式结构来表达，即介词 di/də。

（二）印欧语系语言物主代词的形态结构特点

除了名词以外，代词也同样需要表达所属关系，即物主代词。实际上，早期印欧语系语言没有独立的物主代词，代词表达所属时和名词一样使用属格形式或是使用后缀，如梵语、赫梯语、吐火罗语等。印欧语系语言物主代词也往往来源于人称代词的属格形式，因此物主代词是用语法手段表达的综合式结构 [3]（见表 1）。

---

[1] 保加利亚语名词只在阳性单数定指形式上保留了两个格词尾，即 -ът 和 -a，但严格意义上来说这是定冠词格词尾，而非名词格词尾，因此本文不将其计入在内。除此之外，同普什图语一样，保加利亚语名词还有一个呼格形式。不过鉴于呼格相对孤立的句法意义，现代保加利亚语语言学家普遍不将其纳入格体系，保加利亚语因此仍被认为是没有格体系的斯拉夫语言。同理，下文所提"普什图语只有两个格"也是出于同样的原因没有把呼格算在内。

[2] 除了表达属格外，na 在保加利亚语和马其顿语中还可以表达予格，即属予格同形，这是巴尔干语群的特点之一，亦见于罗马尼亚语、现代希腊语、阿尔巴尼亚语等。

[3] 也正因此，格里云贝尔格认为"普什图语物主代词只有第一、第二人称两种形式，而不承认第三人称有物主代词（Gryunberg，1987）。

表 1　古代印欧语人称代词第一、二人称属格形式与物主代词比较

	第一人称单数		第一人称复数		第二人称单数		第二人称复数	
	属格	物主代词[1]	属格	物主代词	属格	物主代词	属格	物主代词
梵语	mama		tava		asmākam		yushmākam	
赫梯语	ammel		anzel		tuel		sumel	
阿维斯陀语	mana	mah	tava	θvah	nah[2]	ahmāka-	vah[3]	yušmāka-
古波斯语	manā		taiy		amāxam			
拉丁语	meī	meus	nostrī, nostrum	noster	tuī	tuus	vestrī, vestrum	vester
希腊语	emeo		hēmeōn		seo		hūmeōn	
哥特语	meina	meins	þeina	þeins	unsara	unsar	izwara	izwar
古英语	mīn	mīn	þīn	þīn	ūser	ūser	ēower	ēower
古高地德语	mīn	mīn	dīn	dīn	unsēr	unsēr	iuwēr	iuwēr
古冰岛语	mín	minn	þín	þinn	vár	várr	yðar	yðarr
教会斯拉夫语	mene	moi	tebe	tvoi	nasъ	našь	vasъ	vašь
立陶宛语	mano	mano	tavo	tavo	mūsų	mūsų	jūsų	jūsų
古亚美尼亚语	im	im	k'o	k'o	mer	mer	jer	jer

---

[1]　鉴于印欧语系语言在类型学上属于屈折语，物主代词有人称、性、数、格之分，篇幅所限，此处物主代词只列出阳性主格形式，且只列出单数、复数形式，不列出双数形式；由于古代印欧语系语言大多没有人称代词第三人称形式，因此此处不列出物主代词第三人称形式。

[2]　nah 虽然看上去和 ahmāka- 很不相同，但和梵语人称代词第二人称复数 vayam 属格短形式 nas（比较，教会斯拉夫语 nasъ，拉丁语 nos）同源（印度语族和伊朗语族间存在 s-h 交替现象，如梵语 seina- 阿维斯塔语 heina "军队"、梵语 asmi- 阿维斯塔语 ahmi "我是" 等)，而其长形式是 asmākam，显然与 ahmāka- 同源。

[3]　vah 虽然看上去和 yušmāka- 很不相同，但和梵语人称代词第二人称复数 yūyam 属格短形式 vas（比较，教会斯拉夫语 vasъ，吐火罗 A 语言 was，吐火罗 B 语言 wes）属于同源，而其长形式是 yushmākam，与 yušmāka- 同源。

从表 1 来看，印欧语的第一、二人称代词属格形式均与物主代词或完全同形，或有较强对应关系。与名词格体系的历史演变不同的是，现代印欧语系语言中虽然很多都已经失去了名词的格体系，但却都基本完好地保留了人称代词的格体系，因而绝大多数现代印欧语系语言都使用源于属格形式的物主代词表达所属。只有伊朗语族例外 [1]。

按照现代印欧语系的谱系划分，普什图语属于印欧语系伊朗语族。相对于印欧语系其他语族语言，现代伊朗语族语言最大的特点就是没有独立的物主代词，而普什图语则又是伊朗语族中独特的一员：它是极少数保留了格体系的语言，而更独特的地方还在于它是伊朗语族中少有的拥有独立物主代词的语言。普什图语的物主代词与人称代词一样有三个人称（第一、二、三人称）和两个数（单数、复数）。不过普什图语非中部方言中前缀 z/s- 只出现在第一、二人称物主代词中，而第三人称则使用介词 di/də 所引导的分析式结构。由此可见 z/s- 的特别之处并非表现在人称代词的属性上，而是体现在人称上。

人称问题涉及一个语言哲学问题，即第一、第二人称相对于第三人称的特别之处："从语义学角度来分析，'我'是说话人对自己的称呼，具有唯一性；'你'是说话人对听话人的称呼，并不具备唯一性，即从说话人一个人的角度来看任何一个与说话者对话的人，均可被说话者以'你'相称"（赵飞，2022）。虽然相对于第一人称单数，第二人称单数不具唯一性，但不可否认的是在（具体语境中）其具有一定唯一性。而第三人称则具有广泛性和泛指性，这在世界语言中可以通过很多现象加以证实。

其一，很多古代语言的人称代词体系中均没有独立的第三人称形式，往往由指示代词兼任，如梵语中的 sas、赫梯语中的 apā-、吐火罗 A 语言中

---

[1] 介词与人称代词一起构成分析式结构来表达物主所有关系这一现象在现代印欧语系语言中并不鲜见，甚至即便保留独立物主代词的语言也完全可以使用这种词汇手段，及分析式结构来表达相同的语义，如现代法罗语中虽然有独立的物主代词，但在表达代词所有时却越来越倾向于使用介词 hjá "在……那里"（Adams et al.，2009），如用 hjá mér 来代替物主代词 mínn/mín/mitt "我的"：越来越多用分析式表达法 bókin hjá mér "我的书"，而越来越少用综合式表达法 bókin mín；现代英语中也存在 of 加物主代词的形式，如民歌 *Scarborough Fair* 的歌词中即有 "he was once a true love of mine"。由此看来普什图语用介词 di/de 加人称代词来表达物主所有关系客观上似乎也没有任何问题。

的 säm，B 语言中的 su[1]、古突厥语中的 ol 等。现代语言中的人称代词第三人称单数形式往往源于古代语言的指示代词，如印欧语系中现代希腊语的 autós、现代亚美尼亚语的 na、现代法语的 il、现代波兰语的 on、现代保加利亚语的 toj、现代波斯语的 o 等即源自古典希腊语、古典亚美尼亚语、古典拉丁语、古斯拉夫语、教会斯拉夫语、古波斯语的指示代词 autós、na、ille、on、toj、hō 等，阿尔巴尼亚语的 ai 同时也是指示代词；阿尔泰语系中现代土耳其语的 o、现代蒙古语的 ter、满语的 i、tere 等均同时也是指示代词；芬兰—乌戈尔语系中爱沙尼亚语的 see 同时也是指示代词，tema 则来源于指示代词（比较：芬兰语 tämä "这个"）；汉藏语中，古汉语中的"彼"、西夏语中的𗀊、𗥃等也均源于指示代词。

而普什图语人称代词第三人称形式同时也是指示代词。

其二，人称代词第三人称的形态学变化与第一、二人称形式普遍不同，但却往往与普通名词相同：除现代亚美尼亚语、现代希腊语、现代冰岛语外，古代、现代印欧语系诸语言人称代词第一、二人称单数与其复数形式均为异干，而第三人称却为同干（赵飞，2022）；阿尔泰语系突厥语族现代语言中，人称代词第三人称复数形式普遍同名词一样由单数形式加复数形态词尾 -lAr 构成[2]，唯有第一、二人称复数形式保留着古突厥语复数形态词尾 -z[3]（厄达尔，2017）[199] [-z< 原始阿尔泰语 ŕV（Starostin et al.，2003a）[222]]；芬兰—乌戈尔语系中，匈牙利语直接宾格词尾是 -t（如 könyv-könyvet "书"），而其人称代词第一、二人称代词直接宾格形式均为不规则变化（én-engem "我"、te-téged "你"、mi-minket "我们"、ti-titeket "你们"），只有第三人称是规则变化（ő-őt "他、她、它"，ők-őket "他们、她们、它们"）；汉藏语系中，西夏语指人名词的复数后缀为𗢳 "数"，人称代词第一人称𗀖 "我"、第二人称𗏹 "你"则加词尾𗥃 "等"构成复数，而第三人称

---

[1] 鉴于印欧语系语言在类型学上属于屈折语，人称代词有性、数、格之分，篇幅所限，此处及下文中除亚美尼亚语外（古典亚美尼亚语和现代亚美尼亚语名词、代词、形容词均没有语法性）只列出第三人称阳性单数主格形式，即"他"。

[2] 与绝大部分现代突厥语族语言不同，楚瓦什语名词和人称代词第三人称复数形态词尾是 -sAm。

[3] 与绝大部分现代突厥语族语言不同，楚瓦什语人称代词第一、二人称复数形态词尾是 -r。

毙、耗既可以用㱿也可以用㪔构成复数（李范文，1999）。

同样地，普什图语非中部方言中物主代词中物主代词第一、二人称形式与第三人称形式在结构上存在明显不同。

除此之外还有一个现象更值得注意：普什图语非中部方言中前缀 z/s- 在古代印欧语物主代词中并不存在，亦即 z/s- 缺少原始印欧语词源依据。因此针对其前缀来源学者形成了传统观点。在我看来，这其中既有合理之处，亦存在问题。

三、传统观点的一些问题

传统观点认为 z/s- 是介词 di/də 在普什图语东部方言中的变体形式，而中部方言则保留了 di/də 的原貌，即 di mā、di tā、di mung、di tāsi/di tāso 等。这种观点的合理性主要基于以下两点。

其一，语音学上来看，d、z 两个音素在音值上有一定相似性——两者均为齿音：d 为爆破齿音，z 为摩擦音齿音，存在一定辅音交替的可能性。事实上，d-z 交替无论在古代还是在现代印欧语系语言中均十分常见，特别是在后面紧跟 e、i 等元音时，如阿维斯塔语 azəm- 古波斯语 adam "我"、撒丁语 di- 罗马尼亚语 zi "天，日子"、阿尔巴尼亚语 midis- 捷克语 mezi- "中间"，语言内部也会出现这种交替，如罗马尼亚语 văd "我看"-vezi "你看"、cred "我相信"-crezi "你相信" 等。考虑到作为介词在句中一般不会携带句重音，即介词一般不重读，变为前缀时也会继承其不重读的特点——这一点在日耳曼语族中尤为典型，如瑞典语 för "为了"、-för'söka "尝试"——因此出现音变完全可能 [1]。非重读辅音，特别是重音之后的非重读辅音发生音变这一点在罗曼语族中十分常见，如罗马尼亚语 a vede "看"-văzut（过去分

---

[1]　此外，一些日耳曼语族语言中的非重读前缀也能产生音变，如瑞士德语动词加非重读前缀 g-（比较：现代高地德语 ge-）构成过去分词时可以根据动词词首辅音而发生各种音变，如 g+d=t（Baur，1977）：g-+diene=tienet "拜访"（比较：现代高地德语 gedient）、g-+dänke=tänkt "想"（比较：现代高地德语 gedacht）等。

词形式），a crede "相信" -crezut（过去分词形式），a cădea "下落" -căzut（过去分词形式），拉丁语前置词 cum "和" > 西班牙语 con，拉丁语 mecum> 西班牙语 -migo 等。因此 di/də 在成为前缀时演变为 z/s- 看上去行得通。

其二，形态学上来看，di/də>z/s- 涉及词汇词缀化、介词与人称代词缩合及介词与人称代词构成的物主代词迂回表达三个现象。

词汇词缀化在世界语言中是很普遍的现象，印欧语系中，中古德语 burg "城市" > 现代高地德语 -burg "堡"（如 Hamburg "汉堡"）、通俗拉丁语 casa> 罗马尼亚语 -casă "家"（如 acasă "在家"）；阿尔泰语系中，土耳其语 bil- "知道" >-Abil- "能"（如 gelebiliyor "他能来"）、蒙古语 ügüy>-güy "不"（如 irsengüy "没有来"）、满语 bu- "给" >-bu- "使"（如 tacimbi "学" >tacibumbi "使学，教"）；芬兰—乌戈尔语系中，爱沙尼亚语 -ga "与，和"（如 sõbrega "与朋友"，比较：芬兰语 kanssa "与，和"）等。

介词与人称代词缩合现象在印欧语中最常见 [1]：如意大利克语族中拉丁语前置词 cum "与，和" 可以和人称代词第一、第二人称缩合，即 cum+ego>mēcum、cum+tu> tēcum、cum+nos> nobiscum、cum+vos> vobiscum[2]；伊朗语族中波斯语 barā "为" +man "我" >barām、barā "为" +shomā "你们" > barātoon；而凯尔特语族中爱尔兰语所有介词均可与人称代词缩合，如 le "与" +mé "我" >liom、as "从" +tú "你" >

---

[1] 除此之外，介词与所接冠词、代词甚至其他介词缩合的现象在现代印欧语中也很常见：罗曼语族中，法语有 au（<à+le）、du（<de+le）、（aux<à+les）、avant<拉丁语 ab+ 拉丁语 ante 等，西班牙语中有 al（<a+el）、del（<de+el）、dónde< 拉丁语 de+onde（比较，葡萄牙语 onde，罗马尼亚语 unde）等，意大利语中有 dello（<de+lo）、allo（<a+lo）、al（<a+il）等，加泰罗尼亚与中有 als（<a+els）、dels（<de+els）、pels（<per+els）等，加利西亚语中有 co（<con+o）、polo（<por+o）等，葡萄牙语中有 num（<en+um）、dum（<de+um）、do（<de+o），罗马尼亚语 înainte "前" <în "里"（< 拉丁语 in）+ainte（< 拉丁语 ante "前"）、din "从" <de "从" + în "里"（< 拉丁语 in）等；日耳曼语族中，现代高地德语有 am（<an+dem）、zur（<zu+der）、ins（<in+das）等，瑞士德语有 bimene（<bi+emene）、zunere（<zu+enere）、imene（<i+emene);凯尔特语族中，爱尔兰语有 den（<de+an）、don（<do+an）、faoin（<faoi+an）等。不过本文主要涉及的是介词与人称代词的结合，因此不再展开讨论。

[2] 拉丁语前置词 cum 本要求夺格形式，即 nobis、vobis。但 nobis、vobis 在罗曼语中没有保留，因此加利西亚语用源自拉丁语宾格形式的 nos 和 vos，即拉丁语 nobiscum> 加利西亚语 connosco、拉丁语 vobiscum> 加利西亚语 convosco 等。

asat、faoi "关于" +muid> fúinn、ag "在" +sibh "你们" >agaibh、do "为了" +sé "他" >dó 等。

物主代词迂回表达法，即介词与人称代词一起构成分析式结构来表达物主所有关系这一现象在现代印欧语系语言中并不鲜见，甚至即便保留独立物主代词的语言也完全可以使用这种词汇手段来表达相同的语义，如现代法罗语中虽然有独立的物主代词，但在表达代词所有时却越来越倾向于使用介词 hjá "在……那里"（Adams et al.，2009），如用 hjá mér 来代替物主代词 mínn/mín/mitt "我的"：越来越多用分析式表达法 bókin hjá mér "我的书"，而越来越少用综合式表达法 bókin mín；现代英语中也存在 of 加物主代词的形式，如民歌 *Scarborough Fair* 的歌词中即有 "he was once a true love of mine"；苏格兰盖尔语中物主代词与 aig "在……那里" + 人称代词的结构并立，如 mo bhord=am bord agam（agam<aig+mi）"我的桌子"；塔吉克语中可以使用介词 az "从"，如 kitāb az man "我的书"。

虽然一般来说这三个现象中词汇辅音并不发生变化 [1]，但印欧语言中个别介词却可以在同一些人称代词缩合时，特别是演变为缩合后缀时产生音变，如拉丁语 mēcum> 西班牙语 conmigo、南撒丁语方言（capidanesu）cumigu、葡萄牙语 comigo、加利西亚语 comigo、阿斯图里亚斯语 conmigo，拉丁语 tēcum > 西班牙语 contigo、南撒丁方言 cuntigu、葡萄牙语 contigo、加利西亚语 contigo、阿斯图里亚语 contigo。con 和 -go 同源，均源于 cum，但当演变为后缀与人称代词结合时，cum 变为 -go，且发生了音变（c>g）。因此普什图语中出现介词 di/də 词缀化并与人称代词缩合时发生 d>z，理论上来讲完全成立。

虽然从两个角度来看，普什图语物主代词中 di/də>z/s-，即 d-z 似乎可以实现。但实际上无论从哪个角度来看，d-z 交替都仍有一些疑点，因此有必要进行对此深入讨论。

---

[1] 严谨来看，词缀化过程中词汇可能产生的变化并不限于音变，如汉藏语系中西夏语第二人称单数形式𗋽及其动词人称呼应词尾𗋽。𗋽虽然与𗂰发音、意思都完全相同，却使用不同的党项字书写，可以算作是词汇词缀化的一种特殊变化形式了。

（一）语音学上的问题

按照广为接受的传统说法，z/s- 是介词 di/də 在普什图语东部方言中的变体形式。前面也提到拉丁语 cum 可以和人称代词第一、二人称缩合，且这一现象为众多罗曼语所继承，甚至还发生了类似普什图语传统观点 d>z 的音变 c>g。但这并不能掩盖两者间语音学上的巨大不同。

罗曼语中 c>g 是一组有条件的规则辅音交替：当位于两个元音之间时，拉丁语 /k/ 会在上述罗曼语中变为 /g/，如拉丁语 secundus> 西班牙语 segundo "第二"，拉丁语 [1]amicum> 葡萄牙语 amigo "朋友"，拉丁语 acum> 加利西亚语 agulha "针"，拉丁语 caecus> 南撒丁语方言 cegu "盲的"，拉丁语 dīco> 阿斯图里亚斯语 digo "我说" 等；加利西亚语中 comigo "和我"、contigo "和你" 和 connosco "和我们"、convosco "和你们" 的对立更是绝佳的证据——决定 c>g 的条件是 c 所处的位置。

而普什图语 d>z 并非规则的辅音交替：前文中提到的几位学者所列出的普什图语方言群辅音交替现象中均不包括 d-z 交替 [2]，甚至根本就不涉及 d（见表 2 和表 3）。

表 2　德沃里昂科夫（Dvolyankov）所给出的普什图语方言群辅音交替对照表 [3]（Dvolyankov，1965）

普什图语字母	东部方言 [4]	西部方言 [5]
ځ	Ж	Г

---

[1]　除了极少数例外（如西班牙语 dios，葡萄牙语 deus< 拉丁语主格形式 deus），现代罗曼语诸语言名词形式主要来源于拉丁语宾格形式，故此处拉丁语名词词汇的宾格形式，而非主格形式，后同。

[2]　由于几位学者所使用的拉丁转写法不尽相同，为方便对比，下表中加入普什图语字母，以避免同一字母 / 音素由于转写法不同而被误认为为不同字母 / 音素所产生的混乱。

[3]　德沃里昂科夫将普什图语转写成了西里尔字母，且其所转写的字母在俄语中并不存在，因而为了不影响准确性，此处使用原文，不再进行拉丁转写。

[4]　亦称南部方言，西南方言，Pashto 方言，软方言等（David，2014）42。

[5]　亦称北部方言，东北方言，Pakhto 方言，硬方言等（David，2014）42。

表3　特盖伊和罗伯逊所给出的普什图语方言群辅音交替对照表
（Tegey et al.，1996）[28]

普什图语字母	中部方言	西部方言	东部方言
ژ	z	zh	j
ږ	g	zh	g
ښ	x	sh	kh

大卫列举了对普什图语方言的三种划分方式，依次将普什图语划分为两大、三大、四大方言。但在这三种划分法中，其所给出的普什图语方言群辅音交替对照表中均没有提到 d-z 交替（见表4、表5、表6）。

表4　两种方言划分法（David，2014）[42]

普什图语字母	东部方言	西部方言
ښ	ṣ	x
ږ	z	g

表5　三种方言划分法（David，2014）[43]

普什图语字母	西南方言 [1]	西北方言 [2]	东北方言 [3]
ښ	ṣ	ç	x
ږ	z	g	g
څ	ts	ts	s
ځ	dz	z	z

---

[1]　潘泽尔（Penzl）称之为坎大哈方言；特盖伊和罗伯逊称之为西部方言（David，2014）[43]。

[2]　潘泽尔称之为东部方言；特盖伊和罗伯逊称之为中部方言（David，2014）[43]。

[3]　潘泽尔称之为白沙瓦方言；特盖伊和罗伯逊称之为东部方言，楠格哈尔方言（David，2014）[43]。

表6　四种方言划分法（David，2014）[43]

普什图语字母	西南方言	东南方言	西北方言	东北方言
ښ	ṣ	š	ç	x
ږ	ẓ	ž	j̣	g
څ	ts	ts	s	s
ځ	dz	dz	z	z
ژ	ž	ž	ž	j

其实如前所述，无论语言之间，还是同一种语言内部，d-z 交替在整个印欧语系中很常见，例如罗曼语族中的罗马尼亚语同祖先拉丁语及姊妹语言——现代罗曼诸语言间，以及罗马尼亚语内部就呈现系统性的 d-z 交替现象（见表7）。

表7　现代罗曼诸语言间以及罗马尼亚语内部系统性的 d-z 交替现象

d-z	语言	"神"	"说"	"十"
d	拉丁语	deum	dicere	decem
	撒丁语	deu		dege
	意大利语	dio	dicere	dieci
	西班牙语	dios	dicer	diez
	葡萄牙语	deus	dizer	dez
	加泰罗尼亚语	déu	dir	deu
	法语	dieu	dire	dix
z	罗马尼亚语	zeu	zice	zece

罗马尼亚语内部动词变位及名词变数时也会出现 d-z 交替现象（见表8和表9）。

表 8　罗马尼亚语内部动词变位的 d-z 交替现象

动词不定式	直陈式现在时第一人称单数	直陈式现在时第二人称单数	过去分词
a cădea "下落"	cad	cezi	căzut
a crede "相信"	cred	crezi	crezut
a râde "笑"	râd	râzi	râzut
a vede "看"	văd	vezi	văzut

表 9　罗马尼亚语内部名词变数的 d-z 交替现象

名词单数	名词复数
cadă "澡盆"	căzi
molid "云杉"	molizi

由此可以看出，在罗马尼亚语中 d-z 交替并非局限于某个词的孤立事件，而是有条件的、系统性的变化，即 d 后接 e 或 i 时发生交替。

与罗马尼亚语完全不同的是，普什图语方言中的 d-z 却仅限于 di/də 一个词，其他所有的同源词中的 d，在普什图语非中部方言都没有变为 z。此外，普什图语东部方言中的介词 di/də 只有在后面加上第一、二人称代词间接格形式时才会变为 z/s-，我们完全可以说，z/s- 并不是 d 后面出现 i 所导致的结果，否则介词 di/də 应该在后面接任何名词——至少是任何以 m-，t-开头的名词——时都应变为 z/s- 或 zi/si-[1]。

---

[1]　其实除此之外，还有一个现象值得关注：z- 只出现在 ma、mung 之前，而加在 ta、tasi、taso 等词前则变为 s-。因此前缀 z/s- 在传统观点中还涉及 z-s 交替。

与普什图语东部方言第一、二人称物主代词前缀所呈现的这种清、浊辅音交替现象类似，斯拉夫语前置词 z 也会根据其后所接词的词首音发生音变，即 z-s（所接词以元音或浊辅音开头用 z，以清辅音开头则用 s，如斯洛文尼亚语 z mano "与我一起"，s teboj "与你一起"）。但与普什图语不同的是，斯拉夫语中这一现象具有普遍性，并不只限于人称代词（如斯洛文尼亚语 z mačko "与猫一起"，s psom "与狗一起"）。反观普什图语 z-s 则完全没有斯拉夫语 z-s 那样的普遍性，其应用范围仅涉及人称代词第一、二人称间接格形式。更值得怀疑的是，作为 z/s- 本体的介词 də/di 在普什图语所有方言中却 "岿然不动"，无论其后所加的代词或名词以哪种音素开头，də/di 均不会发生任何变化，更没有发生任何交替现象，这也充分证明了 zmā 和 di ma 并非同源，z- 并非由 di 音变所产生。

虽然罗曼语中的 -go 与 con 是同源关系，而非 *con>-go，与普什图语传统观点中的 di/də>z/s- 有所不同，似乎暗示了另一种可能性，即 di/də 与 z 同源。但无论是 z- 源于 di/də 还是 z- 与 di/də 同源（如同 con、-go<cum）都需要系统性的语音交替作为支持方能确定[1]。在缺少证据的情况下，在否定 z- 源于 di/də 的同时实际上也否定了 z- 与 di/də 同源的可能性。

（二）形态学上的问题

印欧语中介词 / 前置词和人称代词缩合时，无论和哪个人称缩合，介词 / 前置词本身的主体，即词干辅音并不会变化，这既适用于拉丁语也适用于其后代罗曼诸语，如西班牙语 con "和" +yo "我" >**con**migo（-migo< 拉丁语 mēcum）、con "和" +tú "我" >**con**tigo（-tigo< 拉丁语 tēcum），加利西亚语 con "和" +nos "我们" >**con**nosco、con "和" +vos "你们" >**con**vosco[2]。即便 c-g 也是所处位置导致的完全规则的交替，并非因与人称代词缩合所致，因此严格来讲不能算是音变。由此看来，普什图语东部方言中 di/də 与人称代词第一、二人称间接格形式缩合后转换为 z/s- 显得相当突兀了。

拉丁语 cum 在与人称代词结合时演变为罗曼语词缀 -go，且适用范围仅限于第一、第二人称单复数，因此 cum>-go 与普什图语 di/də>z- 的情况非常相似。但这并不能掩盖两者间的巨大不同：表面上看 -go 确实与 z- 一样既不能单独存在，只能加在人称代词之后，也没有除此之外的任何其

---

[1]　日耳曼语族（现代德语、古英语、古荷兰语、弗里西亚语等）动词直陈式现在时第二人称单数人称词尾 -st 中 -t 的起源长期存在争议。梅耶所代表的传统观点认为 -t 源于原始日耳曼语言人称代词第二人称单数形式 *þu（Meillet, 2005），但遭到了很多学者的质疑，比如金（King）就认为按规则演变 -s+*þu 应演变为 *-rd（即 -s+*þu >-*zd(u)>-*rd），而非 -st（Kenneth, 1992）。

[2]　这一点甚至也适用于黏着语的黏着后缀及后置词，如匈牙利语 -vel "和" +te "你" >veled，én "我" +mellet "前面" >melletem；巴斯克语 gu "我们" +-kin "一起" >gurekin，ni "我" +-ri "到" >nireri；格鲁吉亚语 me "我" +-tvis "为了" >chemtvis，is "他" +-ertad "一起" >mastān ertad；土耳其语 ben "我" +-lE "和" >benimle，sen "你" +için "为了" >senin için；芬兰语 sinä "你" +-lla "在" >sinulla，te "你们" +kanssa "和" >tedän kanssa 等。

他能产。但不同的是，-go 并不能独自表达 cum 的语义，*migo、*tigo 等的语义是不完整的，要想表达"和我、你"等意义则需要加上前置词 con/cun（＜拉丁语 cum）构成 conmigo、contigo 等形式；而 z/s- 具有与 di/də 等值的语义，因此 zmā 等形式的语义是完整的，而不需要 *di/də zmā 等形式，即便是面对支配 di/də 的介词组合也是如此，如 də...dəpara "为了"，zmā dəpara "为我"而非 *də zmā dəpara，无疑能更好地反映其语义的完整性。也就是说 -go 已经完全失去了 cum 的本义，成为无语义后缀，与 mi 等缩合成 migo 等形式后构成了人称代词的一种特殊形式。鉴于拉丁语中前置词 cum 除了加人称代词第一、二人称后置后，与其他代词、名词结合时均前置，因此 conmigo 某种程度上可以看成是通俗拉丁语中一种形态结构上的类推现象；而 z/s- 作用与 di/də 完全等同，是一个无能产但却有着完整语义的词缀。

综上所述，传统理论无论从语音学还是形态学来看都存在问题，因此下一章节尝试对 di/də 与 z/s- 间的关系提出新的解释。

四、di/də 与 z/s- 可能存在的关系

前面提到 zmā 和 di/də mā 的形态结构不同，而 di/də>z/s- 又缺少历史语音学证据支持。实际上在语言演变中经常发生的现象是"避繁就简，少数服从多数"，即极少数不规则现象被大部分规则现象同化，转变为规则形式（如古英语中 boc 的复数形式是 bec，现代英语中则变为 books）。这种现象往往是由于类推作用使然，而非音变。因此我认为，传统观点很有可能混淆了音变与类推——类推最重要的原则就是"用一些比较正常的由活的要素构成的形式代替旧有的、不规则的和陈腐的形式"（索绪尔，2019）。

印欧语系中，日耳曼语族中荷兰语动词直陈式现在时三个复数人称词尾均为 -en，德语第一、第三人称复数形式词尾也是 -en，但同时保留了第二人称复数词尾 -et，显然这是荷兰语动词复数人称词尾的一次内部类推活

动，而非德语中 *n>t[1]；斯拉夫语族中，塞尔维亚—克罗地亚语、斯洛文尼亚语、斯洛伐克语动词根式动词直陈式现在时第一人称词尾 -m 取代词干式动词第一人称词尾 -u/ju，也是由于经历了三个重要演变过程后发生类推现象所致，而非 -m>-u/ju（赵飞，2020）；古代印度—伊朗语族语言中人称代词第一人称单数的词干是 ma-，现代波斯语、塔吉克语、达里语等均已失去格体系，并在类推的作用下用 man 取代了主格形式 azəm/adam，印地语 main 取代梵语 aham 也属于这种情况；而普什图语 zə、古吉拉特语 hū 则予以保留，但并非 man/ma- 在主格中变成了 zə、hū——双方的来源完全不同；安纳托利亚语族中赫梯语晚期文献中人称代词第二人称复数形式 sumēs 由于类推的作用被其予格形式 sumās 取代，但这不意味着之前早期文献中 ā 演变为了 ē；吐火罗语 A 语言和吐火罗语 B 语言中第一、二人称复数主格形式便在间接格形式的影响下分别转变为了 was 和 yas(A) 以及 wes 和 yes(B)，即原始印欧语 *nos> 原始吐火罗语 *næ(s)，原始印欧语 *wos> 原始吐火罗语 *wæ(s)，这也是一种类推现象，而并非 *n>w，w>y。

　　阿尔泰语系中，突厥语最初的名词复数形态词尾有 -z、-lAr 等，其中后者的使用范围并不大，但后来在类推的作用下逐渐全面取代了 -z：-z 现代绝大部分突厥语中的使用范围仅局限在了人称代词第一、二人称复数 biz、siz 上。在现代撒拉语、西部裕固语、现代维吾尔语中 -lAr 出现在了第二人

---

[1]　三个复数人称词尾在原始日耳曼语中分别为 *-omiz、*-iþ(i) 和 *-anþ(i)（Fulk，2018）（比较：哥特语中是 -m、-iþ 和 -and），古高地德语则是 -ames、-at 和 -ant。其中 -mes 在中古高地德语时期演变为 -n（其演变轨迹很可能是 -mes>*-m>-n，-mes>-m 在印欧语动词直陈式现在时第一人称复数词尾演变中较为常见，如原始印欧语 *-mes> 拉脱维亚语、吐火罗语 B 语言 -m，阿尔巴尼亚语 -im，教会斯拉夫语 -mъ> 俄语、白俄罗斯语、乌克兰语、保加利亚语 -m；* 原始日耳曼语 -omiz> 哥特语 -m，古冰岛语 -um；拉丁语 -mus> 西班牙语、葡萄牙语、加利西亚 -mos，加泰罗尼亚语、罗马尼亚语 -m；阿维斯陀语 -mahi> 现代波斯语 -im），原始日耳曼语第三人称复数词尾中的 *-t 则早已失去（同罗曼语，比较：拉丁语 -ant> 西班牙语 -an，葡萄牙语 -ão），因而形成了第一、第三人称复数词尾重合现象，进而类推至第二人称复数。

复数人称词尾重合现象在日耳曼语族系日耳曼语支中非常常见，古英语（-aþ/að）、古萨克森语（-að）、古弗里西亚语（-at/et）、现代法罗语（-a）都有此类现象。但与德语不同，古英语保留了原始日耳曼语第三人称复数中的 *-þ，却没有保留 -n（即便在名词中，*- þ 前的 *-n 也经常在英语中脱落，比较：荷兰语 tand，英语 tooth "牙"；德语 Mund，英语 mouth "嘴"），导致第二、第三人称复数词尾重合现象，进而类推至第二人称复数。

称复数上（seler、seler、silär），现代撒拉语中第一人称复数 piser 也受到了影响（biz>*pis>piser），但这种类推不能表明"在撒拉语、西部裕固语和维吾尔语之外的其他突厥语族语言中 -lAr 加在人称代词第一、二人称单数形式 bän 与 sän 之后变为 z-"；bän 与 sän 都在类推的作用下加上了"代词性 -n"（厄达尔，2017）[204]，现代突厥语族语言除了楚瓦什语外均继承了 -n，但不能说"-n 在楚瓦什语中消失"；古突厥语中人称代词第一人称单数形式只有主格词干是 b-，其余都是 m-[1]，后来出现了 b-、m- 并存的想象。现代突厥语族诸语言大部分"我"的主格形式词干都已变成 m-[2]，尽管突厥语言中存在 b-m 的交替现象（如土耳其语 bin- 维吾尔语 ming "千"，土耳其语 buz- 维吾尔语 muz "冰"），但 m- 显然是类推的结果，而非 m- 在主格上演变为 b-[3]。

综上所述，从形态学角度来看，普什图语中除了人称代词第一、第二人称，第三人称和名词的所有格形式完全靠介词 di/də 表示。di/də>z/s- 显然完全违背了语言演变中的类推原则。由此可见，新元素恰恰是中部方言的介词 di/də，而非其他方言中的 z/s-。并非 di/də 演变成了 z/s-，而可能恰恰相反，即 di/də 在普什图语中部方言中在类推的作用下使用范围扩展到了物主代词第一、第二人称，取代了原前缀 z/s-，进而使得普什图语的整个"所属"系统中的每一个元素都遵守了统一的规则。

五、普什图语非中部方言第一、二人称物主代词前缀 z/s- 可能的来源

如前所述，由于缺少系统性的语音交替作为支持，z- 源于 di/də 的传统观点已被动摇，而同时 z- 与 di/də 同源的可能性也被否定。本章节将对 z/s- 可能的起源进行讨论。

---

[1] 类似的现象还出现在了满语当中（bi、mini、mimbe、minde、minci），但显然也不能说突厥语族 m- "我"在满语人称代词第一人称单数主格形式上演变为了 b-。

[2] 土耳其语 ben、楚瓦什语 äpă 等极少数除外。

[3] 一个有力的证据便是，古突厥语指示代词 bo "这个"在几乎所有的现代突厥语族语言中都没有变成 *mo/mu（但普遍变成了 bu，这是一种类推，而非 o>u）（厄达尔，2017）[202]，尽管与 bän 相同，bo 的其他格形式也出现了 m-（如 munuŋ /monuŋ、muŋar/muŋa、munï、munta、muntïn 等）。

（一）z/s- 在印欧语中的作用

印欧语系语言物主代词均源于人称代词属格形式，而没有任何前缀或后缀。因此普什图语非中部方言第一、二人称物主代词前缀 z/s- 不可能是"先天"的，而只可能是在历史演变中出现的。虽然古代及现代印欧语系语言物主代词中并不存在 z/s-，但这并不意味着 z/s- 无迹可寻：与普什图语同属波斯语族的塔吉克语所用介词 az 与 z- 看似联系密切；而古典亚美尼亚语中曾经存在着一个宾格前缀 z-，并为中古亚美尼亚语所继承，不过在现代亚美尼亚语中已经消失。

塔吉克语 az 的可能性基本可以排除，因为缺少历史语音学的支持：波斯语族 /z/ 在普什图语中一般对应 /ʒ/ 或 /dz/，如塔吉克语 zabon，普什图语 ʒəba "语言"；塔吉克语 nazdik，普什图语 nəʒdai "近"；塔吉克语 zindagī，普什图语 ʒwand "生活"；塔吉克语 zard，普什图语 ʒeir "黄色"；塔吉克语 rūz，普什图语 wradz "天，日子"等。

按照劳埃（Lauer）和卡尔斯特（Karst）的说法，古典亚美尼亚语和中古亚美尼亚语宾格前缀 z- 只有在特指时才会使用（Lauer，1883；Karst，1901），这一特点与古突厥语 -ig 和西夏语𗏵的用法非常相似。而欧尔森（Anette Birgit Olsen）指出鉴于古典亚美尼亚语名词主格和宾格形式不像人称代词那样存在形态学词尾区别，z- 可以起到区分主格和宾格的语法意义（Olsen，2017）[1098]，如：

Erani　　　hezocʿ,　　zi　nokʿa　žařangescʿen　**z-erkir**：
快乐的　温顺的人　因为　他们（他们会）继承　土地
温柔的人有福了，因为他们必承受地土。（《马太福音》5：5）

orpēs　zi　tescʿen　　**z-gorcs**　jer　baris
以便　（他们）看见　行为　你们的　好的
叫他们看见你们的好行为（《马太福音》5：16）

实际上，古亚美尼亚语中即便人称代词有独立的形态学意义上的宾格，也经常会带前缀 z-：

Ew bacʿeal　**z**-beran iwr　usucʿanēr　**z**-nosa ew asēr:
并（他）打开　嘴　他的（他）教导　他们　并 说：
他就开口教训他们，说:（《马太福音》5：2）

Erani　ē　　jez　　yoržam naxaticʿen　**z**-jez　　ew halacescʿen
快乐（他）是 你们（予格）当（他们）辱骂 你们（宾格）并且（他们）迫害
人若辱骂你们，逼迫你们，你们就有福了。（《马太福音》5：11）

（二）关于 z/s- 起源的几种观点

1. 指示代词起源说

关于 z- 的来源，劳埃提到波普（Bopp）将 z- 与梵语指示代词 tya 中的 y 相提并论，即 z- 很有可能源自指示代词（Lauer，1883）。在古波斯语中有同 tya 同源的关系代词 taya，可用于引导定语从句，如贝西斯敦铭文中即有：

Darayavaus　taya　　mana pita
大流士　　关系代词　我的　父亲

虽然从句法学来看，古波斯语的定语从句与绝大部分现代印欧语系语言有所不同，但其语序却与普什图语物主代词的结构十分相似。

指示代词及源于指示代词的定冠词与物主代词结合的表达法在现代印欧语系语言中十分常见，罗曼语族中法语、西班牙语、葡萄牙语、意大利语，斯拉夫语族中的保加利亚语、马其顿语均存在此类表达，用以强调所有者，如法语 le mien、la mienne，西班牙语 el mio、la mia，加泰罗尼亚语 el meu、la meva，葡萄牙语 o meu、a mea，意大利语 il mio、la mia，保加利亚语 moy-moyat、moya-moyata、moe-moeto, 马其顿语 moy-moyot、moya-moyata、moe-moeto 等 [1]。

虽然理论上来讲普什图语除了呼格外只有直接格和间接格两个语法格位, 即便有些学者如大卫认为普什图语还有一个夺格 (David, 2014)[48], 也没有人认定普什图语有独立的、形态学意义上的属格。但普什图语的名词与原始印欧语的属格形式有着密切的联系。这种联系在阳性无生命名词复数形态词尾上体现得尤其明显: 普什图语 -una, 梵语 -nām, 阿维斯陀语 -ņąm, 古波斯语 -nām, 立陶宛语 -ų, 古典拉丁语 -um, 古典希腊语 -ōn, 现代波斯语有生命名词复数形态词尾 -an 也与之同源。由此看来, 普什图语的人称代词间接格形式有可能演变自属格形式。在失去名词格体系的现代印欧语系语言中, 这一现象并非孤立: 保加利亚语即保留了源自教会斯拉夫语人称代词属格形式的人称代词长形式, 如 mene、tebe 等 (Mirchev, 1958)。且只有这种形式才可以与前置词连用, 而其他形式如 mi、me、ti、te 等均不可以。

2. 介词起源说

欧尔森则认为古亚美尼亚语 z- 来自介词 z "与……有关" (Olsen, 2017)。以介词 / 前置词标识直接宾语的用法在印欧语中并不罕见, 现代西班牙语和罗马尼亚语中均可见到——西班牙语前置词 a 和罗马尼亚语前置词 pe 均可通过和代词宾格形式搭配来标示名词宾格 [2]:

西班牙语	Maria	lo	ama	**a**	Alejandro.
罗马尼亚语	Maria	îl	iubeşte	**pe**	Alexandru.

玛丽亚 他 爱 亚历山大

玛丽亚爱亚历山大。

---

[1] 鉴于印欧语系语言在类型学上属于屈折语, 物主代词有人称、性、数、格之分, 篇幅所限, 此处只列出第一人称单数主格形式。

[2] 不同的是西班牙语 a 和罗马尼亚语 pe 一般来说更多用于指人的名词上, 而古亚美尼亚语 z- 则可用于标示任何名词及人称代词的宾格。

虽然普什图语 z/s- 与古亚美尼亚语 z- 有着直观的相似之处，甚至在语音上与斯拉夫语言中的前置词 z/s 及立陶宛语 iš、拉脱维亚语 uz 等也似有相通之处，但这并不能说明两者属于印欧语系的形态学系统——z- 并没有收录在的马尔提洛相（Martirosyan）所编写的《亚美尼亚语继承词汇词源词典》（*Etymological Dictionary of the Armenian Inherited Lexicon*）一书中，暗示了 z- 并非承袭自原始印欧语，与斯拉夫语言中的前置词 z/s 及立陶宛语 iš、拉脱维亚语 uz 等均无词源关系，极有可能是一个非印欧语词素。

此外还有一个问题：在古亚美尼亚语和中古亚美尼亚语中 z/s- 仅用来标识宾格定指形式，并非加在物主代词之前。事实上，从世界语言的格体系中，同一词缀或介词在同源的不同语言中支配不同格位的现象十分常见。

印欧语系中，古希腊语的人称强调后缀 -ge 一般加在主格形式后，在日耳曼语言中却出现在宾格形式后 [1]，而古亚美尼亚语则加在予格形式后（Olsen，2017）[1089]；拉丁语 de 只能接夺格，而罗马尼亚语中却接主—宾格表示所属；na 在保加利亚语和马其顿语中引导属格和予格，而在其他斯拉夫语中则接宾格和位格；来源不明的人称代词后缀 -ne 在斯拉夫语言中只能加在第一人称单数属格、宾格之后（mene/menya），而在罗马尼亚语中却可以加在第一人称和第二人称单数之后（mine、tine）；人称代词后缀 -b 在教会斯拉夫语言中只能加在第二人称单数的予格和位格之后（tebje），在拉丁语中却还可以加在第一人称和第二人称复数予格和夺格之后（nobis、vobis），在梵语中则可以出现在第一、第二人称双数及复数予格和工具格之后（asmabhis、asmabhyam，yushmabhyam、yushmabhis）；原始印欧语中复数人称代词属格词尾 *-re 在日耳曼语族 [2]、罗曼语族 [3] 及亚美尼亚语（mer、jer）等语言中都只能出现在复数形式上，而在印度语族中却可以出现在单

---

[1]　如哥特语 mik，古高地德语 mih>现代高地德语 mich，卢森堡语 mech，古冰岛语 mik>现代冰岛语、现代法罗语 mig，现代丹麦语、现代瑞典语 mig，现代挪威语 meg。

[2]　如哥特语 unsara、izwara、古英语 uncer、ure、incer、eower 等。

[3]　拉丁语 noster>法语 notre，意大利语 nostro，撒丁语 nostru、西班牙语 nuestro，加泰罗尼亚语 nostre，葡萄牙语、加利西亚语 nostro，罗马尼亚语 nostru；voster>法语 votre，意大利语 vostro，撒丁语 bostru、西班牙语 vuestro，加泰罗尼亚语 vostre，葡萄牙语、加利西亚语 vostro，罗马尼亚语 vostru。

数形式上，如印地语、古吉拉特语 mera "我的"、tera "你的"。

阿尔泰语系中，突厥语族中 -DE 只能加在名词后标示位格，而蒙古语 du/dü/tu/tü 可以标示位格和向格（清格尔泰，1991），满语 de 既可以标示位置格也可以标示方向格、工具格（季永海，2010）；蒙古语 -s 是一些名词的复数词缀，使用范围比较有限，如 hümün >hümüs "人"、üge>üges "词"，满语 -sa/se 只能加在与人相关的名词之后构成复数，如 hafa>hafasa "官员"、amban>ambasa "大臣"，而突厥语族中只能加在人称代词第一、第二人称之后构成复数（biz、siz，楚瓦什语中为 r：äpir、äsir）；土耳其语中后缀 -DIk 可构成形动词和名动词，而蒙古语中 -dag/dog/deg/dög 则只能构成形动词现在时。

汉藏语系中，藏语 -ঽ、缅甸语 ye 以及汉语闽南话方言 "的" /e/ 都只能标识属格；哈尼语 yaol 专用来标识直接宾格；纳西语 ye 则可用来标识间接宾格；而西夏语 𘜶 /ye/ 除了可以标识属格外，还能标识间接宾格和直接宾格（史金波，2013）[242-243]；汉语普通话中的 "们" 作为与人相关的名词复数后缀，只能在名词前面没有数量词时使用，而东干语 -mu 则没有这种限制，如 2000 duə vamu "2000 多娃们"、shygə nyanchin s'yohuəzymu "十个年轻小伙子们" 等。

因此客观来看，古亚美尼亚语宾格前缀 z- 在普什图语中转换功能是完全有可能的。

六、结论

传统观点中的普什图语 di/də>z/s- 由于缺少历时语音学上的支持，无法证明非中部方言前缀 z/s- 来源于中部方言 di/də，也不能证明两者同源；同时其所描述的演变方向在形态学上又违背了类推原则，导致其说服力被大大削弱。通过比较方法可以看出，中部方言中第一、二人称物主代词则在类推的作用下使用了名词所有格介词 di/də；而非中部方言的 z/s- 前缀则是保留下来的非印欧古老形式。

参考文献

ADAMS J, PETERSEN H P, 2009. Faroese: a language course for beginners-textbook[M]. Stiðin: 58.

BAUR A, 1977. Schwyzertüütsch[M]. Gemsberg: Verlag Winterthur: 48.

CAMPBELL L, 2008. 历史语言学导论 Historical linguistics: an introduction[M]. 2nd Edition. 北京：世界图书出版公司：320.

DAVID A B, 2014. Descriptive grammar of Pashto and its dialects[M]. Berlin: De Gruyter Mouton.

DVORYANKOV N A, 1960. Jazyk pushtu[M]. Moskva: izd. vost. lit.: 23.

FULK R D, 2018. A comparative grammar of the early Germanic languages[M]. Amsterdam: John Benjamins Publishing Company: 274.

GRYUNBERG A L, 1987. Ocherk grammatiki afganckogo jazyka (pashto) [M]. Leningrad: Nauka: 78.

KARST J, 1901. Historische grammatik des Kilikisch-Armenischen[M]. Strassburg: K.J. Trübner.

KENNETH C S, 1992. A history of Indo-European verb morphology[M]. Amsterdam: Benjamins: 50.

LAUER M, 1883. Grammaire arménienne[M]. Paris: Maisonneuve: 17.

MARTIROSYAN H K, 2010. Etymological dictionary of the Armenian inherited lexicon[M]. Leiden: Brill.

MEILLET A , 2005. General characteristics of the germanic languages[M]. Tans, W P Dismuke. Tuscaloosa: University of Alabama Press: 88.

MIRCHEV K, 1958. Istoricheska gramatika na bylgarskja ezik[M]. Sofia: Nauka i izkustvo: 165.

OLSEN B A, 2017. The morphology of Armenian[A]// Handbook of comparative and historical Indo-European linguistics: an international handbook of language comparison and the reconstruction of Indo-European. Eds, J Klein, B Joseph & M Fritz . Vol. 2. Berlin: Mouton de Gruyter.

StāROSTIN S, DYBO A, MUDRAK O, 2003a. Etymological dictionary of the Altaic languages part one: A-K[M]. Leiden: Brill: 341.

StāROSTIN S, DYBO A, MUDRAK O, 2003b. Etymological dictionary of the Altaic languages part two: L-Z[M]. Leiden: Brill: 1237.

TEGEY H，ROBSON B, 1996. A reference grammar of Pashto[M]. Washington, D.C.: Center for Applied Linguistics.

WINDFUHR G, 2012. The Iranian languages[M]. Abingdon: Routledge.

车洪才，张敏，2003. 普什图语基础语法 [M]. 北京：北京广播学院出版社：60.

车洪才，张敏，2014. 普什图语汉语词典 [M]. 北京：商务印书馆：645.

索绪尔，2019. 普通语言学教程 [M]. 高明凯，译 . 北京：商务印书馆：249.

季永海，2010. 满语语法 [M]. 北京：中央民族大学出版社：211.

李范文（主编），1999. 西夏语比较研究 [M]. 银川：宁夏人民出版社：115.

厄达尔，2017. 古突厥语语法 [M]. 刘钊，译. 北京：民族出版社.

清格尔泰，1991. 蒙古语语法 [M]. 呼和浩特：内蒙古人民出版社：150.

史金波，2013. 西夏文教程 [M]. 北京：社会科学文献出版社.

赵飞，2020. 塞尔维亚—克罗地亚语动词现在时第一人称单数形态词尾 -m 研究 [J]. 欧洲语言文化研究，（11）：3-20.

赵飞，2022. 试论亚美尼亚语人称代词 duk '的形态学和语义学意义 [J]. 亚非研究，（18）：3-29.

Some Doubts on Pashto di/də>z/s- as Prefix of the 1st and 2nd Possessive Pronouns

ZHAO Fei

Abstract: The 1st and 2nd person possessive pronoun present different structures in different Pashto dialect groups: analytic structure in the east group with di/də+oblique pronouns (di mā, di tā, di mung, di tāse/di tāso) and synthetic structure in other groups with z/s-+oblique pronouns. According to a traditional argument, z/s- is considered as a dialectic variant of di/də. This paper is aimed to state some doubts on that traditional argument from both phonological and morphological aspects through a historical comparison between Pashto and some old as well as modern Indo-European languages.

Keywords: Pashto; possessive pronounce; dialect; historical comparison

（责任编辑：刘钊）

"病句"是否有病：
现代汉语无标记受事主语句及其
中越翻译教学启示

（越南）阮玉翠英　　（越南）潘青皇

内容提要：受事主语句是现代汉语中的一种特殊句式，分为有标记和无标记。其中无标记受事主语句指的是主语为受事成分而没有显性标记。无标记受事主语句看似简单，但将其翻译成越南语时，并不是任何例句都能找出在越南语对应的表达。通过对越南外贸大学和河内工业大学汉语言专业的大三学生和大四学生进行考查，初步得出结论：大部分学生尚未掌握无标记受事主语句的相关知识，他们或以为是被动句，或对其类型作出其他错误判断。因此，在译成越南语的过程中，不管 NP 和 VP 的特点如何，他们主要选择加上越南语被动标记"bị, được"。根据学生无标记受事主语句中越翻译能力的分析结果，本文对无标记受事主语句中越翻译教学提出了几点建议，希望这些建议能够为无标记受事主语句教学提供一些参考，帮助学生更好地掌握此类句式，从而避免无标记受事主语句中越翻译的错误。

关　键　词：无标记受事主语句；中越翻译；教学启示

作者简介：阮玉翠英，硕士，越南外贸大学中文系讲师，主要从事对外汉语教学研究；潘青皇，博士，越南河内国家大学下属陈仁宗院研究员，主要从事社会变动、科举学、越南文献研究。

一、引言

根据李讷（Charles N. Li）和汤珊迪（Sandra A. Thompson）的语言类

型学分类，汉语和越南语都属于话题优先型语言（Li et al., 1976）。因此，在此两种语言中，受事前置充当主语的现象并不罕见。很多情况下，汉语无标记受事主语句可以直译成越南语，例如，"房子盖好了。"可以直译成"Nhà xây xong rồi."（房子盖好了）。然而并不是所有的情况都可以直译，如"这部电影看得我头发都竖起来了。"，如果直译成"Bộ phim này xem làm đầu tóc tôi dựng đứng cả lên."则不符合越南人的表达方式。那么现代汉语无标记受事主语句翻译成越南语时会受哪些制约？针对这个问题，本文主要通过问卷调查来考察越南语母语者在学习汉语过程中，表现出的无标记受事主语句中越翻译能力，从而指出现代汉语无标记受事主语句翻译成越南语时所需注意的教学重点。

二、现代汉语无标记受事主语句与越南语相应表达的对比分析

（一）现代汉语无标记受事主语句本体研究

1. 无标记受事主语句的界定

无标记受事主语句研究一直受到语法学界的普遍关注，然而各位学者对受事主语句的界定至今没有达成统一认识。

第一种观点认为无标记受事主语句是被动句。王力指出，无标记受事主语句在形式上，跟主动句没什么区别，只是在意义上不同于主动句（王力，1943）。张志公在《汉语语法常识》上也将此类句式称为"自然表明的被动句"（张志公，1953）。龚千炎认为受事主语句是被动句，并将其分为"被字句"和"非被字句"，其中，无标记受事主语句算是"非被字句"（龚千炎，1980）。

第二种观点认为无标记受事主语句不是被动句。支持这一观点的学者大多从形式出发，认为无标记受事主语句因没有形式标记而不能算是被动句，如洪心衡（1956）、梁东汉（1960）。

第三种观点认为无标记受事主语句一部分是被动句，一部分不是被动句。周宝宽表示，一部分不存在被动关系的受事主语句不能算是被动句，一部分存在被动关系的受事主语句可以算是被动句（周宝宽，1995）。邵敬

敏也认为不可以简单地将受事主语句与被动句等同起来（邵敬敏，2003）。

本文认同第三种观点，无标记受事主语句与被动句有密切关系，但二者并不等同。本文研究的无标记受事主语句初步界定为：（1）主语为受事成分；（2）句中不含"被、叫、让、遭、受"等明显标记词；（3）含被动意义的和不含被动意义的都包括在内。

本文的目的是考察越南语母语者在学习汉语过程中，表现出来的无标记受事主语句中越翻译能力，因此不会注重分析哪类无标记受事主语句是被动句，哪类不是被动句。

2. 无标记受事主语句的构式

无标记受事主语句的类型与界定紧密联系，不同的界定自然有不同的分类。由于语法学界对无标记受事主语句的界定还存在争议，因此无标记受事主语句的分类尚未统一。

龚千炎将受事主语句划分为六种类型（龚千炎，1980）。

A 型是 NP+V，如：桌子搬走了。

B 型是 NP+"受、遭"等 +V，如：听报告的同志都受到很大鼓舞。

C 型是 NP+ 被 +V，如：敌人被消灭了。

D 型是 NP+"被、叫、给"+NA+V（附：NP+"为"+NA+ 所 +V），如：我叫蛇咬了一口。

E 型是 NP+"由、归"+NA+V，如：材料由你们解决。

F 型是 NP+NA+V，如：信我写好了。

其中 A 型和 F 型属于无标记受事主语句。

吕叔湘将受事主语句分为三种（吕叔湘，1984）。

第一种是"甲 V 乙"群：在"甲 V 乙"群中，甲乙都是受事，动词与甲的关系是被动，而与乙的关系是主动，如："这早晚后门早已上了锁了。"

第二种是"甲乙 V"群：在"甲乙 V"中，甲是受事，乙是施事。受事必须是有定的，不是有指示词或领格限制，如"这个理我就不明白。""姑娘的心思我们也都知道。"就是周边性的，如"什么事我不知道？"。

第三种是"甲 V"群 中，在"甲 V"群 中的"甲"是受事，一种情况是前头有省略的施事，如"（我）酒也喝，只是喝不多。"，另一种情况是施事不见，不因省略，如"中国话容易学，中国文字难学。"。

本文根据前人的研究成果，将无标记受事主语句分为"NP+VP"和"NP+NA+VP"两类，其中 NP 为受事、NA 为施事。然而，鉴于越南学生正确翻译"NP+NA+VP"结构相对容易，本文就主要讨论"NP+VP"这一句式。

（二）越南语无标记受事主语句本体研究

1. 越南语无标记受事主语句的界定

越南语中，有一些带有 NP+V 结构的句子，其中 NP 不是施事，放在句首，后面是谓语动词 V，动词的前置成分可加可不加，举例如下。

（1）　Đèn tắt. Cửa mở.

　　　灯 关。门 开。

　　　灯关着。门开着。

（2）　Vấn đề này cần nghiên cứu kỹ.

　　　问题 这需要 研究 仔细。

　　　这个问题需要仔细地研究。

（3）　Thư đang viết.

　　　信　在　写。

　　　信在写着。

（4）　Quyển sách này đọc hay.

　　　本　书　这 读 有意思。

　　　这本书读起来很有意思。

这类句子长期受到越南语研究者的关注，分析则各有不同。一种观点采取传统语法视角，但具体看法仍有差别。阮金坦认为，"Thư viết xong rồi."（信写完了。）、"Cửa xe mở."（车门开着。）等属于被动句，其主语是受动作支配的人或事物，谓语是及物动词，整个结构表示状态意义（被动或结果）（Nguyen Kim Tan，1997）。叶光班也认为这类句子的主语是受动作支配的人或事物，谓语是及物动词，但进一步指出，及物动词在一些情况下可以转化为不及物动词或者表示状态的动词（Diep Quang Ban，1979）。阮明说则认为，这类句子没有主语，句中宾语前置，表示动作对象，宾语后面加上一个动词，动词可以为及物动词、不及物动词或者形容词，如 "Cửa mở."（门开着。）、"Nhà này xây đẹp."（这间房子建得很美。）（Nguyen Minh Thuyet，1981）。另一种观点从功能语法角度出发。高春浩并没有仔细分析这类句式，而主要关注话题的语义特征，他指出，这种句式的话题可分为动作对象与动作工具两类（Cao Xuan Hao，1991）。可见，前人的各种观点不仅存在名称上的差异，而且还存在着语法特征、语义特征上的差异。与上述学者的出发点不同，阮红衮基于 Givon 提出的理论，指出 NP+V 结构是主动式和被动式的中间结构，并称之为 "非及物结构"（de-transitivization）（Nguyen Hong Con，2004；Givon，1991）。这种结构的主要特点为：其一，主语 NP 为受事成分；其二，句中 V 不受副词 "bị, được"（被）的修饰；其三，一部分句子有被动意义。

从阮文指出的 "非及物结构" 特点，我们可以看出越南语也有与汉语无标记受事主语句比较相近的结构，当然两者并非一一对应，不管在句法还是在语义上都存在一定差异。可见，汉语无标记受事主语句翻译成越南语时有的可以直译，有的需要用其他表达方式。

2. 越南语无标记受事主语句的类型

根据句子的语义句法特征，阮红衮将 "非及物结构" 分为动作非及物结构、过程非及物结构、状态非及物结构等三类（Nguyen Hong Con，2004）。

第一类是动作非及物结构，有【+动】【+意图】的语义特征，属于这一类 NP+V 结构，一般具有以下特点。

a. 有 "应该、别、要" 等表示祈使语气的词。

（1）　　Vấn đề này phải nghiên cứu kỹ.

　　　　问题　这　要　研究　仔细

这个问题要好好研究。

b. 有"努力、打算"等表【＋主意】的动词。

（1）Chuyện này cố giữ cho kín.

　　事　这 努力　保密

　　这件事要好好保密。

c. 动词后面有表示目的、处所、受益者的词语。

（1）　Khúc này kho để mai ăn.

　　鱼段 这烧 明天　吃

　　这个鱼段烧吧，留着明天吃。

d. 动词 V 独立使用，不受副词的修饰，有祈使语气。

（1）　Cá này rán.

　　鱼 这 煎

　　这只鱼煎吧。

第二类是过程非及物结构，有【＋动】【－意图】的语义特征，属于这一类 NP+V 结构，一般具有以下特点。

a. 动词 V 受时间副词的修饰。

（1）　Bàn rượu đã bày xong.

　　桌　酒 已经 摆 完

　　酒桌已经摆好了。

b. 动词 V 后可加上表时间、材料、方式的词语。

（1）　Nhà này xây từ năm ngoái.

　　房间 这盖 从　去年

　　这个房间盖于去年。

根据语用功能的不同，可以看出第一类主要是祈使句，而第二类主要是陈述句，第三类是状态非及物结构，有【－动】【－意图】的语义特征，这一类 NP+V 结构的 V 后面有表示特点、结果的词语。

（1）　Sách này đọc hay.

　　　书　这　读　有意思

　　　这本书读起来很有意思。

（2）　Quả này không ăn được.

　　　果　这　不　吃　得了

　　　这种水果不能吃。

根据阮文的分类结果，可以看出越南语"非及物结构"的类型较为复杂。本文主要探讨现代汉语无标记受事主语句及其对中越翻译教学的启示，所以这部分主要介绍越南语"非及物结构"的情况。

三、无标记受事主语句中越翻译情况分析

（一）调查对象

本次调查的对象主要为越南外贸大学和河内工业大学汉语言专业的大三学生和大四学生。我们之所以选大三和大四学生为调查对象，是因为他们在本国至少学了两三年的汉语，有一定的汉语水平，而无标记受事主语句属于学习难点，汉语水平较高的学生才可能解决在翻译成越南语过程中所遇到的问题。

（二）调查内容

此问卷除了调查对象的基本信息（所属学校、年级、汉语水平考试HSK水平、是否学过现代汉语语法课程和翻译课程）以外，主要由四部分构成，共36个小题。第一部分为简答题，共设计5道题。这一部分主要考察越南学生对无标记受事主语句的了解，询问学生是否知道无标记受事主语句、是否学过此句型、能否看出此类句子的特点。在第二和第三部分，我们针对无标记受事主语句的主语、谓语、宾语、状语、补语的不同特点

设计出不同的例句，目的是考查学生将不同类型的无标记受事主语句翻译成越南语会出现哪些问题。第二部分为客观题，我们设计了 19 个不同的汉语无标记受事主语句，并且提供了越南语各种可能的对应表达方式，让学生选出他们觉得最合理的方案。第三部分为主观题，共设计 10 个问题，目的为考查学生遇到无标记受事主语句时，如何将其译成越南语。第四部分为简答题，主要考查学生对无标记受事主语句中越翻译的看法。

（三）调查结果与分析

1. 调查对象的基本情况

调查对象的基本情况如表 1 和表 2 所示。

表 1　调查对象年级和汉语水平情况占比情况

年级	大三	68.6%
	大四	31.4%
汉语水平	没参加 HSK 考试	34.3%
	HSK4	14.3%
	HSK5	37.1%
	HSK6	14.3%

表 2　调查对象的学习课程占比情况

课程	学过	没学过
现代汉语语法课程	57.1%	42.9%
翻译课程（口译和笔译）	60%	40%

经过调查发现，除了 34.3% 没参加过 HSK 考试，剩下的 65.7% 都有 HSK4 以上的水平。57.2% 的被调查者学过现代汉语语法课程，60% 学过翻

译课程。基于以上数据，我们预判多数学生应该能够理解并翻译问卷所列的例句，但经过调查，结果与预判差异明显。

2. 调查对象对无标记受事主语句的了解

在第一部分，我们提出无标记受事主语句的例子，初步考查学生对无标记受事主语句的了解。无标记受事主语句的例句如下。

（1）信写好了。

（2）东西送来了。

（3）作业交了。

（4）衣服在柜子里挂着。

（5）他的话听不懂。

（6）这部电影看得我头发都竖起来了。

调查结果显示：88.6% 的被调查者认为他们学过这样的句子，只有 11.4% 没学过。值得注意的是，当回答"这些例句属于哪类句式？这些句子有什么特点？"的问题时，结果见图1和图2。

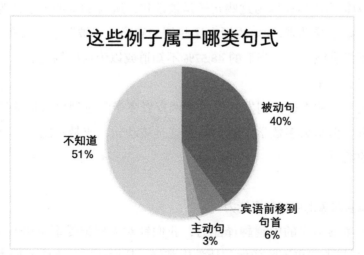

图 1　学生对"这些例句属于哪类句式？"的回答情况

40% 的学生误以为这些例子是被动句，6% 的学生认为这些是宾语前移到句首的句子，也有 3% 的学生以为这是主动句。51% 的学生不知道或没有正确地指出这些例子属于哪类句式（有的认为这些例子是有结果补语的句子，有的认为这些是有"了"字的句子，但数量较少，所以我们将他们归为不知道的这一组）。

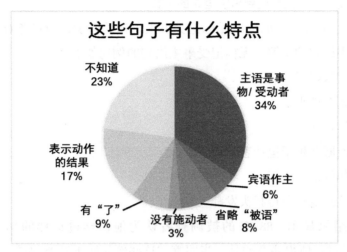

图2　学生对"这些句子有什么特点？"的回答情况

　　因为很多学生误以为这些句子是被动句，所以34%的学生认为这些例句中的主语是受动者，8%的指出这些例句省略了"被"字。只有3%看出这些句子没有施动者，剩下的48.57%不知道或以为这些例句表示动作的结果、有"了"等。

　　通过初步调查，我们发现虽然被调查者多半学过现代汉语语法课程和翻译课程，但是大多数学生或是以为这是被动句，或是不能正确地指出这些句子的类型。

　　3. 调查对象的中越翻译能力

　　为了考察学生的中越翻译能力，我们针对无标记受事主语句的NP和VP的不同特点找出不同的例句让学生翻译，从而指出学生将不同类型的无标记受事主语句翻译成越南语会出现哪些问题。调查结果见表3。

表 3　学生中越翻译能力调查情况

			选择题				翻译题			
			直译	加上"bị, được"（被）	改成主动句	其他	直译	加上"bị, được"（被）	改成主动句	其他
NP 的不同特点	NP 是有生的		0%	100%	0%	0%	0%	100%	0%	0%
	NP 是无生的		2.9%	97.1%	0%	0%	2.9%	97.1%	0%	0%
VP 的不同特点	a.（状）+V+了/着/过	V+了	2.9%	97.1%	0%	0%	0%	22.9%	77.1%	0%
		V+过	45.7%	45.7%	8.57%	0%				
		V+着	0%	100%	0%	0%	0%	100%	0%	0%
	b.（状）+V+C+（了）	V+趋向补语	14.3%	85.7%	0%	0%	0%	71.4%	14.3%	14.3%
		V+结果补语	54.3%	45.7%	0%	0%	2.9%	74.3%	0%	22.9%
		V+可能补语					25.7%	0%	51.4%	22.9%
		V+情态补语　V+得+形容词短语	20%	80%	0%	0%	20%	77.1%	2.9%	0%
		V+得+动词短语	5.7%	94.3%	0%	0%	0%	85.7%	0%	14.3%
			17.1%	0%	80%	2.9%	28.6%	0%	14.3%	57.1%
		V+得+主谓短语	22.9%	0%	62.9%	14.3%				
			2.9%	0%	97.1%	0%				
	c.（状）+V+O+（了）		25.7%	71.4%	0%	2.9%	11.4%			
			0%	2.9%			85.7%			
			0%	28.6%			17.1%			
							54.3%			
	d. 助动词 +V		85.7%	2.9%	3%	8.4%	0%	100%	0%	0%

由表 3 数据可以看出，不管受事主语句 NP 和 VP 的特点如何，大部分学生翻译的时候都选择加上"bị, được"的方法。这一结果可能是因为大多

数学生或是以为这是被动句，或是不能正确地指出这些句子的类型。学生们一般习惯于"主—动—宾"的句法结构对应"施—动—受"的语义结构。遇到这些受事做主语而没有被动标记的句子，学生们读起来就觉得没有被动标记的是"病句"，翻译时就加上了被动标记"bị, được"。

我们根据 NP 的生命度来选择例句。"病人治好了。""敌人打败了。"中的 NP 是有生的，100% 的学生译成越南语时，无论是做客观题还是主观题，都加上"bị, được"。这个问题是跟名词的生命度有关。在汉语中，无生命的东西和生命体都可以充当无标记受事主语句的主语成分，越南语中不太接受生命度高的名词当无标记受事主语句的主语。正是因为这个原因，100% 的越南学生遇到主语为有生名词的无标记受事主语句时会将其翻译成有标记被动句。值得注意的是，虽然越南语接受无生名词充当无标记受事主语句的主语，但是将"那个杯子打碎了。""问题解决了。"译成越南语时，97.1% 的学生却选择加上"bị, được"，可能由于学生对此类句式的误解而造成的。

除了根据 NP 的不同特点之外，我们还根据 VP 的不同特点来选择例句。

a.（状）+V+ 了 / 着 / 过

我们选了"文件已经打印了。"和"电话已经打了。"为"（状）+V+了"结构的代表例句。调查结果显示，97.1% 的学生做客观题时选择以"bị, được"为被动标记的被动句。然而，做主观题时，77.1% 换为主动句来翻译汉语的"电话已经打了。"。可见，大部分学生已经意识到不是所有的例句译成越南语都可以加上"**bị, được**"。

我们选了"这个选题做过了。"为"（状）+V+ 过"结构的代表例句。调查结果显示，译成越南语时，选择直译的与加上"bị, được"的比例分布较均匀，都是 45.7%。

至于"V+ 着"结构的无标记受事主语句，100% 的学生翻译成越南语时都加上"bị, được"。

b.（状）+V+C+（了）

汉语中的补语较丰富，包括趋向补语、结果补语、可能补语、情态补语等，越南语却没有类似汉语的补语这种语言现象，但越南语可以用相应的副词来表达。这些副词在句中无法充当任何句法成分，它直接放在动词

后面，构成动词短语。因此，"V+ 趋向补语、结果补语和形容词短语做情态补语"等结构译成越南语时基本上可以直译。例如，

"作业做好了。"可以直译成：

"Bài tập làm xong rồi."

　　作业　　做　好　了

作业做好了。

　　然而，调查结果显示，大多数学生认为将"V+ 趋向补语"结构的无标记受事主语句译成越南语时应该加上被动标记。遇到 VP 为"V+ 结果补语"时，选择直译的与加上"bị, được"的比例分布相差不大，不过让学生将"手机弄坏了。"翻译成越南语，却有 74.3% 的加上"bị, được"。这可能是因为越南语中，表达某种事物坏了的时候，我们一般都说"bị hỏng"（被坏）。将"V+ 可能补语"结构的无标记受事主语句译成越南语的情况跟上面两个的完全不同，以"她说的话听不懂"为例，多半学生换为主动句来翻译"Tôi nghe không hiểu lời cô ấy nói"（我听不懂她说的话），剩下的 25.7% 选择直译方式"Lời cô ấy nói nghe không hiểu"（她说的话听不懂），22.9% 使用其他表达方式。可见，被调查者对这类句式的掌握程度不高，会影响到他们的翻译能力。

　　至于 VP 为"V+ 情态补语"的情况，我们将其分成"V+ 得 + 形容词短语""V+ 得 + 动词短语""V+ 得 + 主谓短语"等三个小类。其中 70% 以上的学生，遇到 VP 为"V+ 得 + 形容词短语"和"V+ 得 + 动词短语"的无标记受事主语句时，都用越南语有标记被动句来翻译，只有 5.7%—20% 选择直译方式。值得注意的是，主谓短语充当情态补语时，没有任何一个学生用越南语有标记被动句来翻译此类句式，大部分换为主动句来翻译。虽然越南语没有"V+ 得 + 主谓短语"这种表达方式，但经过考察发现还有不少学生仍然选择直译方式。选择题和翻译题结果有所不同，翻译题只有 14.3% 的学生换为主动句来翻译，选择直译方式的比例相当高（28.6%），剩下的 57.1% 的被调查者各用各的表达方式，但有大量学生选择使用致使句。

c.（状）+V+O+（了）

龚千炎已经指出，由于"NP+V"中的NP已在V前做了主语，所以V后一般是没有宾语的，但也有一些句子V后带宾语（龚千炎，1980）。NP+V+O在汉语算是特殊情况，而越南语没有这种表达方式，因此我们选了"头发染色了。""面已经揉了馒头。"和"词典已经买了一本。"这三个例句来考察学生的翻译能力。结果显示，97.1%的学生翻译时选择加上被动标记。这个结果并不意外，因为被调查者初步认为此类句式属于被动句，所以翻译时他们自动加上了被动标记。

d. 助动词 +V

我们选了"杯子里的水可以喝。""这个方法值得提倡。"为"助动词 +V"结构的代表例句。结果表明，客观题85.7%的学生选择直接将"杯子里的水可以喝。"译成越南语，而主观题则有100%换为加上被动标记的被动句来翻译。被调查者对这类句式的掌握程度不高，使得使用的表达方式不统一。

4. 调查对象对无标记受事主语句中越翻译的看法

最后，我们考查学生对无标记受事主语句中越翻译的看法，调查结果见图3。

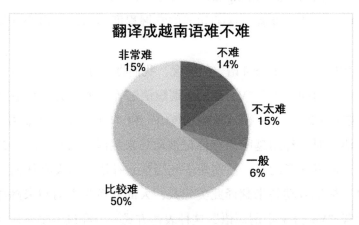

图 3　学生对"翻译成越南语难不难？"的回答情况

将这类句式译成越南语时，50%的学生觉得比较难，15%觉得非常难，只有6%觉得一般，觉得不难的和觉得不太难的比例相差不大，都是15%左右。可见，多半学生将这类句式译成越南语时遇到困难。他们感到困难的理由多种多样：没有施动者、没有主语、不知道属于哪类句式、没有学过翻译课、不知道哪个是主语等。

四、无标记受事主语句中越翻译教学启示

从调查的结果可以看出，大部分被考察的学生还没掌握无标记受事主语句的相关知识。那么，现代汉语语法课程上，教师应该重视讲解无标记受事主语句的基本结构特点和注意事项，尤其是要讲解此类句式的语义关系。此外，教师也应该讲明无标记受事主语句与被动句的异同。只有准确掌握此类句式的结构形式和语义关系，学生才能准确地将此类句式翻译成越南语。

另外，有些无受事主语句是意义上的被动句，译成越南语时被动标记可有可无。但是有些无受事主语句不是被动句，译成越南语时不能随便加上被动标记。那么，翻译课上，教师应该注意引导学生分辨哪类属于被动句，哪类不属于被动句，从而提出带有规律性的翻译方式，如对于简短的有被动意义的无受事主语句，翻译时可以直译，或者加上被动标记而意义不变。对于一些有主谓短语充当情态补语的无标记受事主语句，我们该弄清它们都表示致使意义，所以翻译时应该改为主动句，或是加上"致使动词＋对象"的短语。对于一些越南语没有相应表达的无标记受事主语句，如"（状）+V+O+（了）"，我们应该根据语境找出相应的表达。

五、结论

无标记受事主语句是现代汉语特殊句式，是外国学生学习汉语的语法难点。越南人从小学就学到一个基本的句子包括"主—动—宾"三个主要成分，而主语成分一般是施事。因此，遇到无标记受事主语句时，越南学生难免误解为这些是没有主语的"病句"。然而，这些"病句"并不是真正有

病，而是因为大部分被调查者缺乏这类句式的相关知识。通过对越南外贸大学和河内工业大学汉语言专业的大三学生和大四学生进行考查，我们初步得出结论：大部分学生还没掌握无标记受事主语句，他们或是以为这是被动句，或是对句子类型做其他错误判断。因此，在译成越南语的过程中，不管 NP 和 VP 的特点如何，他们主要选择加上越南语被动标记 "bị, được"。最后，根据学生无标记受事主语句中越翻译能力的分析结果，本文对无标记受事主语句中越翻译教学提出了几点建议，希望这些建议能够成为无标记受事主语句教学提供一些参考，帮助学生更好地掌握此类句式，从而避免无标记受事主语句中越翻译的错误。

参考文献

NGUYỄN KIM THẢN, 1997. Nghiên cứu ngữ pháp Tiếng Việt I&II[M].NXB Giáo dục.

DIỆP QUANG BAN, 1979. Sự chuyển hoá của các động từ chỉ hoạt động ngoại động thành động từ nội động và động từ chỉ trạng thái, trong "Giữ gìn sự trong sáng của Tiếng Việt về mặt từ ngữ[M].NXB Khoa học Xã hội.

NGUYỄN MINH THUYẾT, 1981. Câu không chủ ngữ với tân ngữ đứng đầu[J]. Ngôn ngữ (1):40-45.

CAO XUÂN HẠO, 1991. Tiếng Việt- Sơ thảo ngữ pháp chức năng[M].NXB Khoa học Xã hội.

NGUYỄN HỒNG CỔN, 2004.Các kết cấu phi ngoại động trong tiếng Việt[J].Tạp chí Khoa học của ĐHQG Hà Nội, (1):19-29.

LI C N, THOMPSON S A,1976. Subject and topic: a new typology of language[A]// Subject and topic. Ed, C N Li. New York: Academic Press.

GIVON T,1991. Syntax: a functional-typological introduction[M]. Volume 2. Amsterdam: John Benjamins Publishing Company.

王力，1943. 中国现代语法 [M]. 北京：商务印书馆 .

张志公，1953. 汉语语法常识 [M]. 北京：中国青年出版社 .

龚千炎，1980. 现代汉语的受事主语句 [J]. 中国语文，（5）：335-344.

洪心衡，1956. 汉语语法问题研究 [M]. 上海：新知识出版社 .

梁东汉，1960. 现代汉语的被动式 [J]. 内蒙古大学学报（社会科学版），（2）：65-80.

周宝宽，1995. 现代汉语受事主语句研究（上）[J]. 辽宁大学学报（哲学社会科学版），（6）：89-93.

吕叔湘，1984. 汉语语法论文集 [M]. 北京：商务印书馆 .

王玉婷，2006. 现代汉语受事主语句研究评述 [J]. 江西科技师范学院学报，（2）：102-105, 128.

Is "Wrong Sentence" Wrong: Unmarked Patient-subject Sentence in Modern Chinese and Its Revelation in Chinese-Vietnamese Translation Teaching

(Vietnam) NGUYEN Ngoc Thuy Anh, (Vietnam) PHAN Thanh Hoang

Abstract: Patient-subject sentence is a special sentence pattern in modern Chinese, which is divided into marked and unmarked. The unmarked patient-subject sentence means that the subject is the subject without explicit marking. The unmarked subject sentence seems simple, but when it is translated into Vietnamese, not every example sentence can find the corresponding expression in Vietnamese. Through the investigation of junior and senior students majoring in Chinese language at Vietnam Foreign Trade University and Hanoi University of Technology, we came to the preliminary conclusion that most of the students have not mastered the relevant knowledge of unmarked subject sentences. They think it is passive sentences, or fail to correctly identify the types of these sentences. Therefore, in the process of translating into Vietnamese, regardless of the characteristics of NP and VP, they mainly chose to add Vietnamese passive markers "bị, được". Finally, according to the analysis results of students' ability to translate Chinese-Vietnamese into unmarked subject sentences, this paper puts forward some suggestions for the teaching of unmarked subject sentences in Chinese-Vietnamese translation, hoping that these suggestions can provide some references for the teaching of unmarked subject sentences and help students to better master this kind of sentence structure well, so as to avoid the mistakes of Vietnamese translation in the unmarked patient-subject sentence.

Keywords: unmarked patient-subject sentence; Chinese-Vietnamese translation; teaching inspiration

（责任编辑：刘钊）

文学研究

菲律宾骑士传奇的民间文学渊源

郑友洋

内容提要：流传至今的菲律宾骑士传奇均为产生于 19 世纪的书面印刷文本，因此长期以来它被视为作家文学的研究对象。以作家文学的标准观之，菲律宾骑士传奇缺乏名篇佳作，唯有一部《弗洛伦特和劳拉》被奉为经典。作家文学相较于民间文学的精英属性又使其通俗性和影响力受到质疑。民间文学与作家文学的关系表明，书写或口传并不构成二者的根本分野。菲律宾骑士传奇的叙述模式、故事内容及传播路径都反映出它与民间文学之间的渊源。从这个角度把握菲律宾骑士传奇的特征是对它进行公允评价的基础。

关 键 词：骑士传奇；菲律宾；民间文学；作家文学

作者简介：郑友洋，中国社会科学院外国文学研究所东方文学研究室助理研究员，主要从事菲律宾文学研究。

项目基金：本文系教育部人文社会科学重点研究基地重大项目"东方文学与文明互鉴：全球化语境下的东方当代小说研究"（22JJD750004）的阶段性成果。

　　菲律宾骑士传奇是西班牙殖民时期的流行文学。它结合了欧洲骑士文学的故事题材与菲律宾传统的诗歌体裁，是殖民地菲律宾人在接触外来文化后进行模仿与再创作的产物。在菲律宾文学史上，针对骑士传奇的评价存在不同倾向。它曾因荒诞离奇和缺乏原创性而受到轻视，后又作为通俗文学进入大众文化研究的视野。在此过程中，其书面文本的属性往往导致它难以得到客观的评价。一般认为，书面文本和口头讲述分别对应作家文学和民间文学的特点。而西方知识界在认识论层面上针对口承与书写的二元对立思想则暗示了书面文本相较于口头传统的优越性。若从作家文学的角度审视菲律宾骑士传奇，则会发现其中缺乏优秀作品。若从书面文本之优越性的角度观之，它便不适合作为大众文化的代表。事实上，菲律宾骑士传奇并不是严格意义上的作家文学，其叙述模式、故事内容与传播机制都显示出它与民间文学之间的深刻渊源。本文尝试从作家文学与民间文学关系的视角出发，围绕上述方面就菲律宾骑士传奇的性质做更细致的阐释，以进一步明确其文学史定位及研究价值。

一、研究背景：骑士传奇的"雅俗"之辨

骑士传奇于 11 世纪末 12 世纪初产生于法国，后传入其他欧洲国家。它也被称为"骑士叙事诗"，内容以虚构为主，主题是宣扬骑士的高尚情操、典雅爱情与冒险精神（杨慧林 等，2001）。西班牙在 14—16 世纪形成由小说和谣曲等不同文体组成的骑士文学集团，在社会各阶层中流行（Pinet，2015）。在 16—18 世纪，受大帆船贸易的推动，来自西班牙的军人、商人和水手等群体将骑士小说等世俗文学读物经墨西哥带入菲律宾。以骑士故事为题材的世俗文学和以圣徒传说、宗教戏剧、耶稣受难赞美诗为主的宗教文学一起，构成了西班牙殖民时期菲律宾文学的主流。故事内容中的异域风情与作品形式上的本土风格是菲律宾骑士传奇最显著的特征。一般来说，菲律宾骑士传奇以欧洲宫廷为背景、以王公贵族和绅士淑女为主人公，围绕骑士的征战、信仰与爱情展开。在形式上，它遵循菲律宾的韵文文学传统，以"阿维特"（Awit）[1] 和"克里多"（Corrido）[2] 两种长诗体裁写就。

作为西班牙殖民时期的文化遗产，骑士传奇在菲律宾独立后 [3] 成为本土知识分子反思批判的对象。其中一种观点认为，骑士传奇描绘了与菲律宾相去甚远的世界，虚构、脱离现实的故事无助于菲律宾人的思想进步。例如，特立尼达·帕尔多·德塔韦拉（Trinidad Pardo de Tavera）曾在 1920 年

---

[1]　阿维特：特点是单一尾韵，每节 4 行，每行 12 音节。

[2]　克里多：特点是单一尾韵，每节 4 行，每行 8 音节。

[3]　指 1898 年菲律宾宣布独立，脱离西班牙的统治。

的演讲中批评菲律宾骑士传奇与本地历史相脱节："这些故事冗长、夸张、幼稚，荒谬到了极致。没有一个人物是本地的，尽是些土耳其人、阿拉伯人、骑士与游侠骑士、使节、公爵和武装的士兵。"（De Tavera，1921）他认为在骑士传奇这种"充满欺骗性的"文学作品中"弥漫着有害的精神影响"，使菲律宾人那由荒谬滋养的意识无法"生长出逻辑和理性"（De Tavera，1928）。此外，尽管骑士传奇以传统的韵文形式和本土语言写成，它的题材仍然是对欧洲文学的模仿。因此也有观点认为它不能被视作菲律宾人自己的文学（Cruz，1988）[27]。在经历反西革命、民族独立和美国殖民等历史事件后，对骑士传奇的这些评价体现了20世纪初菲律宾知识分子的一种文化焦虑。他们否定西班牙殖民遗产的动机是追求"先进"文明和本民族的文化成就。在这种动机的影响下，一部特殊的骑士传奇《弗洛伦特和劳拉》（*Florante at Laura*）于这一时期被奉为经典。

据菲律宾作家埃梅内希尔多·克鲁兹（Hermenegildo Cruz）在1906年做的考证，《弗洛伦特和劳拉》由弗朗西斯科·巴拉格塔斯（Francisco Balagtas）创作于1838年。考察、确认作者身份对于《弗洛伦特和劳拉》的经典化来说至关重要。在20世纪初，他的创作行为被视作菲律宾文明之先进性与独立性的证据，且这部作品至今仍是菲律宾作家文学经典的开端。从内容的角度来说，《弗洛伦特和劳拉》无异于其他的传奇作品。它讲述阿尔巴尼亚王国的王子弗洛伦特因战功显赫、同公主劳拉相爱而受奸臣嫉妒、陷害的故事。所不同的是，大部分菲律宾骑士传奇以欧洲文学、历史或传说为素材，围绕有迹可考的人物或故事展开改写。《弗洛伦特和劳拉》的情节则是由作者原创，不包含既有的素材。同时，相比其他的传奇作品，《弗洛伦特和劳拉》还有语言典雅优美、修辞手法高超等凸显其文学品质的特点（Lumbera，1967）。因此它从这个文类中脱颖而出，不仅成为骑士传奇的代表作，还被誉为"最好的他加禄语诗歌"（Jurilla，2005）[147]。在文化焦虑的背景下，作者巴拉格塔斯同作品本身都成为重要的文化符号。印刷于20世纪上半叶的《弗洛伦特和劳拉》更多地使用头戴月桂枝、身穿菲律宾国服的巴拉格塔斯形象而非书中的主角弗洛伦特作为封面（Jurilla，2005）[159]。对于20世纪初的菲律宾知识分子而言，《弗洛伦特和劳拉》的存在代表了民族语言所达成的文学成就，其作者则展示了菲律宾人的才智水平与文明程度。克鲁兹在撰写关于巴拉格塔斯生平的参考书《谁是"弗洛伦特"的作者：弗朗西斯科·巴尔塔萨 [1] 的历史及其才智与伟大》时赞赏他道："在东方的一个角落，有一位我们的同胞能写出一本应该同其他文明之邦的杰作并肩而立的书。"（Cruz，1988）26 此处的"杰作"是指书面文本，也就是说克鲁兹实际上是以各国作家文学的成就来衡量文明之高低。在他看来，一部本民族的优秀作家文学作品能够赋予菲律宾人文化权力，以跻身"文明之邦"。

此后，骑士传奇在菲律宾文学史上长期处于尴尬的境地。一方面，它被视为一种低级的文学形式，称不上是"合法的"菲律宾文学（Jurilla，2008）93。另一方面，《弗洛伦特和劳拉》则成为一个例外，它是菲律宾民族文学的"永恒经典" [2]。在这部具有原创性的优美作品之外，人们似乎没有合适的理由去正视其他"夸张、幼稚，荒谬到了极致"的骑士传奇。时至今日，对作为整体的菲律宾骑士传奇的研究仍然远不如对《弗洛伦特和劳拉》单部作品的研究充分。

这个局面在 20 世纪下半叶有所改变。当代知识分子倾向于将骑士传奇视为自身的文学传统，重视它所蕴含的文化意义。例如，历史学家雷纳尔多·伊莱托（Reynaldo Ileto）认为，菲律宾骑士传奇及其戏剧形式 [3] 影响了殖民地菲律宾人想象世界的方式："它对于大众的想象影响巨大，19 世纪的本地普通人常常梦想着效仿骑士，去征战或拯救公主。"（Ileto，1999）3 文学家索莱达·雷耶斯（Soledad S. Reyes）认为，骑士传奇看似逃避现实，但实则与现实密切相关。它反映了"在一种文化中被否定的希望、被社会压迫的欲望和目标"，故事中简单分明的善恶对立和结局中道德秩序的恢复可以抚慰现实生活的困窘（Reyes，1984）。在此背景下，更多的传奇作品进入了学术研究的视野。对骑士传奇的解读也不再受到此前加诸于作家文学的审

---

[1]　巴尔塔萨（Baltazar）：这是巴拉格塔斯使用的另一个姓氏，一说是其笔名，一说是他的西班牙语姓氏，背景是殖民地总督纳西索·萨尔杜亚（Narciso Claveria y Zaldua）曾于 1849 年下令让所有菲律宾本地人采用西班牙姓氏。

[2]　资料来源于菲律宾外交部官网（读取日期：2023 年 1 月 25 日）。

[3]　即"科梅迪亚"剧（Comedia/Komedya）。Comedia 在西班牙语中泛指戏剧或喜剧，在他加禄语中特指由骑士传奇改编而来。

美标准的限制，如作品是否体现作者的原创能力和文学水准等。骑士传奇如何反映殖民地菲律宾人的精神世界、它包含人们的哪些想象和欲望，这逐渐成为更重要的议题。对骑士传奇的这种研究兴趣代表了菲律宾知识界的文化研究转向。在这个趋势下，骑士传奇摆脱了低级、反智的名声。它是西班牙殖民时期的通俗文学（Popular Literature），是构建民族文化认同的一个重要部分。

随着菲律宾骑士传奇作为整体在文学领域获得其合法性，一个围绕"雅俗"之辨的讨论再度产生。由作家个人创作、以书面文本形式存在的菲律宾骑士传奇被贴上"精英化"的标签置于传说等由集体创作的民间文学的对立面，其通俗性与影响力受到质疑。就书写与口承的区分标准而言，菲律宾骑士传奇可算是作家文学：留存至今的传奇作品均为产生于19世纪的书面印刷文本；尽管大部分作者匿名创作了这些作品，但根据他们留下的姓名缩写，人们能够考证出一些著名作家的身份，如巴拉格塔斯、何塞·德拉克鲁斯（Jose de la Cruz）和阿纳尼亚斯·索里利亚（Ananias Zorilla）。在19世纪初的马尼拉城郊地区通多（Tondo）曾形成了一个本地作家的圈子，这也已成为当前研究者的共识。《谁是"弗洛伦特"的作者》一书还记载了巴拉格塔斯向德拉克鲁斯学习诗艺的轶事[1]。比恩贝尼多·伦贝拉（Bienvenido Lumbera）称这个圈子是一个在城市兴起的他加禄语[2]世俗叙事诗流派，以采用新的叙述模式和修辞方法著称（Lumbera，1986）[136]。作为由知识阶层进行的书面文字创作，骑士传奇似乎应该进入高雅文化的范畴，而非充当通俗文学的代表。

对另一部骑士传奇名作《贝尔纳多·卡皮奥》（*Bernardo Carpio*）[3]的讨论集中体现了上述思想。这部作品取材于西班牙史诗英雄贝尔纳多·德·卡皮奥的故事，他在龙塞斯瓦列斯战役中杀死法国英雄罗兰。在19世纪末的

---

[1] 据克鲁兹考证，当时通多地区的诗人都知道，请德拉克鲁斯帮忙修改诗歌需要送他一只鸡作为报酬。有一次巴拉格塔斯没有送，就遭到了拒绝。此后他便再也不来求教。

[2] 他加禄语（Tagalog）：菲律宾主体民族之一他加禄人使用的语言，也是菲律宾国语的基础。菲律宾骑士传奇在受西班牙文化影响较深的首都及其附近地区最为流行。因此，菲律宾骑士传奇中数量最多的也正是用该区域通用语——他加禄语创作的作品。

[3] 完整标题为《西班牙桑丘和希梅纳之子贝尔纳多·卡皮奥的著名历史》。

他加禄人中还流行着一个预示民族解放的传说：贝尔纳多将作为"印第安人的王"来拯救殖民地受压迫的人。《贝尔纳多·卡皮奥》是"卡蒂普南"革命[1]的领导者博尼法西奥最喜欢的传奇作品。伊莱托借此判断，这部传奇触及了更广泛的底层民众，对大众产生过重大的政治影响，但它却被"更加文雅、讲究修辞的《弗洛伦特和劳拉》盖过了光芒"（Ileto，1999）[2-3]。其言下之意是指出骑士传奇中存在"雅俗"之分。他提醒人们关注那些虽不以文学品质著称但更具实际影响力的作品。约瑟夫·斯卡里斯（Joseph Scalice）则认为伊莱托在骑士传奇内部分辨雅俗的想法不够彻底。他进一步提出，伊莱托所推崇的是文字版《贝尔纳多·卡皮奥》，即印刷本骑士传奇，属于"19世纪中叶德拉克鲁斯与巴拉格塔斯这一流派文雅、精致的作品中的一员"（Scalice，2018）[252]。他认为，以文本阐释学的方法解读由城市精英生产、阅读的传奇作品仍不足以触及所谓的"大众"思想；要理解这个故事对底层民众的影响，需考察与"印第安人的王"相关的传说，因为这才是贝尔纳多故事在大众文化中的流传形式（Scalice，2018）[253]。关于《贝尔纳多·卡皮奥》的上述讨论体现出一种同20世纪初菲律宾知识分子截然相反的价值取向。在反映"大众"思想方面，越接近优秀作家文学的骑士传奇作品越不可取；甚至骑士传奇作为通俗文学的定位也受到颠覆，转而成为一种精英文化。

回顾菲律宾骑士传奇的历史命运可知，其书面文本的属性往往是使之招致争议的根源。作为沿袭自西班牙殖民时期的主流文学，它为独立之初的菲律宾提供了可利用的民族文学资产。但当20世纪初的知识分子需以作家文学的成就判定文明高低时，却发现它难以提供符合优秀作家文学标准的作品。以这个标准审视骑士传奇导致了《弗洛伦特和劳拉》一枝独秀的局面。当知识界开始重视骑士传奇在解读殖民地菲律宾大众文化方面的意义时，其书面属性却又为它染上了精英文化的色彩。囿于这一属性而视菲律宾骑士传奇为作家文学，继而将它定位为精英文化的做法实际上忽视了它的多元性。比如，在西班牙殖民时期的大部分时间里，它并不以书面文本的形式存在，而是以口头讲述或手抄本的形式流传（Jurilla，2008）[83]。即使

---

[1]　指1896年的反西起义。"卡蒂普南"是博尼法西奥于1892年创立的革命组织。

在印刷本传奇流行的 19 世纪，作者在作品中署上姓名的首字母或化名也不是一种通行的做法（Jurilla，2008）[93]。也就是说，关于菲律宾骑士传奇的性质仍有可商榷之处。长期的口传历史表明，它或与民间文学有深刻的渊源。

民间文学在学科建立之初便具有来自非知识阶层、区别于社会精英的书面文字创作的特点（王娟，2016）[91]。然而，随着传播学、人类学和古典学等学科的发展，人们对知识的交流与传承机制有了更深入的理解，以书写和口承来划分作家文学和民间文学，认为前者带有精英属性的思想已受到挑战。例如，对中国古典文学的研究表明，"三言二拍"、《三国演义》等作家文学文本与民间文学有着密切联系。作家文学吸收、利用民间文学的题材和语言，文人记录民间传说并加工、写定成小说，经典的作家文学作品经人们口耳相传形成新的口头传统，这些现象都揭示了作家文学与民间文学之间复杂的互动关系。文学作品通过书写还是口承的方式进行传播，已不构成作家文学和民间文学的根本分野。在作家文学研究中融合民间文学的学科视角，有助于破除"雅俗"之先见，更好地开展对文学的文化研究。下文将就菲律宾骑士传奇与民间文学的渊源做具体分析。

二、书面文本中的口传痕迹

从源头上看，当骑士传奇自西班牙传入菲律宾时，它便有书面文本和口头讲述两种传播路径。西班牙语中的 Romance 一词是指用散文或韵文写作的关于骑士的书籍，在 16 世纪最为兴盛的形式是骑士小说。尽管西班牙法律禁止非宗教类的印刷材料流入殖民地，但当时仍有大量骑士小说非法地被带到菲律宾："当西班牙人来到菲律宾的时候，几乎人人都在行李中藏有相当数量的骑士文学读物。"（Castro，1985）[2-3]此外，Romance 一词在西班牙语中还有一个释义即"谣曲"。谣曲也可音译为"罗曼采"，指的是 14 世纪中叶至 15 世纪西班牙游唱歌手或人民群众吟唱的诗歌。它起源于 12 世纪出现的武功诗，游唱歌手反复演唱其中为听众所喜闻乐见的片段，由此形成了独立的小诗歌。后来的民间诗人按照谣曲形式表现新的主题，骑士谣曲也是其中一种，它传诵以查理大帝为首的骑士们的轶事（沈石岩，2006）。西班牙谣曲经口头传诵由殖民者带入西班牙语美洲，后又从墨西哥传入菲律宾。"脱胎于谣曲情节的他加禄语世俗诗歌在17—18世纪的菲律宾十分流行，其情节以骑士的爱情和对摩尔人的远征为主。"（Castillo，2017）这里的他加禄语世俗诗歌指的就是菲律宾骑士传奇。

在菲律宾骑士传奇中占据主导的是改写自欧洲骑士文学的故事，西班牙的骑士小说和骑士谣曲都构成了它的源头。然而与西班牙不同的是，在菲律宾流行的并非散体的骑士小说。菲律宾的骑士故事均以韵文写作，是与散体相对的格律传奇（Metrical Romance）。这个特征一方面与骑士谣曲的影响有关，另一方面也可追溯到前殖民地时期形成的本土口头文学传统。在西班牙殖民统治早期，菲律宾各地已形成发达的口传文化。其中，通过口头传播的韵文诗歌强调声韵，容易记诵，是菲律宾传统文学的重要载体。根据地域、用途以及格律的区分，菲律宾形成了丰富多样的诗歌体裁。比如，菲律宾骑士传奇常用的诗体"阿维特"在他加禄语中的释义为"歌"，它可以用本地人的"古名当"[1]旋律演唱，或用菲律宾传统弦乐器作为伴奏。因此，从起源的角度来说，菲律宾骑士传奇带有浓厚的民间色彩。一方面，它不仅是一种书面创作[2]，还吸收了民间谣曲的情节。另一方面，它的韵文形式也表明它受到了前殖民地时期本土口头传统的影响。

在印刷本出现之前，菲律宾骑士传奇通过口头吟唱或背诵的方式传播（Eugenio，1987）[xxiii]，它同史诗相仿的叙述模式可以证明这一点。菲律宾骑士传奇的印刷本出现于18世纪末，19世纪中叶是它发展的全盛期。这些书面文本具有程式化的表达方式和故事结构，反映出前殖民地时期菲律宾史诗的创作特点。程式是理解史诗创作的关键。现代民俗学的口头程式理论探讨了没有读写能力的歌手如何记忆、表演长篇史诗的问题。根据这一理论，史诗歌手通过程式化的表达手段、重复出现的典型场景与类型化的故

---

[1] "古名当"（Kumintang）：一种前殖民时期的他加禄音乐，是由战歌演化而来的情歌。"古名当"和"阿维特"体长诗都是四三拍，第一小节的第三拍为重音。

[2] 美国学者迪恩·范斯勒（Dean S. Fansler）认为，最初的菲律宾骑士传奇是由西班牙传教士在学习当地语言后创作的，因为其中存在大量使用西班牙语词汇和引用《圣经》、古典历史、伊比利亚地区民族历史的现象（Fansler，1916）[206]。

事模式来建构史诗。这种叙述方式仍可见于一些菲律宾骑士传奇。例如，上文提及的《贝尔纳多·卡皮奥》是一部出版于 1860 年的传奇作品。在它的文本中，我们可以看到不少程式化的表达，如使用固定的词语来形容特定的人物：主角贝尔纳多之父桑丘将军常与"著名的""英勇的"相连；反派人物卢比奥通常被称为"活跃的"或"背信弃义的"长官；国王则是"尊贵的""高贵的"。在点评人物的命运时，该作品往往用星象的吉凶来做出解释。"语休絮烦""对于……我先按下不表，且说……"等口头表演中的转场用语也频繁出现。

此外，《贝尔纳多·卡皮奥》还具有同本土英雄史诗类似的故事模式。菲律宾史诗中的英雄普遍具备以下要素：在不寻常的环境下生长；还是孩子的时候就渴望长大、早日开始冒险活动，并相应地具有奇迹般的成长速度和超自然的神奇力量；在忍受痛苦的条件下长大成人，进行无休止的冒险活动；在战斗或冒险中体现出英雄气质、取得胜利（吴杰伟 等，2013）。该作品的主角贝尔纳多便是这样一位传奇英雄：他是将军和公主的私生子，从小由构陷父亲的仇人抚养，因不知晓自身身世而苦苦追寻；他自幼拥有超凡能力，7 岁时就能摔死水牛、马等牲畜；当他还是孩童时，就要求受封为骑士，以便为西班牙国王征服偶像崇拜者；在法国，他通过接住一只"40 个人也扛不动的纯金座椅"让国王畏惧、投降（Historia Famosa, 1919）。贝尔纳多的父母早年落难，致使他身世不明、以私生子的身份长大成人；同时他又具备异于常人的能力和品质。这些因素说明，骑士传奇《贝尔纳多·卡皮奥》在塑造主人公形象时参考了菲律宾史诗英雄的成长模板。

史诗创作所遵循的程式法则是为了方便人们在口耳相传的过程中进行讲述、理解与记忆。菲律宾骑士传奇的程式化特征表明，在这类作品中存在对口传文学的模仿乃至记录。事实上，鉴于史诗同骑士传奇之间的相似性，菲律宾学者提出了一种可能：在西班牙殖民时期，后者是前者的替代物。如今，保留有传统民间史诗的主要是菲律宾的非基督教族群。在深受西班牙文化影响的、讲他加禄语的地区则没有史诗遗存。而正是在这个基督教化程度较深的地区产生了最多的菲律宾骑士传奇作品，这与该地区史诗传统的没落相对应（Castro，1985）[1]。作为讲述英雄人物曲折生平的长篇叙事诗，菲律宾骑士传奇继承了史诗的一些创作规律。它与史诗的这种联系进而说明，在成为书面文本流通之前，它曾长期存在于人们的口头讲述之中。因此，我们能够从印刷版本的传奇作品中窥见口传文学的影响痕迹。

三、故事内容的民间来源

菲律宾骑士传奇不仅在叙述模式方面体现出史诗的特征，还在故事内容方面反映了对世界各地神话传说以及本土民间故事的吸收。在 20 世纪初，范斯勒总结了七类直接取材自欧洲文学的菲律宾骑士传奇，它们以查理大帝传奇、亚瑟王传奇、康斯坦斯传奇、古典神话、西方版本的东方寓言、西班牙历史与传说，以及意大利短篇故事为题材（Fansler, 1916）[205]。在这些作品中，最流行的是选取西班牙同题材谣曲和戏剧汇编而成的《贝尔纳多·卡皮奥》，以及关于法国查理大帝十二骑士的传奇。特洛伊城的毁灭、圆桌骑士的故事、拉腊七公子等欧洲的神话与传说也被写成了菲律宾骑士传奇。相关的人物或事件在其他的传奇作品中还得到引用，这说明它们也是当时接受度较高的题材。此外，菲律宾骑士传奇还纳入了本土民间故事的元素，以懒汉胡安（Juan Tamad）为主角的《葡萄牙王国的法比奥和索菲亚之子懒汉胡安的生平》(*Buhay na Pinagdaanan ni Juan Tamad na Anac ni Fabio at ni Sofia sa Caharian nang Portugal, na hinango sa novela*)[1] 便是一例。懒汉胡安是菲律宾民间文学中的机智人物，在各地有不同的名字。"胡安"一名或为西班牙殖民时期对菲律宾民间文学中机智人物的统称。这种人物的特点是行为不合规矩、懒散但又能通过聪明才智帮助他人，被视为世俗秩序的颠覆者与民众中的智慧精英（周晓霞，2007）。《懒汉胡安》的主角来自葡萄牙的一个普通家庭，他深受父母宠爱，十分任性；拒不做家务，喜欢躲在洞穴睡觉。父母为改变他的习性不断祈祷，却不见效。一次，胡安在路上遇到一位老人，从他那里得到一块万能的石头。他带上这颗魔法石去

---

[1] 以下简称《懒汉胡安》。

了西班牙，无意中治愈了忧郁的公主，令她发笑。之后他成功地解决了国王提出的一系列难题，迎娶公主并当上了西班牙国王。这部作品虽然遵循传统的骑士传奇故事设定，但以本土民间文学中的典型人物作为主角，体现了作家文学与民间文学、外来文类与本地故事的融合。

除了直接采用懒汉胡安这一民间故事中的机智人物形象外，菲律宾骑士传奇还从整体上借鉴了这个人物所代表的故事类型。在东南亚民间文学传统中不乏类似于胡安的箭垛式人物，他们或懒惰，或愚蠢，或卑微，但最后总能靠运气或智慧实现反转，在世俗生活中获得成功。菲律宾骑士传奇对这个故事类型的借用是十分明显的。除上文的懒汉胡安外，其他以胡安为名的传奇主人公大多拥有相似的人生历程：在《西班牙王国的兄妹胡安与玛丽亚》（*Corrido at Buhay na Pinagdaanan nang Dalauang Magcapatid na si Juan at si Maria sa Reinong Espana*）中，被父亲驱逐出门的两兄妹无意中得到圣母的照拂，健康成长并双双与王室联姻，成为国王和王后；《西班牙王国一对悲惨父子的经历：儿子卖身葬父》（*Ang Cahapis-hapis na Buhay nang Dalauang Mag-ama na Pinangyarihan sa Reinong Espana na si Juan Anac, Ipinagbili ang Catauan niya sa isang Mercader Ipaglibing Lamang ang Amang Namatay*）讲述孤儿胡安为了能埋葬父亲、甘作奴隶赚钱而后被富商收养的故事，他顺利地上学、取得学位，迎娶公主并成为国王；在《巴伦西亚王国王子堂·胡安·德钮索和匈牙利王国四位公主的生平》（*Pinagdaanan Buhay nang Principe Don Juan Tenoso na Anac nang Haring Artos at nang Reina Blanca sa Reinong Valencia at Sampo nang Apat na Princesa na Anac nang Haring D. Diego sa Reinong Ungria*）中，王子胡安获罪被流放，乔装成长疮的流浪老人进行苦修。匈牙利公主福楼瑟菲达无意中看见他脱下伪装洗澡，便爱上了他，执意要同其结婚。胡安在解决了匈牙利国王的难题、立下战功后同公主结婚，成为新的国王。同《懒汉胡安》的主角相比，上述作品中的胡安都具有不走运的人生开端，但他们也都得到了奇迹般降临的好运，从而改写了人生。这些作品遵循菲律宾骑士传奇一般性的创作惯例，比如包含道德说教、宫廷爱情、魔法力量等元素。不同的是，它们既以欧洲宫廷为背景，同时又按照本土民间故事的情节范式展开叙述。

由于菲律宾骑士传奇的故事内容大都来自传说和民间故事，因此借助这个文类可以发现众多民间文学母题在菲律宾的讲述方式。母题是指反复出现的、构成民间文学作品的最小叙事单元。它们有很强的生命力，可以组合产生不同的故事类型和口头异文。达米亚娜·欧亨尼奥（Damiana Eugenio）在《阿维特与克里多》（*Awit and Corrido*）一书中分析了50篇菲律宾骑士传奇的情节，对每部作品所涉及的母题进行列举、归类。她在概括情节的基础上辨析构成这些故事的各个母题，以便"显示本地传奇同它们的异国源头或相似故事之间的亲近关系"，反映"这些故事在菲律宾被重写时所经历的变化"（Eugenio，1987）[ix]。仍以上述围绕胡安展开的传奇作品为例，在这个故事类型所包含的几篇异文中多次出现了奇迹般的赠与（D2105）、看似无成功希望的男女主人公（L101、102）、残忍的父亲（S11）、被弃的孩子（S301）、公主爱上卑微的男孩（T91.6.4）、作为礼物的魔法物件（D810）、不可能完成的任务（H1010）、卑下的伪装（K1815）、卑微男孩成为国王（L165）等母题。可见，菲律宾骑士传奇虽然直接选取了许多著名的神话和传说作为题材，但它同时也根据民间文学的丰富母题组成新的情节。因而上述作品既具有模式化、类型化的特征，又体现出故事内容的多样性。可以说，菲律宾骑士传奇有很大一部分作品并非出自作家个人的个性化创造，而是模仿史诗的叙述模式并从世界各地的神话、传说和民间故事的宝库中选择素材而完成的异文。从这个角度来看，骑士传奇也是菲律宾民间文学研究的重要材料。

四、走向生活：骑士传奇的传播路径

以上分析表明，菲律宾骑士传奇这个以书面文本为载体的文类在叙述方式和故事内容方面都深受民间文学的影响。它的文字带有口头讲述的特征，它的情节大多来自既有的民间文学素材。因此，书面印刷、拥有作者等特点并不使其成为作家文学。相反，民间文学对骑士传奇的影响之深说明，许多作品在成书以前已经以口传的形式存在。那么，我们能否借此判断菲律宾骑士传奇就是经书面整理、定型的民间文学？答案是否定的。骑士传奇一方面与口头传统有较深的渊源，另一方面它也是 19 世纪菲律宾印刷文化发展的产物。这一文类还包括一些明显属于作家文学范畴的作品，上文提及的文学史经典《弗洛伦特和劳拉》便是一个范例。

从叙述模式、故事内容和语言等角度来看，《弗洛伦特和劳拉》都体现出作家文学的特点。如果说民间文学的创作以实现交流和沟通为首要目的，那么作家文学便强调个性的彰显。至于受众能否理解作品，则不在创作者的控制之中。在《弗洛伦特和劳拉》的正文之前，巴拉格塔斯写下了题为《致读者》的开场白。他告诉读者："这首诗尽管并不高明，心领神会者仍将受益。""我不祈求这不幸的诗，将博你开怀抑或贬损。可用竖琴或其他演绎，只要别改动诗句原意。"（De Los Santos，1916）对读者的致辞表明，巴拉格塔斯意识到这部作品将以印刷书籍的形式在较大的范围内流通。广泛的流通意味着阅读中将产生不确定性，因此他要向潜在的读者做出提示，其目的在于保护作品的"原意"。巴拉格塔斯预料到，可能只有一部分读者能够领会作品。但不论他们做何反应，他都希望自己的原创性能得到尊重。这种思想奠定了《弗洛伦特和劳拉》作为作家文学的基调。此外，《弗洛伦特和劳拉》表面上是一个典型的骑士传奇文本，同其他作品一样，以欧洲王国为背景，以王子、公主为主角，并包含征战、宫廷爱情等常见情节。但它无法从欧洲神话传说或本土民间故事等已知的素材库中找到故事来源（Eugenio，1987）[204]。换言之，其情节也是作者的原创。在修辞层面上，巴拉格塔斯对传统他加禄语诗歌进行革新。他不再恪守民间诗歌从日常生活提取意象的譬喻手法（Talinghaga），而是结合拟人、换喻、举隅等修辞手段，用"彬彬有礼的城市语言"代替传统诗歌中的乡村口语（Lumbera，1986）[111]，满足"高雅读者的感知力"（Lumbera，1986）[116]。在这里，城市与乡村、日常和高雅之间的对比暗示了在作者进行创作的 19 世纪上半叶，菲律宾出现了一个具有新的文化需求的读者群体。

这个读者群体的出现与印刷文化的发展都可追溯至 19 世纪上半叶菲律宾的政治经济局势，其中西班牙对殖民地统治思维的转变是一个重要背景。以 1762 年英国占领马尼拉为起点，西班牙在 18 世纪末至 19 世纪经历了殖民霸权的危机，并着手在殖民地菲律宾实行军事、财政和文化领域的改革。这反映了西班牙从殖民帝国向殖民国家的过渡，即以不同于征服和传教原则的国家理性来治理菲律宾并实现维护统治的目标（Blanco，2009）[22, 23]。19世纪上半叶兴起的文化机构体现了这种政治上的转变，例如19世纪30—40年代在马尼拉建造的剧院、1780年成立的"国家之友"经济委员会在1822年和1823年相继建立的绘画学校和艺术设计学校等。越来越多的商业出版社也在此时出现，打破了教会对出版业的垄断（Lahiri，2007）。文化机构与文化商品的繁荣促成了专业作家的出现，他们兼职抄写员、翻译、神父或政府官员的助手、印刷工或装订工。巴拉格塔斯便是这个社会转型过程中最著名的作家之一，他的创作面向此时西班牙王城[1]外激增的马尼拉人口。随着大帆船贸易在19世纪初的终结以及自1785年以来菲律宾向国际贸易的逐步开放，马尼拉、宿务、伊洛伊洛等中心城市在19世纪上半叶兴起。农产品出口和自然资源开采的加速提供了更多工作机会，吸引了大量人口在城市周围集中。例如，位于马尼拉城郊的通多依靠移民的迁入在1802—1841年实现了人口翻番（Gealogo，2011）。伦贝拉这样归纳当时他加禄语文学读者群体的特点：他们在城镇长大、接受过正规教育并享有一些经济发展的成果（Lumbera，1986）[82]。对他们来说，传统的文学主题与创作手法难以满足当下的审美需求。以巴拉格塔斯为代表的本土艺术家以印刷版骑士传奇等文化商品为载体进行创新，帮助人们对新的社会关系与结构进行探索（Blanco，2009）[61, 62]。因此，就接受的角度而言，以《弗洛伦特和劳拉》为例的作家文学作品旨在为读者的阅读和思考服务。

尽管在菲律宾骑士传奇中存在《弗洛伦特和劳拉》这样彰显作者个性、以"静默独处且常常互不相识"的阅读型公众（爱森斯坦，2010）为主要受众的作家文学作品，整体而言这一文类的传播机制仍然体现出民间文学的特征。相较于口头讲述，生活化和表演性等体现民间文学交流功能的特点更适合对它做出界定。"民间文学是民众生活的一个有机组成部分，是人与人之间赖以交流的有效工具和平台。"（王娟，2016）[91] 它最重要的特点不是

---

[1] 王城（Intramuros）：殖民地菲律宾的首府，是军事、政治、宗教与教育中心。

通过口头创作、传播，而是能够在人们的生活中实现表达情感、强化价值观念等实用性功能。就民间文学的这方面定义而言，菲律宾骑士传奇的传播路径也体现出与之相似的功能性。一部传奇作品即便属于作家文学的范畴，也将受到当时高昂的印刷成本的限制。这导致骑士传奇作品的印数普遍不多，其书面版本有稀缺性。口头唱诵和戏剧表演在它的传播中扮演了重要角色。菲律宾骑士传奇为人们提供了在各种生活场合可引用的材料：放牛的男孩、田间劳作的农民、在节日期间走街串巷的乞丐背诵传奇主人公的生平作为娱乐；在葬礼等社交聚会上的固定节目包括援引骑士传奇中的道德说教段落展开辩论；骑着水牛回家的农民、撑船的妇女以音乐形式演唱《弗洛伦特和劳拉》的段落（Eugenio，1987）[xvii, xxiv]；在宗教节日、重大庆典等场合的临时舞台上，还将演出用骑士传奇改编的剧作。对于大部分殖民地菲律宾人而言，他们或许没有机会逐字逐句地阅读一部传奇作品，但这种文学仍构成其生活的一部分。通过人们的口耳相传，原本印制成书的骑士传奇走向日常生活，为读者之外的更多人群所使用，实现了抒情、说教等娱乐和社会功能。

五、结语

通过分析菲律宾骑士传奇的民间文学渊源，本文就这一文类的性质提出两点论断。

其一，菲律宾骑士传奇的书面文本属性不是将其划为作家文学的一个判断标准。以《贝尔纳多·卡皮奥》为例的作品表明，在菲律宾骑士传奇中存在程式化的表达方式和故事结构，这体现了它对前殖民地时期菲律宾史诗创作规律的继承。以欧洲神话传说或本土民间故事为题材的作品体现了菲律宾骑士传奇对世界民间文学素材的吸收。这不仅包括对"特洛伊城的毁灭"和"查理大帝十二骑士"等既定故事的直接挪用，还包括用各个母题拼凑出相关而不相同的故事类型，如以胡安为主角的系列传奇。因此，菲律宾骑士传奇或为作家对民间口传文学的一种记录和再创作。

其二，菲律宾骑士传奇并不因其书面文本的属性而成为一种精英文化。它的传播路径表明，各阶层人士都在日常生活中共享这种文化产品。在 19 世纪的殖民地菲律宾的确出现了一个追求高雅艺术的读者群体，以及一个服务于其审美需求的作家流派。以巴拉格塔斯为代表的传奇作者对这一文类进行革新，淡化它在语言与叙事方面的民间色彩。然而，骑士传奇美学品质的提升没有在不同的受众群体之间建立起新的壁垒。即使是像《弗洛伦特和劳拉》这样的文雅作品也会以口传形式回归大众的日常使用。这说明，菲律宾骑士传奇就其传播机制而言兼具作家文学和民间文学的特征。

菲律宾骑士传奇的民间文学渊源启示我们，在评价这一文类时应摒弃固有的"雅俗"观念，在全面把握其创作特点的基础上再来定义具体作品的性质。对一部菲律宾骑士传奇而言，考察它是否具有民间文学的特征十分必要。骑士传奇与民间文学在叙述模式和故事内容方面的联系将赋予它极大的研究价值，使它进入世界文学的研究视野，从而能够"同其他文明之邦的杰作并肩"。生活化的传播场景和实用性的社会功能则确保了骑士传奇的通俗性与影响力。在书面文本之外，它还能以多种形式触及不同的人群，从而为解读西班牙殖民时期菲律宾的大众文化提供重要参考。

参考文献

BLANCO J D, 2009. Frontier constitutions: Christianity and colonial empire in the nineteenth-century Philippines[M]. Berkeley: U of the California P.

CASTILLO L M S, 2017. The (anti)colonial 'Awit' of Juan Tamad didacticism and subversion in a colonial metrical romance[J]. Philippine studies, 665 (3): 364.

CASTRO J V, 1985. Anthology of ASEAN literatures: Philippine metrical romances[M]. Manila: Nalandangan.

CRUZ H, 1988. Kun Sino ang Kumatha ng "Florante" [M]// Himalay: Kalipunan ng mga Pag-aaral kay Balagtas. Eds, Patricia M. Cruz and Apolonio B. Chua. Manila: Cultural Center of the Philippines: 1–33.

DE LOS SANTOS E, 2020. Florante/Versión castellana del poema tagalo con un ensayo crítico[EB/OL]. Manila: Gregorio Nieva, 1916. 7 Sep.

DE TAVERA T H, 2023. The legacy of ignorantism[EB/OL]. Manila: Bureau of Printing, 1921. 25 Jan.

DE TAVERA T H, 1928. The heritage of ignorance[M]// Thinking for ourselves: a collection of representative Filipino essays. Eds, Vicente M. Hilario and Eliseo Quirino. Manila: Oriental Commercial: 10.

EUGENIO D L, 1987. Awit and corrido: Philippine metrical romances[M]. Quezon City: U of the Philippines P.

FANSLER D S, 1916. Metrical romances in the Philippines[J]. The journal of American folklore, 29 (112): 203-234.

GEALOGO F A, 2011. Counting people nineteenth-century population history of four Manila "Arrabales" using the "Planes De Almas" [J]. Philippine studies, 59 (3): 413.

Historia Famosa ni Bernardo Carpio sa Reining Espana na Anac ni D. Sancho Diaz at ni Doña Jimena, 1919[M]. Manila: Limbagan at Aklatan ni J. Martinez: 70.

ILETO R C, 1999. Filipinos and their revolution: event, discourse, and historiography[M]. Quezon City: Ateneo de Manila UP.

JURILLA P M B, 2005. Florante at Laura and the history of the Filipino book[J]. Book history, 8 (1): 131-196.

JURILLA P M B, 2008. Tagalog bestsellers of the twentieth century: a history of the book in the Philippines[M]. Quezon City: Ateneo de Manila UP.

LAHIRI S, 2007. Rhetorical Indios: didactic propaganda and their publics in the Spanish Philippines[J]. Comparative studies in society and history, 49 (2): 252.

LUMBERA B, 1967. Florante at Laura and the formalization of tradition in tagalog poetry[J]. Philippine studies, 15 (4): 545-575.

LUMBERA B, 1986. Tagalog poetry, 1570-1898: tradition and influences in its development[M]. Quezon City: Ateneo de Manila UP.

PINET S, 2015. The chivalric romance in the sixteenth century[M]// A history of the Spanish novel. Ed, J G Ardila. Oxford: Oxford UP: 87.

REYES S S, 1984. The romance mode in Philippine popular literature[J]. Philippine studies, 32 (2): 170-173.

SCALICE J, 2018. Pamitinan and Tapusi: using the Carpio legend to reconstruct lower-class consciousness in the late Spanish Philippines[J]. Journal of Southeast Asian studies, 49 (2): 250-276.

爱森斯坦，2010. 作为变革动因的印刷机 [M]. 何道宽，译 . 北京 : 北京大学出版社：88.

沈石岩，2006. 西班牙文学史 [M]. 北京：北京大学出版社：32-33.

王娟，2016. 当代民众生活中的民间文学——兼谈民间文学与作家文学的关系 [J]. 民俗研究，(2): 90-98.

吴杰伟，史阳，2013. 菲律宾史诗翻译与研究 [M]. 北京：北京大学出版社：357-360.

杨慧林，黄晋凯，2001. 欧洲中世纪文学史 [M]. 南京：译林出版社：164.

周晓霞，2007. 颠覆与顺从——再读中国机智人物故事 [D]. 上海：华东师范大学：5，15.

The Affinity With Folk Literature of Philippine Metrical Romances

ZHENG Youyang

Abstract: The Philippine metrical romances that have survived today are all written and printed texts produced in the nineteenth century and therefore have long been considered objects of written literature. By the standards of written literature, the Philippine metrical romances lack masterpieces, except for *Florante at Laura*, a national classic. Besides, the elite nature of written literature compared to folk literature makes its popularization and influence questionable. The relationship between folk and written literature suggests that whether it is oral does not constitute a fundamental distinction between the two. The Philippine metrical romances' narrative form, content, and transmission paths reflect their affinity with folk literature. Grasping the characteristics of Philippine metrical romances from this perspective is the basis for its fair evaluation.

Keywords: metrical romances; Philippines; folk literature; written literature

（责任编辑：王嘉）

虚构与史实之间: 宫崎市定《水浒传》研究评述

郭珊伶

内容提要: 日本东洋史学京都学派的宫崎市定坚守史学家实证主义的基本立场，以跨学科研究的方法对虚构的历史小说《水浒传》进行考证，辨析其中存在的历史事实与暗含的传统思想，侧面体现了文学与史学在虚构与史实之间相互裨益的过程。宫崎市定从《水浒传》的版本成立、考证"两个宋江"说、考证《水浒传》中的官职和民屋、品鉴水浒人物五个方面解读《水浒传》，为宋代历史提供了一种独特的研究视角，尤其强调文学作品中虚构的部分对理解历史人物和时代思想所具有的参考意义，以及史实部分对历史学在社会大众层面的普及意义，加深人们对历史与文学叙事之关系的思考。

关 键 词: 宫崎市定;《水浒传》; 史实; 虚构; 历史与文学

作者简介: 郭珊伶，东北师范大学历史文化学院博士在读研究生，主要从事日本东洋史学京都学派宫崎市定的史学思想研究。

　　文学与历史作为两种文化形态，具有紧密的联系。文学能够借用与演义历史典籍中记载的故事，表达对历史的判断与反思（汪正龙，2018），同时因其高度的创造性与自由度而具有解构历史的能力。而文学中的历史小说是史实与虚构的结合，虚构具有与史实同等的历史地位，因现实中的不可能往往转化为思想上的自由与可能，而思想既有实现了的也有没有实现的，在它们同属历史世界不可或缺的一部分这一点上，它们是等值的（何兆武，2001）。或者说，人在社会现实中的缺失之处形成了人在精神上虚构的富足之处，并与之形成互补关系。站在历史学的立场，通过探寻历史小说虚构的精神世界中潜藏的历史事实，并将真实的历史与虚构的历史加以对比，历史学家得以洞察其中隐含的历史事实与思想，一定程度上能够帮助历史学家构筑多维度的历史学科。

对于虚构与史实的关系问题，日本东洋史学京都学派的宫崎市定（Miyazaki Ichisada）有着深刻的理解，集中反映在其对《水浒传》的解读之中。宫崎市定自幼便熟读《水浒传》，由此对宋代历史产生强烈兴趣并以宋史为发家之学。关于其对《水浒传》的著述，大致有四篇，均收录于《宫崎市定全集》第 12 卷，分别为《水浒传——虚构中的史实》《水浒传的伤痕——现行本成立过程的分析》《宋江是两个人吗》《水浒传与江南民屋》。宫崎市定以史家眼光站在实证主义的立场、用历史学的方法主要从五个方面解读《水浒传》：其一，考证《水浒传》现行版本的成立过程；其二，提出"两个宋江"假说并予以考证；其三，深入《水浒传》历史背景下反映的政治制度层面，侧面佐证宋代是古代专制政治向独裁政治转变的过渡阶段；其四，通过《水浒传》对大众社会的家庭生活的描写，考证《水浒传》中的住宅实际是以江南民屋为参照，且暗含中国传统中"礼"的思想；其五，以《水浒传》中的人物为线索，洞察虚构的文学小说中的史实，并结合史实阐释虚构的人物形象在历史学上的意义。通过对《水浒传》五个方面的解读，可以看出宫崎对小说与史实的关系的见解，进而延伸至其在历史学意义上对文学与历史、现实与虚构的关系的解读。

一、《水浒传》的"伤痕"：版本考证

依郑振铎所言，研究中国小说的方向不外乎"史"的探讨与内容的考索，但在开始研究的时候，必须先打定了一种基础，那便是关于小说本身的种种版本与故事的变迁，对版本、目录的研究，虽不就是"学问"本身，却是弄学问的门径（郑振铎，1936）。宫崎市定认为，《水浒传》版本极多，最初的版本应为百回本，以《宣和遗事》中宋江三十六人聚义梁山泊的部分为蓝本，后增加"奉诏破大辽"情节，成百回本；又在破辽与征方腊之间增加"平定田虎、王庆之乱"的内容，成百二十回本（宫崎市定，1992b）[171,172]。

而之后的百十回本、百十五回本、百六十回本等都是在此基础上或删减或补充的版本，直至清初金圣叹取前七十回加以评述成金圣叹本，遂成定本。为考证《水浒传》版本变迁的过程，宫崎市定仔细研读《水浒传》的内容，发现其中存在同一场面、同样人物的配置重复出现的情况，而这些不自然的部分就形成了《水浒传》的"伤痕"，从这些伤痕中便能洞察分析《水浒传》的成立过程。

《水浒传》百回本中没有征田虎、王庆的情节，而是在征辽后紧接着征方腊，其间在第九十回"双林渡燕青射雁"中，宋江征辽凯旋途中与鲁智深一同前往五台山参禅，智真长老传授鲁智深四句偈颂，之后燕青在双林渡射大雁，为征方腊时兄弟离散埋下伏笔。而在百二十回本中，宋江于五台山参禅后，九十回"双林镇燕青遇故"是为征田虎、王庆奠基，而在其后的百十回"燕青秋林渡射雁"才接续上百回本中的情节。显然，百二十回本将百回本的"双林渡"分为"双林镇"和"秋林渡"两部分，并将征田虎、王庆的情节强行塞进双林镇和秋林渡之间。如此拙劣的拆分技术成为了宫崎市定分析《水浒传》的关键部分（宫崎市定，1992c）[365]，考证《水浒传》中不自然的"伤痕"得以顺利进行。

同样，"征辽"情节也是伤痕之一。据胡适猜测，最早的长篇颇接近于鲁迅先生假定的招安以后直接平方腊的本子，既无辽国，也无王庆、田虎，这个本子可以叫作"X"本（胡适，2020）[143]。而宫崎却认为这个所谓的"X"本还未被发现。"征辽"这一情节是作者完全凭空虚构的后来添加的情节，即将方腊推荐给天子的是太尉宿元景，再利用宿元景让天子使用宋江等人伐辽，这使得整个故事留下了将宿元景一分为二、前后不一的伤痕，是强硬插入故事情节的表现之一（宫崎市定，1992c）[353]。宫崎认为，为征伐方腊而将梁山泊聚集的一百零八人招安是有必要且符合史实的，然而，如果按史实所述，宋江因为副将被官军生擒而投降就丧失了历史小说的趣味性。只有使官军不胜其烦，尤其是要让奸臣童贯和高太尉受惊后再招安，才显得故事有分量。如此一来，将第七十二回"柴进簪花入禁院"和第八十一回"燕青月夜遇道君"这两章插入其中就显得很有必要。这两章回的内容极为相似，七十二回中宋江与柴进、戴宗、李逵、燕青一同入东京城的李师师家中谒见天子，由于李逵的横暴，招安的目的未能实现。而后童贯、高太尉征伐梁山泊，直至八十一回燕青携戴宗再次探访李师师面见天子，才得以传达宋江的意愿。两章相比较，显然后一段是主歌，前一段是替歌。通过上述分析，最初如《宣和遗事》所述，只有招安、征方腊的情节，其后依次插入了招安前败童贯、高太尉，招安后征辽、征田虎的情节。然而这样的加工是在一次写成文章后进行的，还是在民间口述故事时进行的，除征田虎、王庆的情节之外，无法轻易判断（宫崎市定，1992c）[354]。

上述分析的是《水浒传》七十回之后的内容，反过来在一百零八将聚集起来的前七十回，宫崎也列举了许多类似上述的插入法。如宋江回故乡探望父亲时曾两次被捕吏赵得、赵能追捕，这是两段重复描写的情节。原本应是只有《宣和遗事》中塑造的九天神女之神秘感为拓本，前段被追捕的情节正是为了插入"闹江州"的情节而伪造的替身。又如"曾头市"明显重复"祝家庄"的情节，只因聚集一百零八人后仅有一场战争的情节不够充分，因而不得不反复增加相同的战争情节。另有四十三回"黑旋风沂岭东四虎"，五十一回"插翅虎枷打白秀英，美髯公误失小衙内"等，同时也有为了聚集一百零八人而设置的苦肉之计，如七十三回"黑旋风乔捉鬼，梁山泊双献头"，七十四回"燕青智扑擎天柱，李逵寿张乔坐衙"等，均以闲谈而终（宫崎市定，1992c）[354,355,356,357,358]。宫崎认为生硬地插入一些脱离主线的故事导致某些情节重复出现的原因在于塑造作者期望的人物形象以及元曲普及后增添故事的趣味性以迎合读者趣向。

正如胡适在《〈水浒传〉考证》中所言，《水浒传》首四十回（从王进写到大闹江州）是绝妙的文字，这四十回可以完全算作是创作的文字，是《水浒传》最精彩的部分，但作者在四十回以后气力渐衰，只草草穿插元曲中许多幼稚的水浒故事，如李逵坐衙、李逵负荆等（胡适，2020）[149]，且穿插技术不佳，使得《水浒传》四十回之后的故事既显生涩又冗长乏味。宫崎认为，发生变化的重要原因有二，其一是小说变成军事纪，在演变成军事集团战争后丧失了个人的存在，小说也就丧失了发挥人物个性的余地；其二是小说后半愈显浓厚的贵族气息。从市井豪杰、草泽英雄出发的水浒铭铭传在四十回后忽然朝着贵族化、士大夫化方向发展了。士大夫化即道义化，而道义化则趋于无趣化（宫崎市定，1992c）[362]。只有在最终宋江等人到末路阶段了，如胡适所指摘的"水浒的文章突然恢复了精彩，平定方腊以后的一段，写鲁智深之死，写燕青之去，写宋江之死，写徽宗梦游梁山泊，都颇有文学意味，可算是《忠义水浒传》后三十回中最精彩的部分"（胡适，2020）[89]。而后在丧失草泽英雄之气后，又回到了士大夫气息中，宫崎猜测作者或许是为明末时事所感而借《水浒传》以抒发忧愤之情。

最后，对照《宣和遗事》和《水浒传》，宫崎推断《宣和遗事》中的史料可信度远远大于后者。简单来说，《水浒传》的故事是以《宣和遗事》中的宋江故事为原型，再由作者进一步加工而成的。即第一步是引入《宣和遗事》中较晚出现的鲁智深，再加入林冲和杨志宝刀的故事。第二段则是在鲁智深之前加入史进，在史进之前加入王进，在王进前加入走妖魔。换言之，《水浒传》在不断向更久远的以前，朝着与时代相反的方向延伸。然而这个延伸是有限度的，因为故事的起点与终点都是固定的，所以要在相对固定的框架中书写故事，就不得不使用生硬的手段加以整改，即切断原本连贯的故事线，插入其他的故事情节。根据该理论，《水浒传》的成书时间应不早于其中不自然的距今最近插入的故事情节的时间，由此宫崎对百回本《水浒传》的成立时间提出假说。百回本中的第六十九回"东平府误陷九纹龙"中，史进弄错劫狱的日子，原本为本月晦日攻城，史进却在提前一天的二十九日夜逃出大牢。宫崎将清同治年间《福建通志》记载的明代万历年间发生的长泰县事件为《水浒传》第六十九回故事的原型，长泰县事件同样也是劫狱算错日子，将约定好的三月朔日误算为二月晦日。宫崎猜测作者偶然听说该事件后将其改编作为小插曲写进书里，如此，百回本的成书时间应在长泰县事件发生的1592年之后（宫崎市定，1992b）[304,305]，而百二十回本则大致出现于明天启、崇祯年间（1621—1644）（宫崎市定，1992b）[172]，而后则以前七十回的金圣叹本为定本。

从上述宫崎市定对《水浒传》的版本考证过程可以看出，宫崎始终秉持其自身坚守的"历史学客观性"，致力于抛开已有研究成果，仅依据原典解读文本并进行文献考证。尤其在《水浒传》的成书时间方面，宫崎仅以"偶合之水浒原型"为孤证臆测其成书年代为明万历中期，罔顾先辈之论，以逻辑推理为事实依据，其实是看似严谨实则随意、"从观念到观念"的推论。对此，陈奇佳通过列举早于宫崎假说的成书版本，从文献依据和传播学角度批判其假说严重脱离事实，这或是与其东洋史学京都学派的文献实证传统、过于轻视中国学者的研究成果有关（陈奇佳，2014）[102,103,107]。同时，通过《水浒传》的"伤痕"来鉴别其版本的推演，虽不失为方法之一，但碍于日本学者研究东洋学的语言屏障、掌握文献之局限性以及文献本身具有的真伪是非之分，全然弃已有研究成果于不顾，单凭宫崎市定的文献考证之法，其论说也未必具有"客观性"，而确有简单化、孤立化、片面化之嫌。为避免该倾向，应将文献学与传播学有机结合，在细致而扎实的文献解读的基础上，全方位、多角度探讨《水浒传》早期传播史料中所涉及的人、事、物，尽量复原这些史料产生的历史语境、文化氛围、人物关系和文学生态（王齐洲，2022）[144]，并以此审慎推断《水浒传》的成书年代。

二、"两个宋江"：虚构中的史实

再而谈及宫崎市定颇为自负的"两个宋江"说。据其所言，关于宋江最早的史传记录是《皇宋十朝纲要》北宋宣和元年（1119 年）十二月："诏招抚山东盗宋江。"（李埴，2013）[513] 而后出现在《宋史·侯蒙传》："宋江寇京东，蒙上书言：'江以三十六人横行齐、魏，官军数万无敢抗者，其才必过人。仅清溪盗起，不若赦江，使讨方腊以自赎。'命知东平府，未赴而卒，年六十八。"（脱脱 等，2014）[2926] 又，北宋宣和二年（1120 年），据宋代方勺《青溪寇轨》："天章阁待制钦守曾孝蕴以京东贼宋江等出青、齐、济、濮间，有旨移知青社。"（方勺，1544）宋江最终被知海州的张叔夜招降，见《宋史·张叔夜传》："宋江起河朔，转略十郡，官军莫敢婴其锋。声言将至，叔夜使间者觇所向，贼径趋海濒，劫钜舟十余，载卤获。于是募死士得千人，设伏近城，而出轻兵距海，诱之战。先匿壮卒海旁，伺兵合，举火焚其舟。贼闻之，皆无斗志，伏兵乘之，擒其副贼，江乃降。"（脱脱 等，2014）[2934]

关于宋江招抚的年代，据《皇宋十朝纲要》记载："宣和三年二月庚辰，宋江犯淮扬军。又犯京东、河北路，入楚州界，知州张叔夜招抚之，江出降。"（李埴，2013）518,519 又据《宋史》："二月，淮南盗宋江等犯淮阳军，遣将讨捕，又犯京东、河北，入楚海州界。命知州张叔夜招降之。"（脱脱 等，2014）168 两书都认同是北宋宣和三年（1121 年）二月。然而正是这个宋江，此时正在方腊叛乱之际作为讨伐军的主将，跟随童贯南征，[1] 最终包围了贼军根据地帮源洞，并以此立功。平定方腊的宋江后又出现在《续资治通鉴长编纪事本末》卷一四一，北宋宣和三年四月戊子二十四日童贯的部署中："刘镇将中军，杨可世将后军，王涣统领马松直，并裨将赵明、赵许、宋江，既次洞后。"（秦缃业 等，1883）翌日，庚寅二十六日生擒方腊，因其余党四散各地，宋江等人持续追捕。《皇宋十朝纲要》北宋宣和三年六月辛丑九日："辛兴宗与宋江破贼上苑洞。"（李埴，2013）521,522 是月，叛乱全部被平定，七月童贯凯旋，八月方腊被处以死刑。

可见，上述史书中宋江出现时间极短，即北宋宣和元年至宣和三年。其间，宋江归顺官军，讨伐方腊，若将上述史料中的宋江均作为同一人，我们可以得出假想的"宋江年表"[2]（见表 1）

表 1 宋江假想年表

宣和元年 （1119 年）	宣和二年 （1120 年）		宣和三年 （1121 年）			
12 月	10 月	11 月	1 月	2 月	4 月	6 月
山东盗宋江（《皇宋十朝纲要》）	方腊反睦州	京东贼宋江等出青、齐、济、濮间（《青溪寇轨》）	宋江随童贯讨伐方腊（《三朝北盟会编》）	淮南盗宋江等犯淮阳军，命张叔夜招降之（《宋史》）	宋江等人平定方腊有功（《续资治通鉴长编纪事本末》）	宋江与辛兴宗破贼上苑洞（《皇宋十朝纲要》）

据《宣和遗事》前集："宋江统率三十六将，往朝东岳，赛取金炉心愿。朝廷无其奈何，只得出榜招谕宋江等。有那元帅姓张名叔夜的，是世代将

---

[1]　见《三朝北盟会编》："以（童）贯为江浙宣抚使，领刘延庆、刘光世、辛企宗、宋江等军二十余万往讨之。"（徐梦莘，1939）

[2]　此为笔者依据宫崎市定在《宋江は二人いたか》中的叙述所作的表格（宫崎市定，1992e）368。

门之子，前来招诱宋江和那三十六人归顺宋朝，各受武功大夫诰敕，分注诸路巡检使去也。因此三路之寇，悉得平定。后遣宋江收方腊有功，封节度使。"（佚名，1937）这些大体上可以认定为事实，而《水浒传》就是在这一基础上发展起来的小说，所以一般认为其主体是与史实相符的。然而，史书中并没有记载剧贼宋江与官军宋江是同一人的明证，只是因为人们一方面潜意识里保留了《宣和遗事》和《水浒传》的故事，另一方面在《皇宋十朝纲要》在招抚劫贼宋江后，又记载了官军宋江在童贯军中的活跃事迹，所以人们才想当然地认为二者是同一人。宫崎采用当时新发掘的史料，即 1963 年中华书局出版的《宋代三次农民起义史料汇编》中 1939 年陕西省府谷县出土文物"（范圭撰）宋故武功大夫河东第二将折公（可存）墓志铭"予以考证"草寇宋江与官军宋江并非同一人"的假说。根据该史料，折可存跟随童贯讨伐方腊前后记载："腊贼就擒，迁武节大夫。班师过国门，奉御笔：'捕草寇宋江。'不逾月继获，迁武功大夫。"（苏金源 等，1963）由此可得，方腊被捕后不久，草寇宋江也被官军擒获。而折氏先后讨伐方腊与草寇宋江有功，将军宋江又曾跟随折氏讨伐方腊，前后不过三句，这就证实了草寇宋江与将军宋江必然不可能是同一人。

然而，与"有失水准"（宫崎市定，1992b）[199] 的《宋代三次农民起义史料汇编》相反，牟润孙《折可存墓志铭考证兼论宋江结局》考证水平很高，结论却与宫崎相异。据牟氏考证，宋江讨伐方腊立功后或因谋反而变为草寇并立刻遭到朝廷捕获，即将军宋江与草寇宋江为同一人。对此，宫崎以决定性史料《东都事略》予以反对。据《东都事略》卷十一，徽宗本纪宣和三年记载："二月，淮南盗宋江犯淮阳军又犯京东、河北，入楚海州。"（王称，2000）这条史料与前文《宋史》相同，却未接续张叔夜招降宋江之事，而是随后又述"五月丙申，宋江就擒"（王称，2000）。《东都事略》由南宋初期的王称所著，其成立年代远早于元末完成的《宋史》，论述的可信度也得到了公认。但在上述关于宋江的史料上，由于与《宋史》的论述大相径庭，且仅有极少的史料予以旁证，所以史学界并不完全认同该史料。但结合折可存墓志铭的发掘与前文所述方腊于四月二十六日获擒后宋江被擒，《东都事略》的记载便得到证实。

由此，上述《皇宋十朝纲要》和《续资治通鉴长编纪事本末》所述"宋江等人讨伐方腊，方腊于四月二十六日获擒""六月，辛兴宗与宋江破贼上苑洞"，这两则史料与《东都事略》所述"宋江于五月三日就擒"形成对立关系。若所述史料都具备较高的准确性的话，只能证明两方史料中的宋江并非同一人。方腊被捕于宣和三年四月庚寅二十六日，正值将军宋江参加战争，经过五月、闰五月于六月辛丑九日再到上苑洞与扫荡战，其间五月丙申三日就擒的草寇宋江显然是另一个人（宫崎市定，1992e）[370]。前文假想的"宋江年表"此时也被推翻，转化为宫崎所述的"两个宋江"年表（宫崎市定，1992e）[380]（见表 2）。

表 2 "两个宋江"年表

	宣和元年（1119年）	宣和二年（1120年）		宣和三年（1121年）				
	12 月	10 月	11 月	1 月	2 月	4 月	5 月	6 月
草寇宋江	山东盗宋江（《皇宋十朝纲要》）	方腊反睦州	京东贼宋江等出青、齐、济、濮间（《青溪寇轨》）		淮南盗宋江等犯淮阳军（《宋史》）		宋江就擒（《宋史》《东都事略》《折可存墓志铭》）	
将军宋江				宋江随童贯讨伐方腊（《三朝北盟会编》）		宋江等人平定方腊有功（《续资治通鉴长编纪事本末》）		宋江与辛兴宗破贼上苑洞（《皇宋十朝纲要》）

就此，我们可以得出将军宋江与草寇宋江并非同一人的结论。而回溯前文各史料对宋江的论述，便可知北宋宣和元年至宣和三年二月，草寇宋江以"淮南道"的身份在各地流窜，于五月被张叔夜招降；而与之同名的将军宋江于宣和二年一月起跟随童贯讨伐方腊，六月与辛兴宗至上苑洞平定方腊余党，七月童贯凯旋。

　　宫崎认为，人们将宋江误以为是同一个人的原因有四。其一，宋江这个名字不仅平凡，且在史料中出现的时间很短。其二，《宋史》编排之过。将朝廷命张叔夜招降宋江与宋江被擒毫无间隔地编排在一起，致使人们极易落入"宋江二月招降，四月讨伐方腊"的误区。其三，过于相信话本小说性质的《宣和遗事》。其四，《宋史》用词之过。"招降""出降"之类的用词易使人们认为宋江是自愿投降，归顺朝廷，但理解史料后就能领会《东都事略》中的被迫"就擒"才更适合当时宋江的情境（宫崎市定，1992b）[204,205,206,207]。《水浒传》在话本小说《宣和遗事》的基础上，经过不断加工、修改而来，其中插入了许多口口相传的元曲与完全虚构的情节，早已混淆众多史实，成了与史学泾渭分明的文学小说。宫崎对"两个宋江"的考证，正是在虚构的小说中厘清被人们混淆的史实，以其寻求真实的人物在真实的历史中的身影。

　　宫崎市定自诩"两个宋江"说是其《水浒传》考证中尤为出彩的论说，认为其于1971年出版的对《水浒传》的研究就是将其中相关的史实收集比较一番，并没有什么新发现，唯有"两个宋江说"是较有自信的学说，希望得到广大读者的认同（宫崎市定，1992a）[413]。日本学者土岐善麿读后表明，"两个宋江说"确是有趣的考证，重新探讨了史实中的人物与小说中的人物之间关系，并表示十分推崇宫崎市定文献互证的考证方法（宫崎市定，1992a）[417]。该文被多名学者译介评述，20世纪以来仍有回响。如郭玉雯认为，不能排除宫崎提出的"两个宋江"的可能，因为宫崎所列举的理由有某种程度的说服力，只是无法证明两个宋江各自生命之转折性，所以不足以使民众分辨清楚（郭玉雯，2005）。陈奇佳则认为该说具有穿凿之嫌，在文献考据的大背景之下推敲起来难以令人信服，且明显带有鼓吹日本文化优越论的意识形态色彩（陈奇佳，2014）[104]。此外，张国光提出折可存墓志铭中的"草寇宋江"与"横行河朔"的宋江不是同一人的观点（张国光，1978），砺波护认为该观点无疑是在了解到宫崎"宋江二人说"的基础上提出的（砺波护，2020）。可见，宫崎市定的"两个宋江"说也是在文献互证的基础上提出的假说，学界对该说或赞同或批判，某种程度上也推动了学界对宋江人物、对历史事实的再思考。

三、"写实"官制：胥吏与下级军官

在考证《水浒传》中宋江的人物形象真实性的同时，宫崎还注意到《水浒传》对胥吏的生活状态描写极为真实、生动形象，甚至不亚于正史的史料（宫崎市定，1992b）[287]。同时，也提及与胥吏息息相关的宋代官制。对宫崎而言，宋代官制的变化在中国古代制度的发展过程中占据重要的转折性的地位。宋代以前，即宫崎所谓的"中世"时期，贵族政治因贵族与土地分离而崩溃，代之以尚未成熟的独裁君主制，这一过程也被称为贵族制与官僚制的斗争。贵族阶级为延续权利不断远离土地，趋向中央获得官阶，随着科举制的发展，新兴的进士出身的科举官僚逐渐取代贵族官僚，自古以来的宗族制任官也逐渐转变为士大夫个人主义的科举制。由此，贫困阶级获取成为上层阶级的机会，选官制度呈人人平等的态势（宫崎市定，1993）。公平的官吏选举法致使中央与地方人才流动不断加强，地方失去自主性的同时增强了对中央的隶属性，中国官制逐渐形成金字塔式的独裁君主制（宫崎市定，1992f）。

而地方官制分有二十五路，路有中央直属之都转运使及转运使；四京各设留守司；三十府，二百五十四州，六十三军监，府州置知某府事，权知某州军，掌军民两治；一千二百三十四县，在县知府下设押司、机密、帖书、承局等小役人（井坂锦江，2015）[14,15]。组成县衙门行政中心的是六房，即吏、户、礼、兵、刑、工六部，各房书记即为胥吏，而各房胥吏中的总管称为押司。胥吏是古代中国行政机构最末端的集团，上至朝廷，中有路、府、州、军，下至县衙门，无一例外都有胥吏的存在。《水浒传》中胥吏出身的，有《水浒传》中心人物宋江，即是下级官吏的郓城县押司"精通刀笔，熟习吏道"。事实上，地方官衙的实务与实权也掌握于胥吏手里，因为当时的胥吏商工未有此权，只容许农民，与宋江出身农家恰相符合（井坂锦江，2015）[18,19]。而戴宗与李逵是州衙门的胥吏，所作所为与属县衙门的胥吏的宋江并无不同。胥吏作为最下级的官吏，通过官府指派任务并传达给百姓，在官府与百姓间构筑起一个独立的空间，而《水浒传》对胥吏违抗官命的描写可谓完全写实。

然而《水浒传》为何以区区县胥吏的宋江为主人公呢？据作者所言，宋代是做官容易做吏难的时代。中央任命的官员倚仗权势榨取地方金银，为升迁而贿赂朝廷，即使犯了罪也不会被处罚；而与之相反的胥吏则一生都被束缚在地方衙门，稍微触怒官吏则会被处罚，犯了罪的话就会被流放到气候恶劣的岛屿。这就是站在胥吏的立场所感受到的社会观、人生观。而《水浒传》中所描述的官吏确实都是贪官污吏，胥吏则多半为良善之人。据此，宫崎提出，《水浒传》中隐含着一个假想，即胥吏是代表官府令百姓实行官命的中介，百姓痛恨官吏的同时，也将胥吏视作与官府同流合污的不良之徒。《水浒传》既然改编自民间流传的故事和元曲，就具备易引起百姓共鸣的性质，若出现了诸如宋江等良善正义的胥吏，必然会讨百姓欢心。也就是说，以县胥吏的宋江为主人公，乃是满足百姓渴望出现公正廉明、一心为民的官吏的愿望。

再谈及宋代兵制。宋代兵制最大的特征就是分为禁军和厢军，禁军是指天子身边的禁卫军，宋代的禁军一般驻扎在国都附近守卫京师，另一半屯驻地方的险关要所以充当国防，禁军都是受过军事训练的作战部队。京师禁军分为三司，即殿前司、侍卫马军司、侍卫步军司，均直属于天子。三司的长官专名为都指挥使，一般敬称为太尉。《水浒传》中的高俅即为都指挥司，因而被称为"高太尉"，这是与史实相符的。与禁军相对的厢军隶属于地方州府，虽被称为"军"，却是未接受过军事训练的非作战部队，只提供单纯的劳役。厢军以五百人为营，每营设指挥使，隶属于知州或知府，《水浒传》所提到的"官营"即为此职。地方兵制中，知州或知府在统领辖区百姓的同时，也统领驻扎在辖内的禁军与厢军，而统领禁军的职位被称为都总管、都部署或经略使、安抚使。《水浒传》中的老种经略相公就是经略使、种阁下，同时也是延安知府，其职责是上马掌兵，下马管民。经略使下设有都监一职，隶属于州府，又称为兵马都监，官位为正八品或从八品，与地方通判同级。

《水浒传》中的鲁智深原是老种经略相公账下军官，后被调至渭州小种经略相公帐下做提辖。提辖为提督管辖之意，为职务名而非官名，鲁智深的提辖之职是经略使直属小部队的队长，宫崎认为鲁智深很可能是使臣，即八品或八品以下的武官（宫崎市定，1992b）[273]。林冲号称"八十万禁军教头"，北宋仁宗庆历年间（1041—1048 年）马步禁军总数为八十二万六千余人，而"教头"则是禁军中武艺高强而被选为武术教官之人，然而，其品级却连最下级八、九品的使臣都不如。而在宋江等人归顺朝廷听命征大辽凯旋之后，朝廷封其为保义郎以示表彰。保义郎属正九品，在立下如此破天荒的功劳之后，竟仅仅得一正九品的官职，宫崎认为这是作者在讽刺宋朝的同时，也是对自身所处的明朝的暗讽（宫崎市定，1992b）[212,213]。

另外，宫崎还谈到，《水浒传》中对官职的描写也存在作为小说与史实不符的部分。如将宋代意指下级将校的"使臣"作为奉命办事的人来理解，又如误用元明时期制度中的旗排、军户等名称，造成时代混乱，再如后半呼延灼、关胜等上级武将出场时，作者所用的官职名称则完全是荒谬至极。但作为文学小说描写的胥吏及下级军官的世界，也可谓贴近史实了。

四、"内外之别"：《水浒传》与江南民屋

《〈水浒传〉与江南民屋》源于宫崎曾实地调查上海近郊的民家，发现大场镇、刘家镇、真如镇等小城镇的房屋都是千篇一律的设计，且与《水浒传》中出现的民宅，如武松的兄长武大的房屋布局完全相同。宫崎猜想，这恐怕是因为武松的故事虽设定在山东阳谷县，但作者却是以现实中的江南民家为范本而创作的，作为参考的房屋的时代可能是明代至今。这或许可以证明明代至今的房屋构造几乎没有变化，或者从另一方面来说，江南都市底层的小民居设计得非常巧妙合理，以至于没有改良的余地（宫崎市定，1992a）[421]。

宫崎首先分别描述华北平房的构造与江南楼房构造的不同，并与《水浒传》中常常从二楼街道跳下的情节，以及作者对房屋布局的描述相比对，提出《水浒传》的设定地点与作者所描述的地点不同的猜想。江南市镇的

民屋单位为"一间楼房",聚集起来后形成市街,据宫崎实地考察结果所得,一间楼房内部的构造和功能如图1所示。面朝街道为一间楼房的入口,大门分为四扇,进入大门后即为"厅",又称"堂",属接待室或茶室,用于招待普通客人,无法通往楼房内部。厅内还设有餐桌,一家人面对街道进餐,便于与往来之人打招呼。其次是厨房,内部一角设有豪华的烟囱,呈直角状穿墙而过,厨房尽头是明亮的窗户,旁边根据需求装有便于与邻居往来的后门。厨房与厅之间设有中门,中门上有无法打开的窗户,便于窥视厅内的动静。厨房的"房",即指内室,与出入来客的厅性质不同。厨房一侧设有通往二层里侧前房的阶梯,穿过前房房门则为表侧后房。后房正面的窗户正对着一层大门,楼下便是人来人往的街道。前房类似于预备招待室,有时变成卧室,有时也变成茶室,仅用于招待亲朋好友。后房即卧室,生活起居之配备用具一应俱全。

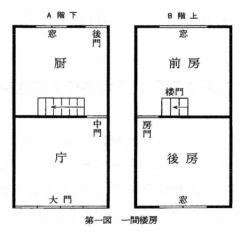

图1　一间楼房的构造（宫崎市定，1992d）[386]

在了解江南楼房的基本构造后,宫崎以宋江和阎婆惜、潘金莲和西门庆为例,考证《水浒传》对日常生活的描写中反映出的真实场景究竟是否符合其猜想。如《水浒传》第二十一回中对阎婆惜母女二人居住的楼房的描写:"原来是一间六椽楼屋。前半间安一副春台,桌凳;后半间铺着卧房,贴里安一张三面棱花的床,两边都是栏干,上挂着一顶红罗幔帐;侧首放个衣架，搭着手巾；这边放着个洗手盆；一张金漆桌子上，放一个锡灯台；边厢两个杌子；正面壁上挂一幅仕女；对床排着四把一字交椅。"除此之外，还有许多对宋江与母女二人在家中相处的情节，另配有宋江在二层后房怒杀阎婆惜的插画。

而在武松之武勇传中，则为武松与武大郎兄弟家族同住两间房子，各室对应不同的用途，形成一户人家构造的有机整体。如大门入口外侧分为左间与右间，后门设在任意一侧，同时具备厨房、客厅与卧室。若兼营买卖，则需要更大的两间房子，一层某一间用作账房。依据《水浒传》第二十四回"王婆贪贿说风情，郓哥不忿闹茶肆"，第二十五回"王婆计啜西门庆，淫妇药鸩武大郎"的描写，宫崎设计了武大楼房概念假想图（见图2）。如第二十四回中，武大郎与潘金莲请武松上二层，以酒食待之，这里自然指图2中二层的前房。又以武松设祭的情节猜想狮子桥酒楼的构造，第二十六回道："且说武松径奔到狮子桥下酒楼前，便问酒保道：'西门庆大郎和甚人吃酒？'酒保道：'和一个一般的财主，在楼上边街阁儿里吃酒。'武松一直撞到楼上，去阁子前张时，窗眼里见西门庆坐着主位，对面一个坐着客席，两个唱的粉头坐在两边。"如图3所示，酒楼为两间楼房，因兼具住宅用和商用，入口位于一层左间，右间为账房，左里侧为厨房，账房里侧则为后房。二层皆为客房，表侧与里侧皆有两三室，称为阁子。表里侧之间设有走廊，阶梯设在走廊最左侧。

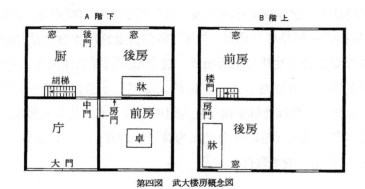

第四图　武大楼房概念图

图 2　武大楼房假想图（宫崎市定，1992d）[399]

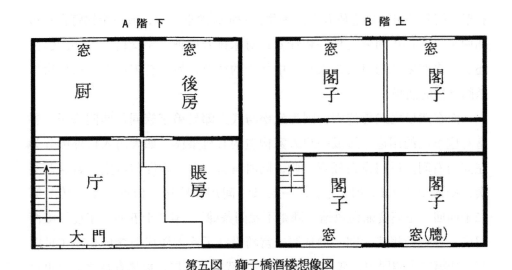

第五図　獅子橋酒楼想像図

图3　狮子楼酒店概念图（宫崎市定，1992d）[405]

　　以上则为宫崎考证《水浒传》对大众家庭生活的写实性，以庶民实际生活为背景的小说具有亲近感，同时传达了中国古代日常生活中透露的义理与人情。在考证过程中，宫崎注意到一个有趣的现象，那就是在民宅中具有独特的"内"和"外"的概念。小房子进了门户逐渐往里走，这可以用一条线来表示。根据这个动作的顺序来确定内外。例如，当二楼分为两个房间时，从下面沿着阶梯爬上去进入的房间是外，从那里进入的隔壁房间是内。房子的整体方位此时完全无关，也存在楼下和楼上内外完全相反的情况。而宫崎认为，这体现了中国传统"礼"的思想（宫崎市定，1992d）[407]。"礼"的原则之一便是区分内外。"内"即包含女性的家庭生活场所，"外"则为不包含女性的男性社会生活场所。这个原则同样也体现在住宅构造上，上至天子的宫殿，其次是五进、三进的大邸宅，下至庶民的一间楼房，无一例外。如此，宫崎以理解中国文化为目的考证《水浒传》对民众住宅的描写，不仅证实小说实际是以江南民屋为背景而创作的，还认识到《水浒传》与《仪礼》《礼记》的关联性。

五、忠义与反叛：水浒人物品鉴

宫崎市定《水浒传：虚构中的史实》最初发表在中央公论社《历史与人物》杂志上，自 1972 年二月刊以"《水浒传》的人物"为题连载八回，又经润色修改后集成一册。如题所言，文章主旨为取《水浒传》中性格鲜明、颇具特色的人物，探寻虚构中的小说中掩藏的历史事实并加以对比，以管窥《水浒传》的文学色彩。站在历史学的立场，以人物为线索来介绍《水浒传》，依宫崎所言，就是"将纪事本末体改写成纪传体"（宫崎市定，1992b）[344]，所以全书以徽宗本纪，宋江、方腊、童贯等列传的次序编排而成。宫崎选取的小说中的人物大致可以分为两类，一是历史中真实存在的人物；二是小说中虚构的人物。通过对比历史小说中共同存在的人物形象，既能反映当时的社会面貌，又能加深人们对小说的理解，以历史知识辅助文学阅读研究。而通过研究小说中虚构人物的性格特征，发掘作者虚构该人物的意图，能够反推小说的历史背景与作者所处年代人们对现实的希冀。

宫崎选取的历史上真实存在的人物有宋徽宗、宋江、童贯、方腊、蔡京等人。以宋徽宗为例。宫崎认为梁山好汉通过李师师的引荐谒见宋徽宗的情节，一定程度上反映了当时的社会面貌。首先是宋徽宗"挥霍无度，无德之至"的品性。由于徽宗时期，社会经济高度发展，一定程度的资本主义形态开始出现（宫崎市定，1992b）[182]，给予徽宗的奢侈生活以巨大的经济自由。于是，徽宗沉迷于收集珍禽异兽、书画古董，建造园林，复兴道教，甚至身为万乘之君，却经常微服出入青楼。宫崎又谈道，天子微服出游却不知危险，进一步说明当时国都开封经济繁荣，百姓安居乐业、社会安定。而这正是蔡京人为操作的结果，即将全国的财富都集中到国都的建设中，使开封的百姓沉迷于好景气之中，地方民众却苦于苛捐杂税，直面经济崩溃的危机。结果导致《水浒传》中出现的方腊起义，紧接着是女真的兴起与金国的入侵，所以宫崎评价徽宗"说他是使历经一百五十多年的北宋沦亡的罪魁祸首也不过分"（宫崎市定，1992b）[178]。而小说中徽宗的人物形象与史实记载并无出入，而正是徽宗这样的人物形象，《水浒传》百回本中第八十一回"燕青月夜遇道君"才能为宋江等人招安的转折点提供巧妙的构思。

再谈及"征四寇"中的方腊起义。宫崎认为，流行学说主张方腊起义是被压迫的农民为反抗封建政权揭竿而起的正义之举，这种看法从一定程度上来说是有道理的。但史料中的方腊并非草寇贫农，而是属浙江省西部清溪县（今淳安县）的大族。而方腊反叛的原因有二，一是北宋末年政局混乱，徽宗奢侈无度，朝廷对地方横征暴敛，百姓无力承受苛捐杂税与繁重劳役，导致方腊与其同党对朝廷的滔天恨意；二是当时"吃菜事魔"宗教组织盛行，教徒皆为素食主义者，持不杀生之戒，方腊叛乱起，"吃菜事魔"组织群起响应。另有不法黑商集团与该组织利益勾结，据《宋会要辑稿》："昨来两浙贼方腊、福建范汝为皆因私贩茶盐之人以起。"（徐松辑，1987）贩卖私盐私茶的商人与宗教组织一齐相应，方腊起义的规模迅速扩大，但宫崎认为，比起由童贯率领的官军来说，方腊军不过是乌合之众，这种依靠宗教组织与私营商人的团体，是无法超越其本质而上升到另一高度的，同时这也成为其覆灭的原因（宫崎市定，1992b）[221,222]。《水浒传》对宋江讨伐方腊的情节大部分是虚构的，但由于方腊起义的时机在宋朝讨伐辽国之前，平定方腊已耗费宋朝大量军力以致无力再讨伐辽国，从长远来看，宋朝的恶政决定了其必将覆灭的命运，所以方腊反叛最终可以算作是北宋灭亡的原因之一。

《水浒传》中的宋江虽在史书中有原型，但更多与之相关的情节都是虚构的，因此宫崎坦言，不能将《水浒传》当作单纯的古典文学或研究对象来读，而应把自己当作宋江，在阅读的同时注意其中与宋江有关的人际关系（宫崎市定，1992a）[412]。《水浒传》中招安后的宋江等人奉命讨伐方腊，死伤大半后大破敌军，生擒方腊，班师凯旋，却惨遭朝廷猜忌，被赐以毒酒而死。招安后的梁山泊好汉普遍被评价为具有献身精神的忠义之人，尤其是众多虚构的草泽英雄形象为广大读者所青睐。如性格豪爽、一身正气、侠肝义胆的鲁智深，重情重义、正直勇敢的豹子头林冲，"神行太保"戴宗和疾恶如仇的黑旋风李逵等都是寄托着百姓的美好希冀而虚构的人物。"神行太保"即指戴宗施展神行术，能日行五百里，宫崎认为这正是当时百姓所热切期盼的美好愿望。当时正值商业繁荣，南北经济与信息情报交换频繁之时，而与此同时，交通工具则相对落后，无法与快速发展的商业相匹配，从而滋生对交通速度的需求（宫崎市定，1992b）[298]。同样，李逵也是代表百姓呼声的人物，性格极为爽快，易信他人之言，有舍己救人之风，但性情放荡不羁，时常惹起祸端（井坂锦江，2015）[81]。对比滥杀无辜的李逵，鲁智深处于侠义之心拳打镇关西，更易博得读者的好感，而林冲则真实演绎了北宋末年正直军人为何选择落草为寇。这些虚构的人物形象都是由于南宋政治腐败，奸臣暴政使百姓怨恨，北方在异族统治之下受的痛苦更深，故南北民族间都养成一种痛恨恶政治恶官吏的心理，由这种心理上生出崇拜草泽英雄的心理（胡适，2020）[13]。

《水浒传》所塑造的草泽英雄形象，据萨孟武所言，属"流氓阶级"，而流氓阶级的伦理观念是"义"，口号则为"替天行道"（萨孟武，2013）。以卢俊义为例，盖他所以名声如雷，天下豪杰皆来归顺，所谓"执鞭随证"，乃他不用巧言令色，专以仁义忠信（六十三回）为主，为人不惜抛弃私财，是一个具有珍奇性格的财主，他能博得人情也是在于这一点上（井坂锦江，2015）[81]。尤其在征四寇过程中，梁山泊的忠义之魂体现得淋漓尽致，以至于宫崎认为《水浒传》后四十回趋于贵族化、士大夫化、道义化了。

六、虚实之间：文学与史学的关系

如上文所述，虚构的人物形象大都秉承着对现实中缺失的，或现实中无法实现的事物的憧憬，作者将这类憧憬塑造成小说中各个有血有肉的草泽英雄，借以传达自身的主张。作者借虚构的人物所传达的"替天行道主义"，借井坂锦江所言，是"在矛盾的中国民族中，尤其是知识阶级者共同的心理思想，在这时假借宋江这样的人物，在本传的作者的头脑里，有儒教而生出来的尊王主义精神固有之民主主义思想混杂，时唱王道，有时也主张霸道，对这两个反对思想之矛盾，自己不悟，造成这样似是而非的心理"（井坂锦江，2015）[27]。宫崎却主张，作者并未让宋江的结局停留在名垂青史的空虚的儒教观里，而以"楚州百姓感应宋江仁德，忠义两全，建立祠堂，四时享祭。里人祈祷，无不感应"（第一百二十回）作为结局，颇具道教意味，反映了作者"救赎恶业，死后成为神灵，倾听百姓疾苦，接受百姓祈祷，广施福运"（宫崎市定，1992b）[324] 的道教价值观，同时也代表了当时百姓普遍的信念。

　　虽然文学与历史有着本质的区别，但历史小说并非一般的小说，它借用历史事实，在省略叙述和说明的优势的前提下又不能完全无视史实，好比历史剧的出演也必须做某种程度上的风俗考证。历史小说也是同样，不仅要求作者需具备历史感，评论者也同样需具备历史感（宫崎市定，1992b）[211]。这就是宫崎所秉持的从历史学的立场对《水浒传》文学色彩的评述，《水浒传》不仅从多方面呈现了小说所处年代中历史的真实性，也从侧面反映了作者所处年代对历史的思考。同时，宫崎以历史考证学的方法解读《水浒传》的版本、人物、官制与社会等方面，即为文学作品冠以历史叙事上的解释。而这种历史叙事具有"提议"的性质（彭刚，2017）[278]，为历史学家提供人们未发现的某一视角来提出某一历史课题，而不同历史学家提供不同的视角，实际是在帮助建构一个完整的三维立体的历史事实，视角越多样化，历史事实越趋于真实与完善。从某种程度上来说，文学小说为微观历史提供了碎片化的课题，同时也使得历史写作中的移情、想象、创造等更为复杂的精神活动和能力具有了意义。文学小说采用与历史秉笔直书相异的叙述手法，引入跌宕起伏的故事情节，且不用受历史史料的约束，具有高度的创造性和自由度，贴近人们的现实生活，通俗易懂，受众极广，传播性强。而小说所承载的真实的历史背景及历史知识，一定程度上得以传播至大众群体，这也是文学小说对历史学的普及有所裨益之处。当宫崎以"《水浒传》的人物"为题在《历史与人物》杂志连载时，曾言："《历史与人物》这个杂志虽说称不上是学术杂志，但也不只是单纯的大众读物杂志。也就是说，历史学已经普及到这种程度了，这也许是值得高兴的事。"（宫崎市定，1992a）[413]

　　通过宫崎市定对《水浒传》从多方面的考证，我们可以发现，《水浒传》无疑是文学性成分极大的历史小说，具有较大的创造性叙述，即虚构部分，某种程度上掩盖了许多史实的真实性，因此辨析《水浒传》中存在的文学性与历史性是宫崎市定站在历史学的实证主义立场的首要任务。在考证《水浒传》相关史实之后，接下来的问题便是洞察其中的虚构与史实部分是如何构成叙事的。在海登·怀特看来，编年中所描述的一些事件分别依据初始动机、过度动机和终结动机被编排入故事里，故事有可辨认的开端、中段和结局，各种事件由此就在故事里进入到一种意义等级之中，共同构成为一个可以为人们所理解的过程（彭刚，2017）⁹。通过分析《水浒传》的叙事方式和结构，可以洞察著作或编纂者如何选择、理解并运用材料，进而探析叙事上文学与历史的关系。

同时，我们也不能忽略，通过《水浒传》相关研究可以发现宫崎市定史学内部在其晚年发生了微小的转向，或者说，晚年的宫崎史学一直处于"转向中"的状态，即从传统政治史学转向关注日常生活的微观史学研究，[1] 这或是受到 20 世纪六七十年代西方史学思潮的影响。[2] 之所以处于"转向中"而非完成状态，是因为宫崎仍坚持以传统政治史学为治史之道，但其在晚年时期，甚至更早就已经产生了对"个人"的关注、对普通民众日常生活的关注。原因之一在于宫崎晚年开始关心自身所处的现实生活，并批判日常生活中的诸多不便，如日本的交通、行政、教育等方面的官僚主义弊病，对现实的不满引发宫崎开始更多地关注过去的历史中与现实相对应的领域，即历史中与平民生活息息相关的住房、交通以及思想文化等方面。此外，由于中国传统思想的特色便是认同日常生活的重要意义，平凡的日常生活中往往含有"道"与"真理"（宫崎市定，1992d）⁴⁰⁷。以《水浒传》为例，宫崎在 1972 年应邀连载"《水浒传》的人物"时，就已经将宋代历史看作是"有着许多个别中心的一般多面体的洪流"（伊格尔斯，2020）了，但在论述人物的背后，仍重点关注史学考证与小说所反映的历史背景中的政治制度层面。而到了 1981 年，宫崎将视角转向《水浒传》中对民宅的描述，借以证明作者所设定的《水浒传》中以北方为背景的故事实际是以南方为参考

---

[1] 宫崎市定师承东洋史学京都学派的内藤湖南和桑原隲藏先生，具有传统史学宏大叙事的特点，尤其强调"站在世界史体系中构建历史"的研究视野，正如葛兆光对其中译本《中国史》的推介语所言，"作为杰出的亚洲史学者，宫崎市定的视野常常超越中国，而涵盖了整个'东洋'即亚洲"，"宫崎市定先生是国外学界中为数不多的对于中国历史文化具有通识的学者，而且其通识是以实证为根基，以亚洲和西洋为参照的"（葛兆光，2009）。

[2] 1960 年以后，宫崎市定频繁受邀出席欧美学界的各学会、担任欧美各大学的客座教授，其间无疑受到西方史学思潮的影响。据宫崎自言，其自身的学统源自两派，一是内藤湖南与桑原隲藏创始的京都学派，二是 20 世纪的法国史学（刘俊文，1994）。

的。《〈水浒传〉与江南民屋》虽逃不出历史考证的范畴，但对比宫崎宏观史学的大势而言，确属其中难得的"微观研究"（高岛俊男，1992）。需要注意的是，宫崎虽以史学视角来研究《水浒传》，但《水浒传》本身仍属于文学小说，或许正是因为《水浒传》具备的"奇闻逸事""草寇英雄"的文学性质，才使得宫崎能够大胆地观察往常极易忽视的"小人物"的生活。

但我们仍不能否认宫崎史学中存在"转向"，在宫崎市定长达七十余年的史学研究生涯中，这个微小的"转向"表明宫崎以关注宏观层面的主流态势为主，兼以"普通民众"的视角从现实生活中发现过去，不断与历史对话，进而反思现实。同时，在历史叙事的范畴内，可以说，宫崎市定以历史学家实证主义的立场融合了史学与文学，关注历史学科以外的文本中虚构与史实、历史与叙事是怎样相互影响、相互构成的，亦在跨学科研究的层面或许能够给予我们方法论意义上的思考和启示。

参考文献

宫崎市定，1992a. 自跋 [M]// 宫崎市定全集（12）. 東京：岩波書店：409-423.

宫崎市定,1992b. 水滸伝——虚構のなかの史実 [M]// 宫崎市定全集(12). 東京:岩波書店：169-348.

宫崎市定，1992c. 水滸伝の傷痕——現行本成立過程の分析 [M]// 宫崎市定全集（12）. 東京：岩波書店：351-367.

宫崎市定，1992d. 水滸伝と江南民屋 [M]// 宫崎市定全集（12）. 東京：岩波書店：384-407.

宫崎市定，1992e. 宋江は二人いたか [M]// 宫崎市定全集（12）. 東京：岩波書店：368-383.

宫崎市定,1992f. 中国官制の発達——古代より唐に至る [M]// 宫崎市定全集（7）. 東京：岩波書店：225-226.

宫崎市定，1993. 科挙史 [M]// 宫崎市定全集（15）. 東京：岩波書店：189.

高岛俊男,1992. 宫崎市定氏と水滸伝 [M]// 宫崎市定全集（12）月報（5）. 東京:岩波書店：7.

刘俊文，1994. 难忘的春分佳节 [M]// 宫崎市定全集（24）月報（25）. 東京：岩波書店：9.

方勺，1544. 青溪寇轨 [M]// 古今说海一百三十五種（云山书院刻本第 31 册）：2.

李埴，2013. 皇宋十朝纲要校正（下）[M]. 燕永成，校正. 北京：中华书局.

秦缃业，黄以周（辑），1883. 续资治通鉴长编拾补（第 43 卷）[M]. 浙江书局刻本（16 册）

第 12 册：13.

苏金源，李春圃（编），1963. 宋代三次农民起义史料汇编 [M]. 北京：中华书局：167.

脱脱，等，2014. 宋史（351）[M]. 北京：中华书局.

王称，2000. 东都事略·卷十一本纪十一 [M]// 二十五别史. 济南：齐鲁书社：85.

徐梦莘，1939. 三朝北盟会编（第 1 册）[M]. 海天书店：517.

徐松辑，1987. 宋会要辑稿 [M]// 食货（26）. 北京：中华书局：5242.

佚名，1937. 大宋宣和遗事 [M]. 北京：商务印书馆：47.

陈奇佳，2014. 海外水浒研究撷谈 [J]. 中国图书评论（12）：101-108.

葛兆光，2009. 国家与历史之间——日本关于道教、神道教与天皇制度关系的争论 [J]. 中国社会科学（5）：80.

郭玉雯，2005.《水浒传》之构成与金圣叹的诠释——以宋江为核心 [J]. 汉学研究（23.1）：232-233.

何兆武，2001. 历史理性批判论集 [M]. 北京：清华大学出版社：59.

井坂锦江，2015.《水浒传》新考证 [M]. 孙世瀚，译. 太原：山西人民出版社.

砺波护，2020. 解说 [M]// 水浒传：虚构中的史实. 杭州：浙江大学出版社：144.

彭刚，2017. 叙事的转向：当代西方史学理论的考察 [M]. 北京：北京大学出版社.

萨孟武，2013.《水浒传》与中国社会 [M]. 北京：北京出版社：11-14.

汪正龙，2018. 重审文学的历史维度——兼论文学与历史的关系 [J]. 文学评论（6）：174.

王齐洲，2022. 关于《水浒传》成书时间的思考 [J]. 齐鲁学刊（5）：144.

伊格尔斯，2020. 二十世纪的历史学 [M]. 何兆武，译. 北京：商务印书馆：109.

张国光，1978.《历史上的宋江不是投降派》一文质疑——与邓广铭、李培浩同志商榷 [J]. 社会科学战线（4）：147.

张国光，2009. 两种《水浒》、两个宋江 [J]. 湖北大学学报（哲学社会科学版）（36.3）：28.

郑振铎，1936. 郑序 [M]// 中国小说史料. 上海：中华书局：1.

Between Fiction and Historical Fact: Miyazaki Ichisada's Criticism and Descriptions of *Water Margin*

GUO Shanling

Abstract: Miyazaki Ichisada is a scholar of the Kyoto School in Japanese Oriental history, who adhered to the basic postion of historian positivism, and analyzed the historical facts and implied traditional thoughts in the fictional historical novel *Water Margin* by means of interdisciplinary research. It embodies the mutual benefit of literature and historiography between fiction and historical fact. Miyazaki interpreted *Water Margin* from five aspects: the establishment of the version of *Water Margin*, textual research on the viewpoint of "Song Jiang is two people", textual research on official positions and traditional houses in *Water Margin*, and appreciation of *Water Margin* heroes, which provides a unique perspective for researching the history of the Song Dynasty. In particular, he emphasized the reference significance of the fictional part in literary works for understanding historical figures and the thinking of the times, and the significance of the historical fact part for the popularization of history at the public level, which deepens people's thinking in the relationship between history and literary narrative.

Keywords: Miyazaki Ichisada; *Water Margin*; historical fact; fiction; history and literature

（责任编辑：王嘉）

历史文化研究

老挝民办教育发展问题及对策探析

欧阳诚　　陆蕴联

内容提要：老挝民办教育是老挝教育的重要组成部分，在老挝的整体教育中发挥重要的作用，中老两国的教育合作也早已扩大到民办教育领域。自从 20 世纪初老挝华文学校的建立揭开了老挝民办教育序幕之后，老挝民办教育呈现出突出外文教育的特点，而到 20 世纪 90 年代后，逐渐向外文和本国语言教育并重转变，并且数量不断增多，呈现多元化的办学层次。但与此同时，老挝民办教育也存在师资不足、管理措施薄弱等问题，从而影响了民办教育的发展。本文针对上述问题以及中老两国未来在民办教育合作方面提出一些建议，希望对老挝民办教育研究提供有用的参考。

关 键 词：老挝；民办教育；问题及对策

作者简介：欧阳诚，北京外国语大学亚洲学院 2021 级硕士研究生，主要从事老挝社会文化研究；陆蕴联，北京外国语大学亚洲学院教授，主要从事老挝语言文学研究。

老挝在 20 世纪 80 年代实行革新政策以来，经济逐渐有了起色。随着国力的加强，老挝的教育事业也取得较大的发展，教育资源逐渐丰富起来，但由于地区发展差异大，政府的教育投资有限，尤其是在 1986 年老挝实施革新开放后，经济的发展让老挝社会对人才需求增长迅速，使得经济社会发展的人才需求与教育人才供给的矛盾日益突出。而个人或法人投资兴办的民办教育因其不依靠政府预算办学、有利于缓解政府教育经费不足的优势，还能为老挝社会提供更丰富和更多元化的教育产品，从而得到老挝政府的支持。在政府鼓励下，老挝民办教育取得较大的发展，一定程度上弥补了老挝公办教育学位供给的不足。2003 年，老挝教育部在世界教科文组织协助下开启全民教育计划，计划的优先工作便是重点发展学前、初等、中等和技术教育。而民办教育作为公办教育的补充，提供了一定数量的各层次学历教育，也对推动全民教育发挥了重要作用。但近年来，随着老挝经济的发展，政府对公办教育投资力度不断加大，老挝公办教育得到较大改善。当老挝政府财政状况好转，政府不断增强其在公共服务供给中的责任后，尤其是 2015 年老挝政府将初等教育和初等中学阶段设为法定义务教育阶段后，老挝民办教育发展则更具挑战性。在当前的老挝，无论是社会环境还是民办学校内部环境，都制约着老挝民办教育的发展。因此，分析老挝民办教育的发展问题，找到合理的应对策略，具有重要的现实意义。

老挝政府将教育形式分为"ການສຶກສາພາກລັດ"（public education）和"ການສຶກສາພາກເອກະຊົນ"（private education）两种，没有出现"公办、公立、民办、私立、社会力量办学"等多样化的描述。目前，老挝法律法规文件中仅有对"ໂຮງຮຽນເອກະຊົນ"（private school）和"ສະຖານການສຶກສາພາກເອກະຊົນ"（private education places）的定义。在 2016 年发布的《关于学前和普通教育阶段民办学校管理的部长令》中将"ໂຮງຮຽນເອກະຊົນ"（private school）定义为"个人或法人投资开办的提供教学的机构"[1]，2018 年教育体育部（以下简称教育部）发布的《关于民办教育机构的决定》中将"ສະຖານການສຶກສາພາກເອກະຊົນ"（private education places）定义为"由国内外个人、法人或私人组织投资开办的开展教学、研究、培训和实操的机构"[2]。这两种界定与我国《民办教育促进法》中对"民办教育"的定义类似："国家政府机构之外的社会组织或个人利用非财政性经费举办的各类各级学校"。因此，本文将"ການສຶກສາພາກເອກະຊົນ"（private education）认为是"民办教育"。老挝民办教育场所包括学前教育学校、完全小学、初级中学、高级中学、完全中学、培训机构、专科院校、研究所和综合性大学[3]。本文研究对象仅为提供学历教育的各级民办学校。虽然佛寺教育也提供学历教育，且佛寺教育经费全部依靠佛教徒捐赠的善款，具有民办教育的特点，但《佛寺教育法

---

[1]　资料来源于老挝教育部基础教育司官网（读取日期：2022 年 12 月 10 日）。

[2]　资料来源于老挝教育部官网（读取日期：2022 年 12 月 13 日）。

[3]　资料来源于老挝教育部官网（读取日期：2022 年 12 月 13 日）。

令》中明确规定佛寺教育由政府管理、发展等，所以其依旧属于公办教育的部分，故不包含在本研究对象内。

一、老挝民办教育的发展历程

老挝最早的民办教育兴起于 20 世纪 20 年代，到老挝人民民主共和国成立后因政策原因中断发展一段时间。20 世纪 90 年代后，民办教育在政府支持下再度复兴发展。泰国学者阿宁塔·普索迪（**อนินทร์ พุฒิโชติ**）根据老挝政治局势将老挝民办教育的发展分为法属殖民时期、独立时期和新政权时期三个时期。但实际上，前两个时期的老挝民办教育总体上区别并不大，民办学校都以华校和越南学校等外文学校为主。到 1975 年，即老挝人民民主共和国成立后，老挝民办教育开始呈现以本土民办学校为主的特点。因此，本文在阿宁塔·普索迪（**อนินทร์ พุฒิโชติ**）的研究基础上，将老挝民办教育的发展分为两个时期。

（一）1975 年之前的老挝民办教育

老挝民办教育起步于法属殖民时期的华文学校，当时的殖民政府为了能更好地开发资源、利用华人资源，通过免收关税、允许承包土地等政策吸引东南亚华人来到老挝（方芸，2018）。华人家庭重视家庭，同时为了传承本民族的语言文化，便兴办了华文学校，从而催生了老挝的民办教育。1929 年建成的百细华侨公学（又称崇正学校）（陆蕴联 等，2021）是老挝第一所华文学校，也是老挝第一所民办学校（**ພະແບກສຶກສາສາດ-ຈິດຕະວິທະຍາ**，1995）。同时，越南作为法属殖民地区最繁华的国家，教育发展也领先于柬埔寨和老挝，也逐渐开始在老挝兴办民办学校。法属殖民政府认为中国人和越南人开办学校的举措有利于殖民政府节省教育开支，便对开办民办学校给予相应的支持（**อนินทร์**，2006）[131]。20 世纪 50 年代后，随着泰国华人华侨政策的缩紧，大量的泰国华人华侨来到万象，华文学校增长到 20 所（**อนินทร์**，

2006）[135]。此外，老挝境内还出现部分教会学校，但无论是华文学校、越南学校还是教会学校，基本都是只存在于大城市，没有形成规模发展。

1954 年后，民办学校数量不断增长，由老挝人兴办的民办学校也在这一时期出现。到 1973 年，老挝全国共有民办学校 145 所，教师 1,224 人，在校人数 40,586 人，其中还包括部分职业学校（อนินทร์，2006）[135-136]。数量的增长的同时也存在较为明显的质量问题。例如，当时小升初考试中，能成功升学的大多是六年级留级生，而且有人不止留级了一年（อนินทร์，2006）[137]。为了解决民办教育质量低下问题，老挝联合政府教育部在 1972 年成立了民办教育司，这是最早的专门管理老挝民办教育的政府单位，重点解决教材、教师等问题。1975 年，老挝人民民主共和国成立，集体化与公有化的发展使得私有资本暂时从老挝领土上"退却"，许多民办学校也因缺乏运营资金中断办学，老挝民办教育进入停滞发展阶段。

（二）1975 年后的老挝民办教育

1975 年后，老挝的教育事业由老挝人民革命党统一负责，公办教育是全国最主要的教育，"唯有与中国和越南大使馆有关联的华校和越南学校以及老挝人开办的拉达纳商业学校（ໂຮງຮຽນຄັດຕະບະການຄ້າ）还能继续办学，但只能开设非学科类课程，如打字、会计等"（อนินทร์，2006）[138]。1986 年，老挝实行革新路线，实现对外开放。老挝政府为了更好地吸引外资，在 1988 年颁布了《外国投资法》，国门的开放推动了私人资本的发展和外资的涌入，原先的教育体制难以为社会经济发展培养足够多的人才。为此，老挝政府开始鼓励个人等非政府力量参与办学，为社会提供教育产品。1990 年，老挝颁布《允许开办民办学校》的国务院令，再次揭开老挝民办教育发展序幕。

1. 民办教育发展状况

随着老挝社会经济的发展和外资的积极涌入，老挝民办教育发展较为迅速，为老挝社会提供了多样化的教育选择，学校和学生数量不断增多。1995 年，老挝全国就已成立了 151 所民办学校，在校学生人数 25,093 人

（อนินทร์，2006）[139]。自 2020 年起，民办学校数量已经破千。到 2022 年，民办学校数量达到 1,082 所，占全国学校总数的 10.53%（见图 1）。

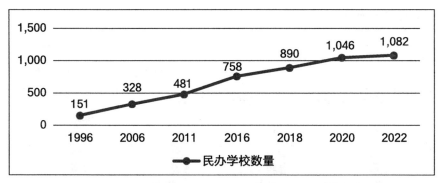

图 1　老挝民办学校总体发展情况 [1]

近年来，基础教育学校数量一直呈现正增长，而职业教育及高等教育学校数量出现负增长。2021 年相比 2020 年，老挝民办学校学生新增 9,238 人，其中学前教育阶段新增 2,289 人，增长率 4%；小学阶段新增 3,737，增长率 7%；中学阶段 1,324 人，增长率 6%，而职业教育和高等教育增长率为 -0.7%[2]。

班级规模是指一个教学单位内所拥有的学生数量，通常一个班级是一个教学单位（李晨冉，2021）。根据图 2 发现，民办学校的班级规模整体优于公办学校。民办学校以小班额为主，而公办学校相对来说偏向大班额，尤其在高层次阶段更为突出。民办学校的小班级规模，对于教师而言，可以减轻教师的备课负担，教师可以减少花费在班级纪律管理的时间，更好地做到因材施教，有利于学生的全面发展；对学生而言，班级人数少，学生能获得更好的学习氛围，学习兴趣提升，同时还能促进师生的互动（冯建华，1995）。泰国知名商业网站 PLACEDIGGER 显示，2021 年全万象最好的学校是民办华文学校——寮都公学 [3]。华文学校凭借办学经验丰富、办学资金充足、华人家庭对教育的重视，在教学质量、师资团队、学校基础设施

---

[1] 资料来源老挝教育部官网（读取日期：2022 年 12 月 10 日）。

[2] 资料来源于老挝统计局官网（读取时间：2022 年 7 月 13 日）。

[3] 资料来源于 PLACEDIGGER 官网（读取日期：2022 年 7 月 21 日）。

等方面都具有显著的优势，教学质量都名列前茅，甚至许多老挝官员的子女都倾向于在华文学校就读。更重要的是，大多数华文学校都与中国高校展开合作，接收中国高校学生或汉语志愿者前往老挝华校实习，为华校的教学带来新鲜血液。

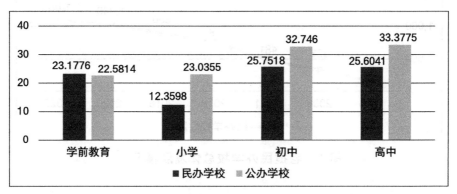

图 2　2020—2021 学年老挝全国公办、民办学校班级配额对比（以学前、小学和中学阶段为例）[1]

　　民办高等教育和职业教育在整体教育质量方面，总体取得突破性发展。成立于老挝建国前的民办专科学校拉达纳学院（前身为拉达纳商业学校）在2007 年开始招收研究生，是继老挝国立大学（文学院和林学院）和万象医科大学之后，老挝第三所开设研究生课程的高校；成立于 1993 的民办高校孔深德学院（ວິທະຍາໄລຄອນເຊັ່ນເຕີ）到 2008 年起突破本科生培育层次开始招收研究生，是老挝第四所开设研究生课程的高校。但随着教育体系高质化改革工作（2011—2015 年）逐步推进，教育部加大对高校教育质检工作，要求质检不达标的高校停止招收研究生。因此，民办高校自 2015 年起逐渐停止研究生招生，到 2017 年，民办高校的研究生专业全部被停止招生。此后，民办高校发展步伐趋缓，相对基础教育而言再无突出之处[2]。但在国际合作方面，老挝民办高等教育和职业教育发展较好，与中国的合作开展得如火如荼，如与中国的苏州大学、云南师范大学合作，先后在老挝本土开办了老挝苏州大学（2013 年）、老挝云华职业学院（2019 年），积

---

[1]　资料来源老挝教育部官网（读取日期：2022 年 12 月 10 日）。

[2]　资料来源于老挝教育部民办教育促进办公室官网（读取日期：2022 年 7 月 21 日）。

极为老挝培养经济社会发展需要的专业型和技术型人才。老挝苏州大学（ມະຫາວິທະຍາໄລຊູໂຈວ）更是迄今为止，老挝唯一一所以"大学"命名的民办高校[1]，借助苏州大学的资源不断提高教学质量和教育层次。此外，美国、德国、新加坡、韩国等国也在老挝投资开办民办高校。

公办教育在发展上主要依靠政府预算，同时也会争取社会资本，以服务全体人民为目的，以保障人人都具有受教育的机会，所以公办教育在布局上要覆盖全国各个地区。而民办教育主要依靠私人投资，以市场为导向，在布局上会注重目标地区的经济发展水平和人口数量，所以，老挝的民办学校主要集中于大城市和经济较发达的地区，其中首都万象市为重点聚集区。如表 1 所示，绝大部分基础教育学校分布在首都万象市，其他地区的分布数量相对较少。高等教育（包括职业教育）同样如此。据 2020 年老挝教育部统计数据显示，老挝全国共有 63 所民办高校，其中 28 所分布于首都万象市、沙湾拿吉省（5 所），其次是占巴塞省、甘蒙省和沙耶武里省（均为4 所），而波乔省、沙拉湾省和阿速坡省等各省仅有 1 所民办高校，赛宋奔省、色贡省、丰沙里省尚未建成民办高校[2]。民办高校的专业设置上，呈现重"经、商"，轻"文、工"的特点（见图 3）。

表 1   2022 年老挝全国民办基础教育学校分布情况 [3]

教育层次 省份	学前教育	初等教育	初中	完全中学 （初中 + 高中）
首都万象市	246	181	38	43
丰沙里省	6	2	0	0
琅南塔省	14	1	1	0
乌多姆赛省	13	7	1	2
波乔省	19	9	2	1

---

[1] 老挝高等教育法将老挝高等院校分为专科院校（ວິທະຍາໄລ：开设专科及以下层次教育）、（国防、公安）学院（ວິທະຍາການ：开设研究生及以下层次教育）、研究所（ສະຖາບັນ：开设专科至硕士研究生层次教育）和大学（ມະຫາວິທະຍາໄລ：开设专科至博士研究生层次教育）四类高校。

[2] 资料来源于老挝教育部官网（读取时间：2022 年 7 月 8 日）。

[3] 资料来源于老挝教育部官网（读取日期：2022 年 9 月 23 日）。

（续表）

教育层次 省份	学前教育	初等教育	初中	完全中学 （初中＋高中）
琅勃拉邦省	36	23	8	2
华潘省	10	4	1	1
沙耶武力省	20	8	0	0
川圹省	22	16	1	2
万象省	39	20	1	4
波利坎塞省	30	15	5	0
甘蒙省	20	13	1	2
沙湾拿吉省	31	22	3	3
萨拉湾省	3	1	0	0
色贡省	4	2	0	0
占巴塞省	26	14	3	2
阿速坡省	9	5	2	0
赛宋奔省	3	2	0	0

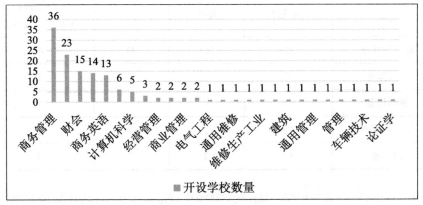

图 3　2015 年老挝全国民办院校专业设置分布 [1]

---

[1]　资料来源于老挝教育部民办教育促进办公室官网（读取日期：2022 年 10 月 9 日）。

2．老挝民办教育管理制度

目前，老挝民办教育的管理机构形成"中央—省—县"三级一体的管理格局。直接管理民办教育的部门是教育部下属的民办教育促进办公室，其前身是成立于 1995 年的民办教育办公室，下设基础教育管理科、行政科和职业及高等教育管理科。老挝民办教育体系与公办一致，分为基础教育（包括学前教育、初等教育和中等教育）以及职业教育和高等教育三级，其中，基础教育与其他两级教育分属不同科室管理。不同层次的学校开办审批分属不同部门。托儿所、学前教育和初等教育层次学校的成立审批由县教育局负责；中学以及初等职业学校由省级教育厅审批；中等职业学校及高等教育院校由教育部审批成立。除负责民办学校成立审批外，民办教育促进办公室还负责监督检查民办学校教学工作，完善有关法规、制度建设与制定，推动国内外资金投入民办教育领域。此外，老挝官方还成立老挝民办教育协会，参与推动民办学校申请办学执照或办学执照续期相关事宜的审批工作中，协助政府部门与全国范围内的民办学校共同推动民办教育的发展，其组织与活动受民办教育促进办公室监督管理。为了促进民办教育的发展和公办民办学校的良好互动，老挝民办教育协会经常举办不同年龄层次（小学到高中）的知识竞赛，促进民办学校之间互相展开合作与竞争等。学校的具体管理主要由学校内部的领导班子（ຄະນະອຳນວຍການ）负责，但管理层人员组成需由学校推荐、政府审批。

在政策上，老挝政府已出台多项民办教育相关政策及法规，推动民办教育有序发展，为社会培养更多人才。例如，1990 年 9 月 25 日，老挝总理签署的关于《允许开办民办学校》的第 58 号国务院令，揭开了老挝民办教育再起步的序幕。1995 年 8 月 14 日，老挝总理又签署了关于《民办教育》的第 64 号国务院令，为老挝民办教育发展提供法律保障，并明确各级教育部门对民办教育的责任。1991 年，民办教育内容第一次出现在老挝党代会报告中，时任老挝人民革命党总书记的凯山·丰威汉提出"要有重点地发展民办教育，以适应老挝社会经济的发展需要"（黄玲，2006）。2006 年老挝人民革命党第八次代表大会上提出要在 2020 年底摆脱欠发达国家行列，为工业化和现代化奠定基础。为此，教育部决定开启教育改革，改革方案中明确提出要促进私人资本投资老挝教育行业[1]。2010 年，老挝教育部要求民办教育发展要跟随国家教育体系改革的脚步，政府要在基础设施、师资、教学监管、课程设置等方面给予民办教育一定的支持[2]。在法律保障方面，2015 年修订的《教育法》、2019 年出台的《职业教育法》和 2020 年颁布的《高等教育法》都提及要注重利用私人资本发展教育，鼓励私人资本投资建设民办学校。

在课程设置、教师职称评定方面，民办教育中的正规教育与公办教育大致保持一致。除国际学校外，所有学校必须按照国家规定的课程标准展开教学，但同时又规定，国际学校的课程可以由校方自主设置，但需经教育部审批。根据国家课程标准展开教学的学校，老挝语是最基本的必修课程，而对于国际学校，除老挝语外，老挝文学和老挝历史也是必修课程。民办学校教师可与公办院校教师共同参与职称评定、荣誉评级等，以保障民办学校教师发展和促进民办学校发展。近年来，老挝教育部正推动落实对民办学校教师的政策扶持，主要是提高民办学校的待遇，如允许民办学校在假期通过开展补课等方式稳定教师收入[3]。

为了推动民办教育发展和吸引投资，老挝《投资促进法》《海关法》《税务法》等法律法规中都规定为投资教育行业的投资者给予税收、特许等优惠措施，鼓励投资者积极投资促进老挝教育事业发展。

二、老挝民办教育存在的主要问题

（一）缺乏充足师资，教师收入不稳定

师资是办学的必备条件。民办学校的教师中聘任制教师比重偏大，相对公办学校而言，缺少稳定的教师队伍。2020 年，民办高校中聘任制教师

---

[1] 资料来源于老挝教育部官网（读取日期：2022 年 7 月 26 日）。
[2] 资料来源于老挝教育部民办教育促进办公室官网（读取日期：2022 年 7 月 26 日）。
[3] 资料来源于老挝教育部民办教育促进办公室官网（读取日期：2022 年 7 月 26 日）。

占教师总人数的 49.51%，而公办高等院校聘任制教师仅占全部教师总人数的 13%。即使是师资相对充足的华文学校，也存在过多地依赖"国派"教师，缺少本土教师（张超奇,2017）。同时，民办学校的工资福利待遇相对不稳定，也没有制定固定的工资标准，更重要的是，民办学校教师的收入仅限于学期内，节假日期间学校并不会支付工资，但老挝各级学校都有 3—4 个月的雨旱假期（类似中国的寒暑假），极易导致聘任制教师因为收入不稳定跳槽，从而加剧民办学校缺乏稳定的教师队伍的问题。虽然老挝教育部曾出台文件允许民办学校在学生放假期间可以通过组织统一补课的方式来稳定教师收入，但该政策的具体落实需要考虑许多因素，例如学生、家长意愿以及天气等。老挝是热带国家，天气炎热，而民办学校在维修和保养基础设施上相对"吝啬"，很难在炎热季节保证学生的健康，因此很难具体落实通过补课来填补教师工资的方法。

在师资力量上，民办教育也落后于公办教育。师资数量不足的问题在基础教育阶段并不明显，但在职业教育和高等教育学校却十分突出。2020年，老挝民办职业学校和高等院校中，师资（包括教师和学校行政人员）数量超过 100 人的仅有 3 所，这 3 所全部分布在首都万象市。大部分院校师资人数不超过 50 人，其中有 6 所院校师资人数不足 10 人，均为首都万象市以外省份的学校 [1]。此外，民办学校的教师招聘并没有严格按照教育部出台的规定执行。在互联网社交平台上，经常能看到民办学校发布的招聘信息，这种招聘的流程类似公司企业通过发布招聘海报来获取师资，甚至仅仅是发布短短一则招聘启事，甚至招聘要求仅有"热爱小孩"，这并不符合老挝教育部关于师资招聘的学历要求。再者，民办学校对于教师发展的重视力度也不足。根据老挝教育部统计数据，2021—2022 学年民办学前教育和基础教育教师中继续提升学历的人数仅 1 人，为学前教育教师。同时，民办学校教师在享受公费或者国家举办的师资培训福利方面也不及公办学校。

师范教育的落后是师资不足的主要原因。2022 年，老挝全国共有 16

---

[1]　资料来源于老挝教育部官网（读取时间：2022 年 7 月 29 日）。

所培养师资的学校，其中包括 2 所僧侣学院和 2 所艺术体育类师范学院，在读师范生人数 6,346 人 [1]，其中师范生最多的是老挝五大 [2] 中的老挝国立大学和占巴塞大学的教育学院。师范院校（不含五大的教育学院）在职教师 1,009 人，聘用制教师占 48.86%（493 人）。以老挝国立大学教育学院为例，该学院下设 6 个专业，即外语、老挝语、社会科学、自然科学、心理学和管理学，可培养本科至硕士层次各个学科的师资以及本科至博士层次的管理人员。2022 年，老挝全国学前至中等教育学校共有 14,124 所，而全国每年师范毕业生不足 2,000 人，师资供给与实际需求的大悬殊必然会使得部分学校难以获得青年师资，而其中最有可能的便是工资、福利待遇总体上不如公办学校的民办学校。民办学校或许只能通过招聘其他专业的毕业生来任教。但大部分非师范专业毕业的学生由于未受过正规的师范教育，也比较难胜任教学工作。以老挝各类学校必修课程老挝语科目为例，诗歌是老挝官方的老挝语教材中必修内容，笔者曾经向老挝留学生请教诗歌问题，大部分的留学生无法直接回答，需借助手机或者词典才能帮助解决。

（二）民办学校内部管理规范程度低

大部分民办学校的投资者和管理者"缺乏专业的教育管理经验，甚至大部分只以营利为目的"[3]，导致学校内部管理混乱，影响民办学校的教学正常运转和发展，主要体现在三个方面。一是在学校管理层面，大部分民办学校管理者将开办学校作为盈利途径，一味地维护自身的利益，对于教师、学生的权益保障工作重视度不够，加上管理者与政府主管部门的合作不顺畅，有关教职工权益的政策落实程度不足，导致学校教职工工作积极性不

---

[1] 资料来源于老挝教育部师范司官网（读取时间：2022 年 10 月 17 日）。

[2] 老挝五大是指：老挝国立大学（首都万象）、万象医科大学（首都万象）、苏发努冯大学（琅勃拉邦）、占巴塞大学（占巴塞）、沙湾拿吉大学（沙湾拿吉），这五所院校是老挝仅有的以"大学"命名的公办高校。

[3] 资料来源于老挝教育部官网（读取日期：2022 年 8 月 3 日）。

高。在学校财务工作中，部分学校缺少基本的财务账，甚至缺少明确的工资标准制度 [1]，对于学校资金的分配与管理不透明，容易滋生腐败。笔者与老挝学生聊天时得知，部分深受老挝官员或具有一定社会地位的人青睐的民办学校，经常出现教职工受贿、学生购买成绩等消极现象，但学校并未对上述现象加以严厉管制。民办学校在学校建设工作上，部分投资者吝啬投入资金修葺学校、更新设备，导致教学环境差。二是在教学管理层面，由于管理者缺乏专业知识，以及缺少知识更迭 [2]，难以知晓学校教学内容与市场需求的脱轨，从而在专业设置上未进行符合时代与市场发展的改变，目前大量的职业院校和高校依旧热衷于"经济热"，而没有开设中文等符合新时代经济发展的专业。三是在家校和校际联合工作上，大部分管理者"闭门造车"，忽视学校与外部的联系 [3]，不吸取其他学校的优秀经验，也难以获得家长的意见反馈，从而导致学校发展缓慢。

（三）大部分学校教育质量低

虽然民办学校中的华校教学质量是老挝社会共同认可的，并得到许多家长甚至官员的青睐，但华校的数量毕竟只占少数 [4]，不足全部民办学校的1%。大部分民办学校教育质量相对公办学校而言并无突出之处，并没有充分发挥民办学校班级配额比的相对优势。老挝教育系统中一项重要的教学质量评价工作是各级优秀学生学科竞赛，其中全国学科竞赛是最高级别的学科竞赛。在2022年老挝全国优秀学生学科竞赛中，共有来自全国10所学校的学生获奖，而其中仅有一所民办学校。在高等教育层次，公办、民办高校的质量差距则更明显。到2023年，老挝已有3所公办高校可招收硕士及以上层次研究生，而民办高校仅有1所高校可招收本科生，其余高校只能

---

[1] 资料来源于老挝教育部官网（读取日期：2022年8月3日）。

[2] 2021—2022学年，老挝民办中学教师及管理者参与进修人数的占比为0/1,761。资料来源于老挝教育部官网（读取日期：2022年9月23日）。

[3] 资料来源于老挝教育部官网（读取日期：2022年8月3日）。

[4] 老挝目前共有华校9所。

招收专科及以下层次的学生。这也导致民办学校毕业生质量难以满足社会经济发展需要 [1]。

老挝教育部《教育术语汇编》明确指出:"教育质量是根据教育目的,帮助受教育者在智力、体力、心理、和社会得到发展,并能满足受教育者在经济、社会和文化上的需求的教育状况"(ກະຊວງສຶກສາທິການ ແລະ ກິລາ, 2004),还说明了影响教育质量的主要因素有课程内容、教学设备、教学方法、师资水平和教学成果,这与李秉德在《教学论》中指出的,教育质量受教师、学生、教学目的、教学内容、教学方法等要素影响大致相同(李秉德,2003)。从师资上看,民办学校因为各项福利政策缺失,难以获得青年教师来任教,而民办学校在职教师参加进修的比例较低,导致民办教师的教学理念、教学方法难以及时更新,职业学校和高等学校的部分教师的专业技术、知识十分落后,难以满足市场对知识与技能需求 [2]。在教学设备上,民办学校中能大规模使用现代教育技术的学校仅为少数,大部分学校缺乏更新设备的资金,部分民办学校甚至需要租用公办学校的老旧教学楼来开展办学 [3]。对学生而言,理论与实践相结合才是效果更好的教学方式,职业学校和高等学校的学生更是如此,民办学校有限的教学设备难以为学生提供良好的实操环境,在信息化时代更容易导致民办学校学生落后于公办学校学生。

(四)政府作为"乏力"

老挝《教育法》规定老挝政府在民办教育工作中的作为包括两个方面,一是立法,二是管理。在立法作为上,政府主要负责提供法律制度供给和政策落实两个方面,二者相辅相成,政策落实必须在有完善法律制度的基础上开展,而法律条文的作用必须通过政策的落实才得以发挥作用,二者缺一不可(张国庆,2007)。截至2022年,专门针对老挝民办教育的法律

---

[1] 资料来源于老挝教育部官网(读取日期:2022年8月3日)。
[2] 资料来源于老挝教育部官网(读取日期:2022年8月3日)。
[3] 资料来源于老挝教育部民办教育促进办公室官网(读取日期:2022年8月3日)。

条文仅有 1990 年老挝总理签署的第 58 号《允许成立民办学校》的总理令、1995 年出台的第 68 号《民办教育法令》、2016 年下发的《关于管理学前教育和基础教育阶段民办学校的部长令》和 2018 年发布的第 1775 号《关于民办学校的决定》，而目前可获取的文件仅有后两个，其内容绝大部分与学校开办标准、执照吊销、产权转移、教师资格有关，而缺少关乎教学、教职工福利保障等内容。虽然法律规定民办学校的管理与公办学校一样适用有关教育法，但实际上，政策与法律依旧更为倾向公办学校。笔者曾联系万象省教育厅和首都万象市赛塔尼县民办教育促进办公室，试图获取《允许成立民办学校》《民办教育法令》，但对方回复找不到，后来委托老挝国立大学教师和位于老挝的公司尝试联系获取，但依旧一无所获。公办学校所享受的政策是民办教育远不能比的，甚至教育部最新发布了《2021—2022 学年全国教育体育行政管理人员会议决议》，规划了各类教育主管部门的工作，但唯独忽略了民办教育促进办公室 [1]，由此可见政府在教育工作上的作为呈现"亲公疏民"的态度。

在管理作为上，政府主要负责监管、财政和伦理（库珀，2001）。政府的监管即政府从公共利益的角度出发，依法监管、规范民办学校行为，合理配置资源；政府的财政即为民办教育的发展提供均等机会；政府伦理即政府行为出现违背社会公平的现象，政府必须予以修正。民办学校的发展帮助分担公办教育压力，为社会提供多样化的教育产品，但民办学校教师难以享受与公办学校同样的待遇，如教师进修、节假日福利保障等，这都是机会不均等的表现，但这些不公平的现象在今年老挝教育部报告中未能得到重视，甚至在《税务法》中规定的对民办学校的免税政策因为财政部未予以准确答复而依旧无法落实 [2]。政府一味追求效率与产出，只指出民办教育存在教学设备落后、师资不足、教学质量差等问题，但却忽略了其在公办与民办教育发展中应该承担的维护社会公平的责任。

---

[1]　资料来源于老挝教育部官网（读取时间：2022 年 10 月 6 日）。

[2]　资料来源于老挝教育部民办教育促进办公室官网（读取日期：2022 年 7 月 26 日）。

三、老挝民办教育的问题对策建议

根据上述总结的老挝民办教育存在的问题，本文认为，在未来，为发展老挝民办教育，政府以及民办学校本身应该在以下几个方面加以改善。

（一）政府应该完善立法与政策，促进民办教育发展

老挝现有教育法律法规和促进政策中，针对老挝民办教育的内容已经难以适应当前的经济和社会发展。尤其在近年来，远程教育的兴起使得民办教育的发展面临更严峻的挑战。因此只有坚持在法律上对民办教育积极引导和加强管理、在政策上加大扶持力度才能促进民办教育的发展。关于民办教育的立法工作应该重点突出以下几点内容。第一，民办教育立法工作应与时俱进、守正创新。数字化与数据化的时代特征推动着生产方式与知识生产模式发生翻天覆地的变化，要求立法工作要重视新技术对教育的作用。第二，要针对现实问题采取较强的可操作性措施。制定民办教育法，要重点明确划分老挝教育部下属不同单位对民办教育的管理权限，避免因不同部门的职权重复导致教育管理、监督与评估工作的低效；要进一步规范民办学校的招生与招聘工作，遏制招生工作的腐败，避免损害教育的公平性，民办教育师资招聘工作要向公办教育看齐。第三，政府要成为教育公平的维护者，适时纠正"亲公疏民"的态度，更加重视民办学校的长远发展。加强对民办学校经营办学的指导与监督以及民办学校的财政管理的引导，为民办教育获得社会资金提供政策支持，给予民办学校在土地、税收、教师进修等方面更大的扶持力度，积极推动开展公办民办学校教师培训与经验交流工作，推动"公办、民办学校互助"工作。

（二）民办学校内部要完善管理体制

民办学校的内部管理主要集中在教学管理和资金管理方面。在教学管理上，一要加强家庭和学校的联合，增进学生家长及社会对学校办学的理解，同时家长与社会能作为学校管理之外的监督者，监督学校的经营与管理。二要建立合理的监督管理机制，建立合理的董事会制度，将创办者、学校管理人员、教师以及家长等纳入董事会中，平衡董事会成员比例，支持社会、家长参与学校管理建设，避免民办学校的管理沦为创办人家庭管理模式，以促进民办学校的健康发展（翁京华，2013）。三是要制定合理的工资标准和奖惩体系，用于稳定教师队伍和激发教师队伍的积极性，打造更好的教育环境。

在资金管理上，民办学校难以获得政府的资助，所以必须更加严格管理学校办学资金，设置独立会计，建立严格的会计制度，并积极落实经费使用公示制度，避免经费滥用以及管理层贪污腐败等问题导致经费不足。民办学校还要尽可能地分配资金用于师资学历、能力提升，鼓励学校管理者和教师主动提升学历，更新教育观念，树立先进、正确教育观念，更新教学模式与教学方法，积极打造符合地区特色和市场需求的教育品牌，推动民办学校的长远良好发展。

（三）加强师资队伍建设，培育充足的师资人才

民办学校能在市场上享有一定的名声，主要是因为民办学校的教育质量，而师资队伍建设是教学质量的重要保障。目前老挝国内师范院校数量较少，每年师范毕业生不到 2,000 名[1]，难以满足市场的需求，其中能在民办学校工作的数量更少。在师范教育的层次上，以本科为主，对于研究生甚至博士层次的师资培养较少。老挝在未来要注重发展师范教育，培育更

---

[1] 资料来源于老挝教育部师范司官网（读取时间：2022 年 7 月 22 日）。

高层次的师资，积极向国内外知名高校引进师资充实、壮大国内师资队伍，为公办、民办学校提供充足的高质量师资人才，尽可能地改善大量专业师资往公办学校流动，民办学校只能依靠非专业师资或外聘公办学校师资的局面。

同时，民办学校要完善薪酬福利体系，制定合理、灵活的师资标准，激发教师工作热情，保障教师的收入。在师资管理上，要进一步健全教师岗位责任制，制定合理的教师管理体制，增强教师责任心和归属感，打造稳定的教师队伍。对于民办学校管理者，也要加强教育培训，促进民办学校间、公办与民办学校间展开经验交流。老挝政府也应该增强师资管理作为，严格教师资格制度管理，严格细化教师从业资格，落实教师"持证上岗"，定期监督、检查民办学校师资管理工作。

（四）推动国际交流，吸收借鉴国内外办学经验

在当今信息化的时代背景下，"闭门造车"式教育已经不可取，积极融入地区和国家对于民办学校的发展具有重要作用。当前世界主要国家的民办教育已经发展成一定的规模，在办学、管理、融资、政府扶持等方面总结了许多先进经验。国际组织和外国援助是老挝革新开放以来推动老挝教育不断走线现代化和国际化的重要力量，也是近年来老挝党和政府教育战略中的重要内容。老挝政府可以凭借如联合国教科文组织、东盟大学联盟以及"一带一路"论坛等各类平台，加强与世界教育强国和大国的交流，获取优秀办学经验和师资管理经验，同时还能为民办教育的发展引入资金。民办教育相对公办教育而言，在获得国际援助和开展国际交流上更为便利，民办学校更应该积极主动与国际和地区接轨，利用国际资金和经验提高办学水平，也逐步提高、丰富教育教学手段，提供更加多样的课程体系。

四、总结

老挝民办教育在过去几十年中取得了良好的发展，并为老挝公办教育分流和社会人才培养做出了积极的贡献。但随着国内外形势的变化，老挝民办教育的问题日益凸显，老挝民办教育的发展主要面临师资不足、学校内部管理规范程度低、大部分民办学校教育质量低和政府缺乏积极作为的问题。对此，本文提出老挝政府要完善立法与政策、加大师范教育发展，民办学校要完善内部管理体制、积极开展外部交流的建议。2019—2022 年，中共中央总书记习近平连续两次邀请老挝人革党中央总书记访华，并签署有关两国教育合作谅解备忘录，展示中国对中老两国关系和中老教育合作的重视。对此，本文对中国加强对老挝教育援助与合作提出如下建议：应当深化中老两国教育合作，尤其加强中老在师范教育和教师教育领域的合作。当前，中国与老挝合作重点集中在华文教育、职业教育和高等教育，其中合作的重点主要是校舍援建维修、设备资料援助、派遣教师、培育汉语教师、留学互换等方面（王英宏，2020），而在培育其他学科师资方面合作进展仍有不足。正所谓"授人以鱼不如授人以渔"，帮助培育老挝本土师资，推动老挝师范教育和教师教育的发展，对于老挝教育事业的进一步发展具有重要作用，同时也有利于促进中老命运共同体建设。

参考文献

ກະຊວງສຶກສາທິການ ແລະ ກິລາ. ປະມວນຄຳສັບວິຊາການສຶກສາ [M]. Bangkok. UNESCO Bangkok. 2004: 71.

ພະແນກສຶກສາສາດ-ຈິດຕະວິທະຍາ. ປະຫວັດການສຶກສາລາວ [M]. ໂຮງພິມກະຊວງສຶກສາທິການ. 1995.

ອນິນທຣ໌ ພຸທິໂຊຕິ. ພັດທະນາການຂອງການສຶກສາ ພາກເອກຊົນໃນປະເທດລາວ [J]. ວາຣສາຣສັງຄົມລຸ່ມນ້ຳໂຂງ. vol.2. No.3: December.2006.

KHAMMAVONG M, PIMPA N, RAMETSE N, 2014. Students' perception on integrated marketing communication of private higher education institutions in Lao PDR[C]//28th Australian and New Zealand academy of management conference: reshaping management for impact. Australian and New Zealand academy of management.

PATHAMMAVONG, SROINAM S, SIRISOOKSILP S, 2020. The development of instructional leadership indicators of private school principal of Laos[J]. Journal of Asian and African social science and humanities, 6(3): 43-55.

埃文斯，2011. 老挝史 [M]. 郭继光，刘刚，王莹，译. 上海：东方出版中心：172.

方芸，2018. 老挝华侨华人与"一带一路"建设 [J]. 八桂侨刊，（2）：58-65.

冯建华，1995. 小比大好，还是大比小好——班级规模与教学效果的实验研究 [J]. 教育研究与实验，（4）：61-66.

黄玲，2014. 老挝教育政策分析 [J]. 中国校外教育，（7）：9.

库珀，2001. 行政伦理学：实现行政责任的途径 [M]. 张秀琴，译. 北京：中国人民大学出版社：74.

李秉德，2003. 教学论 [M]. 北京：人民教育出版社：146.

李晨冉，2021. 缩减班级规模改革有效吗？[D]. 南京：南京师范大学.

陆蕴联，陆慧玲. 老挝中文教学发展状况及未来需求研究 [J]. 亚非研究（16）：136-159.

明达（VONENOULAK AMPHONEKEO），2015. 老挝高等教育发展现状及对策研究 [D]. 昆明：云南大学.

萨缪尔森，诺德豪斯. 经济学（第十六版）[M]. 北京：华夏出版社.

申旭，2011. 老挝史 [M]. 昆明：云南大学出版社：222.

王英宏，2020. 中国对老挝教育外交：高等教育领域 [D]. 南宁：广西民族大学.

翁京华，2013. 民办学校风险分析与管理决策研究 [D]. 南京：南京理工大学.

于艳玲，2006. 义务教育阶段民办（私立）学校的悖论研究 [D]. 长春：东北师范大学.

张超奇，2017. 老挝小学华文教育现状分析 [D]. 锦州：渤海大学.

张国庆（主编），2007. 公共行政学（第三版）[M]. 北京：北京大学出版社.

张晓宏，2022. "一带一路"视角下老挝苏州大学发展现状与前景 [J]. 世界教育信息，35（11）：3-7.

Exploring the Development Problem and Countermeasure of Private Education in Laos

OUYANG Cheng, LU Yunlian

Abstract: Private education in Laos is an important part of Lao education and plays an essential role in the overall education in Laos. The educational cooperation between China and Laos has been extended to the field of private education long ago. Since the establishment of the Lao Chinese school in the early 20th century, which unveiled private education in Laos, private education in Laos has been characterized by a strong emphasis on foreign language education. Since the 1990s, there has been a gradual shift to a combination of foreign language and local language education, with an increasing number of schools and diversified levels of schooling. However, at the same time, the development of private education in Laos has been affected by the problems of insufficient teachers and weak management measures. This paper proposes some suggestions for the above problems and future cooperation between China and Laos in private education, hoping to provide useful references for the study of private education in Laos.

Keywords: Laos; private education; problem and countermeasure

（责任编辑：王嘉）

婆罗摩笈多《婆罗摩修正体系》第25章"行星运动指引"（第18—36节）译注

吕鹏

内容提要：本文是婆罗摩笈多所著《婆罗摩修正体系》的第25章"行星运动指引"第18—36节的翻译与解读，内容上涵盖了求太阳、月亮真黄经，计算太阴日、求行星平黄经等算法。原始文献保留了印度天文中一种特殊的月亮修正表（月离表），与藏历相关文献相应和，值得学界瞩目。

关 键 词：婆罗摩笈多;《婆罗摩修正体系》；印度数理天文学

作者简介：吕鹏，上海交通大学科学史与科学文化研究院副教授，主要从事印度数理天文学史、比较科学史研究。

基金项目：本文系国家社科基金冷门绝学研究专项学术团队项目"中国古代历法中'步五星术'的研究"（20VJXT005）阶段性研究成果。

　　本文继续给出婆罗摩笈多所著《婆罗摩修正体系》（*Brāhmasphuṭasiddhānta*，以下简称《婆》）的第25章"深度的行星[运动]指引"（"*Dhyānagrahopadeśa*"，简称"行星运动指引"）第18—36节的翻译与解读，[1] 内容上涵盖了求太阳、月亮真黄经，计算太阴日、求行星平黄经等算法。原始文献保留了印度天文中一种特殊的月亮修正表（月离表），与藏历相关文献相应和，值得学界瞩目。

　　翻译时基本采取直译的方法，译文以楷体字表示，梵语术语或解释性

---

　　[1]　关于作者、文献、底本、参考资料等信息，参见《婆罗摩笈多〈行星运动指引〉（第1—17偈）》（吕鹏，2018）。

语句加圆括号表示，为意思疏通而附加的语句以中括号表示。注解采用正文宋体，除对经文的文字性解释外还包含了根据算法提取的公式（附从第1节开始的连续序号）、图表以及对公式的推导。另外，在诗节开头会给出该节内容的简单介绍。

第18节：太阳和月亮的慢圆修正值计算

svāṣṭāṃśonā savitur dviguṇā jyā śītagoḥ phalaṃ liptāḥ |

svaphalam ṛṇaṃ cakrārdhād ūne kendre 'dhike dhanaṃ madhye || 18 ||

　　太阳的弦的分数减去其自身的8分之1，月亮的乘以2，[分别得到太阳和月亮的慢速圆]修正值(*phala*)。当引数小于半圆时，其修正值对于平黄经为负，大于时为正。

　　在本章第6节中我们已经介绍了印度天文学中为解决太阳月亮不均匀性运动时而提出的慢速圆模型、引数及慢速圆修正值的几何意义，这里给出了它的具体计算方法。太阳的引数是太阳平黄经与太阳远地点黄经（77°）的差值 $\kappa_s = \lambda_s - \lambda_{Ms} = \lambda_s - 77°$；月亮的引数类似地，为 $\kappa_m = \lambda_m - \lambda_{Mm}$。通过半弦表和二次内插法求出其分数单位的弦值后（第16—17节），两者的慢速圆修正值 μ 就分别为：

$$\text{太阳：} \mu_s = \left(1 - \frac{1}{8}\right) R\sin\kappa_s$$

$$\text{月亮：} \mu_m = 2R\sin\kappa_m \tag{17}$$

　　对于公式的证明如下：由于太阳慢速圆修正值的最大值为 $130\frac{1}{8}'$，月亮的最大值约为 $300'$（由《婆》书第2章20—21节给出），且最大值出现在引数为 90° 时，所以根据"三量法"得出，

$$\mu_s = \frac{130\frac{1}{2} \times R\sin\kappa_s}{R} = \frac{130\frac{1}{2} \times R\sin\kappa_s}{150} = \frac{(130\times8+4)\times R\sin\kappa_s}{150\times8} = \frac{1044\times R\sin\kappa_s}{150\times8} \approx \frac{7}{8}R\sin\kappa_s$$

$$\mu_m = \frac{300\times R\sin\kappa_s}{R} = \frac{300\times R\sin\kappa_s}{150} = 2R\sin\kappa_m$$

修正值的正负性的解释则在下节给出。

第 19 节：太阳和月亮每日运动的慢圆修正值计算

nagabhūhṛdravibhogyaṃ khaṇḍaṃ cāndraṃ vivasulavaṃ dviguṇam |
bhuktiphalaṃ svam ṛṇaṃ syāt kulīramakarādike kendre || 19 ||

太阳的要经过的段除以 17，月亮的减去 8 分之 1 再乘以 2 后就是每日运动的修正值（*bhukti-phala*）。当引数在从巨蟹宫开始的 [6 宫] 时 [修正值] 为正，从摩羯宫开始的 [6 宫] 时为负。

所谓的"每日运动的修正值"就是根据慢速圆模型对太阳月亮每日运行的量所进行的修正。根据第 6 节所介绍的慢速圆模型，当引数为 0°，即白羊宫初点时太阳或月亮处于远地点，慢速圆修正值为 0，当引数等于 90°，即巨蟹宫初点时，修正值达到负的最大值；当引数等于 180° 时，天体处于近地点，修正值为 0，当引数等于 270°，即摩羯宫初点时，修正值为正的最大值。因此相应地，修正值的每日的变化趋势就为，在引数以白羊宫为开始的 90° 区间内为负，且值递减，从而使得在引数为 90° 时修正值达到负的最大；在 90°—180° 区间内每日修正值为正，从而使得修正值从负的最大变为 0；此后 180°—270° 区间内每日修正值继续为正，使得引数为 270° 时修正值达到正的最大；而后 270°—360° 区间内每日修正值变为负，使得修正值从正的最大回到 0（见表 1）。

表 1 慢速圆修正值的符号及其变化

引数区间（°）	0—90	90—180	180—270	270—360
修正值符号	−	−	+	+
修正值变化趋势	↗	↘	↗	↘
每日运动修正值符号	−	+	+	−

再者，根据经文，每日运动修正值 μ_b 的计算方法为：

$$太阳：\mu b_s = \frac{B}{17}$$
$$月亮：\mu b_m = 2 \times (1 - \frac{1}{8}) B \qquad\qquad (18)$$

算式中的 B 为引数的弦"要经过的段"（bhogya），其计算方法如第 16 节所述。

对于公式的证明如下。首先，太阳的引数的每日运动量（即太阳的每日运动量 59′8″）的弦的差值 $\Delta R\sin\kappa s = \frac{59′8″ \times B}{900′}$，再由 18 节所述，相对应的修正值的差值正是太阳每日运动的修正值，即

$$\mu bs = \frac{7}{8} \Delta R\sin\kappa_s = \frac{7}{8} \times \frac{59′8″ \times B}{900′} = \frac{7 \times 3548″ \times B}{7200′ \times 60} = \frac{24836″ \times B}{43200″} \approx \frac{B}{17}$$

月亮引数的每日运动量为月亮的每日运动量（790′35″）减去月亮远地点的每日运动量（6′41″），约为 784′。类似地，根据上一节，两倍的月亮引数每日运动的弦的差值就是月亮每日运动的修正值，即

$$\mu bm = 2 \Delta R\sin\kappa m = 2 \times \frac{784′ \times B}{900′} = 2 \times \frac{196 \times 4 \times B}{225 \times 4} = 2 \times \frac{7 \times B}{\frac{1575}{196}} \approx 2 \times \frac{7B}{8}$$

第 20 节：月亮的腕的修正和对太阴日的修正

bhāṃśo 'rkaphalasyendau ravivad dadyād viśodhite tathā svocce |
raviphalam inavac ca tithau cāndre vyastaṃ sphuṭārkāptam || 20 ||

将太阳修正值的 27 分之 1 如太阳似地加进减去了自己远地点的月亮中。如太阳 [得到] 太阳修正值，将其逆地加进月亮的 [修正值]，除以 12 后得到对于太阴日的修正。

本节经文的前半句告诉我们，在计算月亮修正值前，需要将月亮引数作所谓的 "腕差的修正"（bhuja-antara-phala）。根据第 15 节引数的定义，月亮引数 $\kappa_m = \lambda_m - \lambda_{Mm}$（$\lambda_m$ 为月亮平黄经，λ_{Mm} 为月亮远地点黄经），这里所施加的腕差修正的大小为太阳修正值的 27 分之 1。所以，修正后的月亮的引数就为

$$\kappa_m{}^* = \kappa_m \pm \frac{\mu_s}{27} \tag{19}$$

式中的加减跟随第 18 节计算出的太阳修正值本来的正负号。

关于腕差修正的由来解释如下：某日月亮（或是其他行星）的平黄经是从积日计算得出，积日的起算点是夜半，即平太阳落山后经过了半夜长的时间。平太阳与真太阳的黄经差就是太阳的慢速圆修正值 μ_s，若以真太阳为标准起算，所导致的月亮平黄经的差值就是腕差修正 e。它们之间存在比例关系：

天球周长 21600′：太阳修正值 μ_s = 月亮每日运动 b：腕差修正 e

$$\therefore e = \frac{b \cdot \mu_s}{21600'}$$

$$= \frac{790'34'' \cdot \mu_s}{21600'}$$

$$\approx \frac{\mu_s}{27}$$

经文后半句给出了通过之前得到的太阳修正值 μ_s 和月亮修正值 μ_m 如何对太阴日（tithi）进行修正：

$$修正值\ \Delta t = \frac{\mu_m \mp \mu_s}{12} \tag{20}$$

根据太阴日的定义（参考第 22 节），在一个朔望月中太阴日的个数 $t = \frac{\lambda_m \pm \lambda_s}{12}$，其中 λ_m、λ_s 为平月亮和平太阳。若修正过的真月亮 $\lambda_m{}^* = \lambda_m \pm \mu_m$，真太阳 $\lambda_s{}^* = \lambda_s \pm \mu_s$，真太阴日个数 $t^* = \frac{\lambda_m^* \pm \lambda_s^*}{12} = \frac{\lambda_m \pm \mu_m - (\lambda_s \pm \mu_s)}{12}$，所以 t^* 与 t 的差

$$\Delta t = \frac{\lambda_m \pm \mu_m - (\lambda_s \pm \mu_s)}{12} - \frac{\lambda_m \pm \lambda_s}{12} = \frac{\lambda_m \pm \mu_m - \lambda_s \mp \mu_s - \lambda_m + \lambda_s}{12} = \frac{\mu_m \mp \mu_s}{12}$$

第 21 节：弧刻单位的慢速圆修正差值表

pañceṣupañcayugaguṇayamacandrāś candrakendrajaphalāni |
dvidvidvidvikubhūkhāny uccavirahite tathā sūrye || 21 ||

从月亮引数得出的修正值 [的差值] 为 5、5、5、4、3、2、1。同样，当太阳减去远地点，[得到的修正值的差值为]2、2、2、2、1、1、0。

由于月亮引数的轨道一周被等分为 28 宿（参见第 13 节），所以在每一象限内有 7 个宿，每宿约等于 13°。如表 2 所示，分别计算出以弧分为单位的引数的弦值（第 16—17 节）、月亮修正值（第 18 节），再将弧分化为弧刻，就得到弧刻单位的修正值及其差值表（见表 2）。

表 2 月亮修正

引数（宿）	1	2	3	4	5	6	7
引数（度数）	13	26	39	52	65	78	90
引数的弦(分)	34	65	94	117	135	146	150
修正值（分）	68	130	188	234	270	292	300
修正值（刻）	5; 40	10; 50	15; 40	19; 30	22; 30	24; 20	25
差值	5; 40	5; 10	4; 50	3; 50	3	1; 50	0; 40

若将最后一行差值取整，即可得到经文所述 5、5、5、4、3、2、1 的差值表。

通过类似的方法计算太阳修正表，得到太阳修正值及其差值的整数值：2、2、2、2、1、1、0（见表 3）。

表 3　太阳修正

引数（宿）	1	2	3	4	5	6	7
引数（度数）	13	26	39	52	65	78	90
引数的弦(分)	34	65	94	117	135	146	150
修正值（分）	30	57	82	102	118	128	131
修正值（刻）	2; 30	4; 45	6; 50	8; 30	9; 50	10; 40	10; 55
差值	2; 30	2; 15	2; 5	1; 40	1; 20	0; 50	0; 15

本节所述太阳、月亮修正差值表构造奇特，如在一象限内将引数分为 7 份，并使用"宿—刻"单位，与印度其他历算书相比实属罕见，在《婆》书之后也未见有类似构造的修正表。然而其所得数值结果异常简练，符合本章"天文捷算"之目标。

婆罗摩笈多的这份月亮修正表的结构和具体数值，也出现在了藏历《时轮历》的体系之中。对于它们的相似性值得进一步研究。

第22节：计算太阴日

arkonacandraliptāḥ khayamasvarabhājitāḥ phalaṃ tithayaḥ |

gatagamye ṣaṣṭiguṇe bhuktyantarabhājite ghaṭikāḥ || 22 ||

减去太阳的月亮的分数除以720，结果是太阴日数。[现在的太阴日中] 经过的（*gata*）和要经过的部分（*gamya*）乘以60再除以 [太阳和月亮] 每日运动的差，结果就是刻数。

由于一朔望月是太阳和月亮的会合周期，一朔望月又分成30个太阴日，所以每个太阴日月亮与太阳的黄经差为 $\frac{360°}{30} = 12° = 720'$。于是，如经文所述，要求的太阴日数

$$t = \frac{\lambda_m - \lambda_s}{720'} = [q] + \frac{r_t}{720} \tag{21}$$

除后的商 q 是经过的整太阴日数，余数 r_t 是现在的太阴日"经过的部分"，$720 - r_t$ 则是"要经过的部分"的分数，两者若除以太阳和月亮的每日运动的差 $b_m - b_s$，就得到以日为单位的，当前太阴日起经过了的，或者到下一个太阴日将要经过的时间，乘以60后则换算为刻数，即

$$t_{gata} = \frac{r_m \times 60}{b_m - b_s}，\text{ 或}$$

$$t_{gamya} = \frac{(720 - r_t) \times 60}{b_m - b_s} \tag{22}$$

第23节：计算行星所在星宿

bhāny aśvinyādīni grahaliptāḥ khakhavasūddhṛtā labdham |

bhuktihṛte gatagamye divasāḥ ṣaṣṭyā hate ghaṭikāḥ || 23 ||

将行星 [黄经的] 分数除以 800，结果就是以 Aśvinī 宿为首的星宿数。经过的和要经过的部分除以每日运动，就是天数，若乘以 60，得到刻数。

由于这里黄道一周被 27 宿等分，每宿的长度就是 $\frac{21600'}{27} = 800'$。用分单位的行星的黄经 λ 除以它，即

$$\frac{\lambda}{800} = [q] + \frac{r}{800} \tag{23}$$

商 q 就是行星从春分点，即 Aśvinī 宿初点（也是白羊宫的初点）开始运行通过了的星宿数，余数 r 则是行星现在所在星宿中经过了的部分，800 − r 则是到下一个星宿时要经过的部分。仿照上节，两者除以行星每日运动量，就是两部分所对应的天数，乘以 60 后则换算为刻数。

从 Aśvinī 宿开始的 27 宿及的顺序和名称（见表 4）。

表 4　印度 27 宿

1. Aśvinī	10. Maghā	19. Mūla
2. Bharaṇī	11. Pūrvaphalgunī	20. Pūrvāṣāḍhā
3. Kṛttikā	12. Uttaraphalgunī	21. Uttarāṣāḍhā
4. Rohiṇī	13. Hasta	22. Śravaṇā
5. Mṛgaśiras	14. Citrā	23. Dhaniṣṭhā
6. Ārdrā	15. Svāti	24. Śatabhiṣaj
7. Punarvasu	16. Viśākhā	25. Pūrvabhadrapadā
8. Tiṣya	17. Anurādhā	26. Uttarabhadrapadā
9. Aśleṣā	18. Jyeṣṭhā	27. Revatī

第24节：计算太阳与月亮的"合"

ravicandrayogaliptāḥ khakhavasubhir bhājitāḥ phalaṃ yogaḥ |

gatagamye ṣaṣṭiguṇe gatiyogavibhājite ghaṭikāḥ || 24 ||

太阳和月亮的"和"的分数除以800，结果是"合"（*yoga*）。经过的"和"要经过的乘以60后除以每日运动的"和"，得到刻数。

这里所谓的"合"是一个星占上的概念，当太阳和月亮的运动量相加等于一个星宿的长度，即800′时，称为一合。类似宿数的计算，

$$合数 Y = \frac{\lambda_m + \lambda_s}{800} \qquad (24)$$

对于余数部分，仿照式（22）的原理可以计算得到以刻为单位的，当前所在"合"经过了的时间或到下一个"合"所需要的时间。

关于"合"的顺序和名称，表5所示的是平格里所作的一种复原（Pingree，1978）。然而，根据《历法甘露》，婆罗摩笈多把太阳和月亮的黄经和等于180°时的"合"称为Vyatipāta，等于360°时的称为Vaidhṛti。

表5　27个"合"的名称

1. Viṣkamba	10. Gaṇḍa	19. Parigha
2. Prīti	11. Vṛddhi	20. Śiva
3. Ayuṣmān	12. Dhruva	21. Siddha
4. Saubhāgya	13. Vyāghāta	22. Sādhya
5. Śobhana	14. Harṣaṇa	23. Śubha
6. Atigaṇḍa	15. Vajra	24. Śukla
7. Sukarmān	16. Siddhi	25. Brahman
8. Dhṛt	17. Vyatipāta	26. Indra
9. Śūla	18. Varīyas	27. Vaidhṛti

第 25 节：计算半太阴日

vyarkendukalā bhaktāḥ kharasaguṇair labdham ūnam ekena |
carakaraṇāni vavādīny agatāc cheṣāt tithivad anyat || 25 ||

减去太阳的月亮的分数除以 360，商减去 1，就得到以 Vava 开始的不定半太阴日（*cara-karaṇa*）。余下的如太阴日［的计算］，从未经过的和剩余的部分［得到时间］。

半太阴日即一个太阴日的一半，一朔望月中共包含 60 个半太阴日。半太阴日有 11 种，其中 4 种称为"固定半太阴日"（sthira-karaṇa），另 7 种是"不定半太阴日"，从 vava（也有作 bava）开始每 7 个半太阴日循环出现。具体它们的名称和排列方式如表 6 所示。

表 6　半太阴日

n		58		59		60		1	
固定半太阴日		*śakuni*		*catuṣpada*		*nāga*		*kiṃstughna*	
kn	不定半太阴日	*n*							
1	*bava*	2	9	16	23	30	37	44	51
2	*bālava*	3	10	17	24	31	38	45	52
3	*kaulava*	4	11	18	25	32	39	46	53
4	*taitila*	5	12	19	26	33	40	47	54
5	*gara*	6	13	20	27	34	41	48	55
6	*vaṇij*	7	14	21	28	35	42	49	56
7	*viṣṭi*	8	15	22	29	36	43	50	57

表中 n 是半太阴日的序号，从每个朔望月的第一个太阴日（初一）算起，共有 60 个；k_n 则是用来确定不定半太阴日时所用的引数，根据经文：

$$\frac{\lambda_m - \lambda_s}{360} = [q] + \frac{r_k}{360}$$

$$k_n = q - 1 \pmod{7} \qquad\qquad (25)$$

对于式中的余数 r_k，其意义和处理方式如第 22 节计算太阴日时一样，在此不再赘述。

第 26 节：太阳年结束时的火星的平黄经

aṅgai rudraiḥ siddhair gajaiḥ surair arkavatsarān guṇayet |

śailair vasubhiḥ kuguṇair ibhāgnibhir yojayed bhaumaḥ || 26 ||

将太阳年数乘以 6 [宫] 11 [度] 24 [分] 8 [秒] 33，再加上 7 [宫] 8 [度] 31 [分] 38 [秒]，就是火星。

《婆罗摩修正体系》第 1 章第 15—18 节给出了一劫（kalpa）中太阳、月亮以及五星的周天数（R）。其中，火星是 2296828522 圈，把它化为秒数后去除一劫中的太阳年数 4320000000，得 $= \frac{21600 \times 60 \times R}{4320000000} = \frac{50 \times 60 \times R}{10000000} = \frac{3 \times R}{10000} = \frac{3 \times 2296828522}{10000} = \frac{6890485566}{10000} = 689048'' \frac{5566}{10000} = \approx 689048'' + 33'''$。

将之化为宫一度一分，得到 $11484'8''33''' = 191°24'8''33''' = 6^s 11°24'8''33'''$，即经文所给的 "乘数"。已知从纪元起经过的太阳年数为 y，火星在这段时间中的运行量就是

$$y \times 6^s 11°24'8''33''' + 7^s 8°31'38'' \qquad\qquad (26)$$

从结果中减去周天数，就得到火星的平黄经。式中的 $7^s8°31'38''$ 为"附数"，即火星的纪元常数，代表的是纪元开始时火星离白羊宫初点的距离。由《婆》书第 1 章 51—56 节可知，火星在迦利纪（kali）开始时的位置是 $11^s29°3'50''$，而本章纪元为迦利纪 3729 年（即塞种纪年 550 年，或公元 628 年），这期间火星的运行量为

$$\frac{2296828522×3729×12×30×60×60}{4320000000} = \frac{2296828522×3729×3}{10000} = 2569462067''\frac{5614}{10000} ≈ 7^s9°27'48''。$$

将之加进迦利纪开始时的火星位置，由此得到附数 $7^s8°31'38''$。

第 27 节：计算水星的快圆高点的黄经

śaśinā jinaiḥ śarābdhibhir aṅkaiḥ ṣaḍvahnibhir hatād abdāt |
śaśinā dvipaiḥ suraiś caturabdhibhir anvitaṃ budhaśīghram || 27 ||

从年数乘以 1[宫] 24[度] 45[分] 36[秒] 所得的 [结果] 加上 1[宫] 8[度] 33[分] 44[秒]，就是水星快圆 [高点]。

印度数理天文学在对行星（graha，包括日、月和五星）运动进行修正时，除了使用慢速圆模型对其速度不均匀性进行修正以外（本章第 6 节已介绍），还针对五星特有的逆行现象，通过快速圆模型做进一步修正。快速圆修正的基本原理和慢速圆一样，只不过它的圆半径更大，圆上高点的速度也更快。与慢速圆高点是行星远地点不同，火星、木星、土星（即外行星）的快速圆高点等同于太阳，而水星、金星（即内行星）的平黄经等同于太阳（参见第 36 节）。根据经文，当太阳年数为 y 时，"水星快圆高点"等于

$$y × 1^s24°45'36'' + 1^s8°33'44'' \tag{27}$$

式中乘数和附数可以如上节火星的方法，从水星快速圆高点一劫的周天数 17936998984 推导出来。

第28—31节：计算木星、金星高点、土星以及月亮交点的平黄经

rūpena khena kuyamair aśvair aṅgaiś ca karaṇābdāḥ |

guṇitā yuktā vedaiḥ kuyamais triyamaiś ca bhavati guruḥ || 28 ||

śailais tithibhī rudrair yamaviṣayaiḥ sāgarair guṇitāḥ |

vasubhir anilair jinaiḥ ṣaḍguṇaiś ca yuktaṃ bhṛgoḥ śīghram || 29 ||

śūnyena dvādaśabhir dvādaśabhiḥ kheṣubhir trayodaśabhiḥ |

guṇitā yūtā rasair abdhibhir triviṣayair daśabhir ārkiḥ || 30 ||

gaganena nandacandraiḥ kuyamai rasāgnibhir ambareṇa hatāḥ |

rudrair viśvakhavedair yuktā rāśyādikaḥ pātaḥ || 31 ||

历的年数乘以 1 [宫] 0 [度] 21 [分] 7 [秒] 56，再加上 4 [宫] 21 [度] 23 [分]，得到木星。

乘以 7 [宫] 15 [度] 11 [分] 52 [秒] 4，再加上 8 [宫] 5 [度] 24 [分] 36 [秒] 是金星的快圆 [高点]。

乘以 0 [宫] 12 [度] 12 [分] 50 [秒] 13，加上 6 [宫] 4 [度] 53 [分] 10 [秒]，就是土星。

乘以 0 [宫] 19 [度] 21 [分] 36 [秒] 0，加上 11 [宫] 13 [度] 40 [分] 就得到以宫为首的 [月亮] 交点。

对经文的解释同样参照火星一节。

第 32 节：行星计算的特别方法

sarvāṇi sthānāni kramataḥ svaharair nayed upari |
evaṃ ravyabdānte grahadhruvā madhyamāḥ syus te || 32 ||

所有的数位依次除以它们各自的除数，[商]带入上一位。如此所得结果加上行星的固定值（*grahadhruva*，即附数）就是太阳年结束时的平黄经。

以火星平黄经的计算为例，假设纪元起经过的太阳年数为 100，那么根据第 26 节，需要将年数乘以乘数。为使计算简便，我们将 100 分别乘以乘数的各位，得

乘数	6s	11°	24′	8″	33
×100	×100	×100	×100	×100	×100
积	600 s	1100°	2400′	800″	3300

接下来要对这个积进行进位换算，如经文所述，先写出"它们各自的除数"，即各位向上一位进位时的换算值：12 宫为一周天，30 度为一宫，度以下的分秒等都是 60 进位

积	600 s	1100°	2400′	800″	3300
除数	12	30	60	60	60

对每一位做除法，得到商和余数，并且各位上的商的单位是其的上一位

积	600 s	1100°	2400′	800″	3300
除数	12	30	60	60	60

商	50 r	36 s	40°	13′	55″
余数	0 s	20°	0′	20″	0

然后，将商"带入上一位"，即向上进位，加入上一位的余数中（若超过除数，则再加入商），这样就得到结果（周天单位的商值舍去）

商	50	36	40	13	55
余数	0	20	0	20	0
结果	2 s	0°	14′	15″	0

因而，火星100年间的运动量就是2宫0度14分15秒，它再加上第26节所给的附数后，就得到火星的平黄经。

第33节：计算火星的另一种方法

pṛthag arko daśaguṇito vasuśaracandrair hṛtaḥ phalena yutaḥ |

dalito bhaumadhruvake kṣepyaḥ syān madhyamo bhaumaḥ || 33 ||

太阳的一半放在两处，[其中一处]乘以10除以158后的结果加入[另一处]，加入火星固定值后（?）就是火星的平黄经。

依照经文的意思，若已知太阳运行通过的量 ra，火星的平黄经还可以通过如下方法计算：

$$\frac{ra}{2} + \frac{ra}{2} \cdot \frac{10}{158} = [r_{ma}] + \lambda_{ma} \qquad （28）$$

舍弃结果中超过1周天的部分 r_{ma}，剩下的就是火星平黄经 λ_{ma}。

此关系的推导如下：已知第一章给出了太阳一劫的周天数 Rs = 4320000000，火星的一劫周天数 Rma = 2296828522，两者之比为

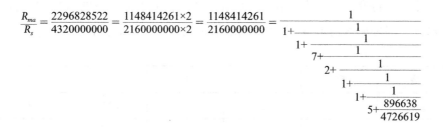

$$\frac{R_{ma}}{R_s} = \frac{2296828522}{4320000000} = \frac{1148414261 \times 2}{2160000000 \times 2} = \frac{1148414261}{2160000000} = \cfrac{1}{1+\cfrac{1}{1+\cfrac{1}{7+\cfrac{1}{2+\cfrac{1}{1+\cfrac{1}{1+\cfrac{1}{5+\cfrac{896638}{4726619}}}}}}}}$$

最后的连分数是使用"辗转相除法"约简两者比值时的结果，通过它可以得到一系列逐渐逼近两者比值的简单分数：$\frac{1}{1}, \frac{1}{2}, \frac{8}{15}, \frac{17}{32}, \frac{25}{47}, \frac{42}{79}, \frac{235}{442}, \cdots$

若取比值的近似值为 ，那么根据"三量法"，已知太阳的运动量 ra，相应的火星就为

$$ra \times \frac{235}{442} = \frac{ra}{2} \times \frac{235}{221} = \frac{ra}{2} \times (1 + \frac{14}{221}) = \frac{ra}{2} \times (1 + \frac{14 \times 14}{221 \times 10}) \approx \frac{ra}{2} \times (1 + \frac{10}{158})$$

经文中"加入火星固定值"的表述似乎有误。因为按照我们的上述推导，太阳运动量乘以两者周天数的比值计算出的火星就是其平运动量，无须再用纪元常数作修正。再者，对照下面第 35 节求木星和土星一句，也未见加固定值这样的表述。Dvivedin 的注释对此问题则没有言及（Dvivedin，1902）。

第 34—36 节：计算水星、木星、土星、交点和金星的另一种方法

caturāhato 'bdhiguṇitaḥ pṛthak ca saptāhato 'bdhidhṛtibhaktaḥ |

phalasaṃyuto vidheyo jñacaladhruvako jñaśīghraṃ syāt || 34 ||

saptahatas trivasuhṛto guruḥ śanir dviguṇito naveṣuhṛtaḥ |

digguṇito rasadhṛtihṛt rāhor liptāsukṛtaliptaḥ || 35 ||

triguṇo dalitaḥ svadvādaśāṃśayuktaḥ sitacalaṃ dhruvaṃ syāt |

tātkālikaṃ calaṃ syād ravir anyeṣāṃ jñaśukrau staḥ || 36 ||

[太阳]乘以4，乘以4的放在两处，[一处]乘以7后除以184，结果加进[另一处]。加上水星的移动的（快速圆高点）固定值（？），就会得到水星的快速圆[高点]。

乘以7，再除以83就是木星。乘以2后除以59就是土星。对于罗睺（月亮交点），乘以10后除以186，在分数位加入4分（？）。

乘以3，取一半，并加上其自身的12分之1，就能得到金星的移动的固定值（？）。在任意时刻太阳等于[平]水星和金星，是另外[行星]的移动点（快速圆高点）。

已知太阳 ra，可以计算出水星快速圆高点 λ_{me}：

$$4ra + \frac{4ra \times 7}{184} = [r_{me}] + \lambda_{me} \qquad (29)$$

这个关系可以从两者一劫的周天数中推导出：

$$\frac{R_{me}}{R_s} = \frac{17936998984}{4320000000} = 4 + \frac{656998984}{4320000000},$$

$$\frac{656998984}{4320000000} = \frac{164249746 \times 4}{1080000000 \times 4} = \frac{82124873 \times 2 \times 4}{540000000 \times 2 \times 4} = \frac{82124873}{540000000} = \cfrac{1}{6 + \cfrac{1}{1 + \cfrac{1}{1 + \cfrac{1}{2 + \cfrac{1}{1 + \cfrac{1}{4 + \cfrac{1}{2 + \cfrac{60960}{1097441}}}}}}}}$$

通过连分数逼近：$\frac{1}{6}, \frac{1}{7}, \frac{2}{13}, \frac{5}{33}, \frac{7}{46}, \cdots$，得到 $\frac{7}{46}$ 这个简单比。又因为

$$ra \times (4 + \frac{7}{46}) = ra \times (4 + \frac{4 \times 7}{184}) = 4\,ra + \frac{4ra \times 7}{184}$$

木星平黄经 λ_j：

$$\frac{ra \times 7}{83} = [rj] + \lambda_j \qquad (30)$$

因为

$$\frac{R_j}{R_s} = \frac{364226455}{4320000000} = \cfrac{1}{11+\cfrac{1}{1+\cfrac{1}{6+\cfrac{1}{5+\cfrac{4696285}{9204235}}}}}$$

从而得到简单比：$\frac{1}{11}$，$\frac{1}{12}$，$\frac{7}{83}$ …

土星平黄经 λ_{sa}：

$$\frac{ra \times 2}{59} = [r_{sa}] + \lambda_{sa} \tag{31}$$

因为

$$\frac{R_{sa}}{R_a} = \frac{146567298}{4320000000} = \cfrac{1}{29+\cfrac{1}{2+\cfrac{7470582}{69548358}}}$$

简单比：$\frac{1}{29}$，$\frac{2}{59}$ …

月亮交点黄经 λ_n：

$$\frac{ra \times 10}{186} = [r_n] + \lambda_n \tag{32}$$

因为

$$\frac{R_n}{R_s} = \frac{232311168}{4320000000} = \cfrac{1}{18+\cfrac{1}{1+\cfrac{1}{1+\cfrac{1}{2+\cfrac{4938624}{44486784}}}}}$$

简单比：$\frac{1}{18}$，$\frac{1}{19}$，$\frac{2}{37}$，$\frac{5}{93}$ …，即 $\frac{10}{186}$。

金星快速圆高点 λ_v：

$$\frac{3ra}{2} + \frac{3ra}{2} \cdot \frac{1}{12} = [r_v] + \lambda_v \tag{33}$$

因为

$$\frac{R_v}{R_s} = \frac{7022389492}{4320000000} = 1 + \cfrac{1}{1 + \cfrac{1}{1 + \cfrac{1}{1 + \cfrac{1}{2 + \cfrac{19115936}{532831524}}}}}$$

简单比：$\frac{1}{1}, \frac{2}{1}, \frac{3}{2}, \frac{5}{3}, \frac{13}{8} \cdots$，又 $\frac{13}{8} = \frac{13 \times 3}{8 \times 3} = \frac{39}{24} = \frac{36}{24} + \frac{3}{24} = \frac{3}{2} + \frac{3}{2 \times 12}$。

以上使用连分数的推导比值过程参考了 Dvivedin 的注释（Dvivedin，1902），然而连分数是 11 世纪的婆什迦罗二世采用的方法，到底婆罗摩笈多的这些比值系数是否采用了同样的推导方法我们不得而知。

同火星时的情形一样，文中 "加上水星的移动的固定值" 等标问号的语句意义不明，从数理角度分析疑似文献传抄有误。

参考文献

DVIVEDIN S (ed.), 1902. Brāhmaspuṭasiddhānta and dhyānagrahopadeśādhyāya. Benares: Medical Hall Press.

PINGREE D, 1978. History of mathematical astronomy in India[M]. Dictionary of scientific biography, supplement 1. New York: Charles Scribner's Sons: 533-633.

吕鹏（译注），2018. 婆罗摩笈多《行星运动指引》（第 1—17 偈）[J]. 亚非研究（14）：95-114.

Translation and Notes on Chapter 25 "Dhyānagrahopadeśa" (Verses 18-36) of Brahmagupta's *Brāhmasphuṭasiddhānta*

LYU Peng

Abstract: This is the translation and scientific note on the verses 18 to 36, of Chapter 25 "Dhyānagrahopadeśa" of Brahmagupta's *Brāhmasphuṭasiddhānta*, which contains the rules for calculating the true Sun and Moon, the number of *Tithi*s, the mean planets and so on. It is noteworthy that the text preserved a special kind of the table of the moon's apparent motion which is correspondent with that in the Tibetan calendar.

Keywords: Brahmagupta; *Brāhmasphuṭasiddhānta*; Indian mathematical astronomy

（责任编辑：曾琼）

区域国别研究

"清洁印度运动"优势、不足与
原因分析

刘鑫

内容提要：独立以来印度在政治体制改革和经济社会发展上取得了举世瞩目的成绩，可是卫生问题却成了这个国家走上有声有色大国道路上的阻碍。为解决"露天排便"问题，印度总理莫迪掀起了一场声势浩大的"清洁印度运动"。一方面，政策实施灵活度高、新型厕所的研发能力强、民众的参与度广。另一方面，存在官员腐败与虚报数据、预算资金在教育投入中占比过少、粪便处理系统建设不完善以及官员推行政策的手段不当的问题。"清洁印度运动"效果欠佳的深层原因在于水资源时空分布不均与贫民窟空间资源紧张、印度政府的治理能力不足、印度哲学与宗教观念的影响和缺乏配套的污水处理系统。总的来讲，卫生问题本质上是一个发展问题，印度的卫生改革运动任重而道远。

关 键 词：清洁印度运动；露天排便；卫生改革

作者简介：刘鑫，郑州大学历史学院 2021 级世界史专业硕士研究生，主要从事东南亚与南亚史研究。

基金项目：本文获得郑州大学历史学院"世界历史上的重大疫情及其影响"特色项目支持。本文系 2023 年河南省高校人文社会科学研究一般项目"美国与印度开展对外援助三方合作的缘起、进展与影响"（2023-ZZJH-057）阶段性研究成果。

印度作为一个南亚的区域性强国，独立以来在殖民体制改革和经济社会发展上取得了举世瞩目的成绩，可是卫生设施的短缺和卫生观念的缺失造成的"露天排便"问题，却成了这个国家走上大国道路的阻碍。卫生[1]问题阻碍了印度人民生活质量的提高，莫迪（Narendra Damodardas Modi）上台之后发起的"清洁印度运动"（Swachh Bharat Mission）[2]，就是为了提升印度的卫生治理能力，缓解人民的卫生压力，为卫生问题的解决提供可行方案。对"清洁印度运动"的研究有助于了解印度卫生现代化的进程，目前国内外学界对此已进行了一些研究。得克萨斯大学奥斯汀分校的黛安·科菲（Diane Coffey）和迪恩·斯皮尔斯（Dean Spears）在《印度走向何方：废弃的厕所、发育迟缓和种姓的代价》中介绍了印度的露天排便问题对儿童健康的影响和印度政府的农村卫生建设（Coffey et al.，2017）。梅塔梅拉（Mehta Meera）在《农村卫生的公共财政——以清洁印度运动为例》中评估了运动的资金利用效率和有效性（Meera，2018）。斯诺·拉塔·辛格（Sneh Lata Singh）、尼尔玛·昆瓦尔（Neelma Kunwar）和安查尔·夏尔马（Anchal Sharma）在《清洁印度运动对印度社会的影响》运用问卷调查的方法介绍了运动对印度民众生活和国家经济发展的影响（Singh et al., 2018）。国内学者颜佳华、方浩伟的《清洁印度项目：动因、执行机制与运作逻辑——兼论对中国农村"厕所革命"的启示》介绍了项目的实施过程以及其对我国农村"厕所革命"的启示（颜佳华 等，2018）。总体来看，国内外学者对"清洁印度运动"的研究主要集中在运动的内容和影响方面，对运动存在的优势、不足和运动效果不佳的原因尚缺乏系统研究。本文试图在梳理当前阶段运动执行效力的基础上，探究该运动效果欠佳的深层原因。

---

[1]　国家和组织之间对"卫生"一词的使用存在一些差异，本文所指的卫生区别于个人卫生，指的是公共卫生。世界卫生组织对"卫生"一词的定义如下：卫生一般是指为安全处理人类尿液和粪便提供设施和服务。可以从两个方面来理解"卫生"这一概念，第一，有安全的如厕设施；第二，要使粪便得到有效的处理和卫生设施的长久维护。通过有效的手段，为每一个人提供健康的生活环境，让人们在排便时感受到尊严和安全保障。

[2]　2014 年，印度总理纳伦德拉·莫迪宣布推行全新的印度卫生改革方案——清洁印度运动，期望在 2019 年圣雄甘地 150 周年诞辰之际实现消除露天排便的目标。该运动在 2020 年进入第二阶段，在资金筹备力度、废物管理、塑料禁令、环卫工人等方面有了新的发展，由于第二阶段的运动成效还未及时显现，所以本文主要以第一阶段为研究对象。

一、"清洁印度运动"的优势

印度独立以后，政府为改善卫生问题屡次进行改革，但仍未解决印度令人堪忧的卫生问题[1]。当下印度卫生改革乏善可陈的现状与莫迪政府大国战略的宏伟志向不相适应。因此，亟待解决的卫生问题也成了莫迪政府展现治理能力的抓手，为"清洁印度运动"的推行提供了重要条件，该运动过程中也有许多优势值得他国借鉴。

（一）政策实施的灵活度高

印度国土面积广阔，不同地区文化和经济发展具有差异性，由国家委员会制定总的卫生政策方案，各地在实施方法上灵活变通。每年各级执行机构都更新厕所建设的调查数据，将数据上传至互联网数据支撑平台，按运动进行的实际进程，制定新的执行计划。在资金分配方面，则根据各邦经济情况分配资金所占比例，在贫困地区中央分配的比例要高于经济条件好的地区。国家向贫困线以下的家庭补助金额高达 12,000 卢比，其中 75% 来自国家资助的 9,000 卢比，25% 来自各邦政府提供的 3,000 卢比。对于相对贫困的东北六邦和特殊类别邦，中央和地方的比例为 9:1，分别为 10,800 卢比和 1,200 卢比[2]。在资金来源方面，除国家和邦一级的财政拨款外，还广泛收集来自社会各界的志愿者、慈善团体和私营公司的资金支持，甚至也包括国际组织和其他各国的援助。在任务监测方面，国家建立了一个厕所

---

[1]　印度独立以后，尼赫鲁政府主张在公共卫生方面增加拨款，1954 年实施了第一个农村卫生方案。1972 年，加速农村供水计划（ARWSP），旨在为"部落民族、种姓制度和落后阶级"提供改善卫生设施的资金。1986 年，印度政府启动中央农村卫生项目（CRSP），旨在为 25% 的农村家庭提供卫生厕所。政府还进行了大规模的财政投资，以确保全年收入低至 75 美元的个人能够获得厕所。该方案还涉及将干式厕所改建为水泵式厕所，以及在村庄为妇女建造公共卫生设施。1999 年 4 月，中央农村卫生项目（CRSP）重组为全面卫生运动（TSC），这项运动的目的是提高群众对厕所使用和建设的认识。2003 年，政府启动了全国清洁村奖，以鼓励社区自愿参加卫生活动，鼓励农村事务委员会实现无露天排便。2012 年，全面卫生运动（TSC）更名为清洁印度行动（NBA），目标是通过更新战略和方法，加快农村地区的卫生覆盖，以全面覆盖农村社区。

[2]　资料来源于印度政府住房和城市事务部网站（读取日期：2022 年 7 月 9 日）。

监测网站，显示新建厕所的数量和每个厕所的照片，为那些实现无露天排便（Open Defecation Free）的村庄和社区提供奖励。而且定期对与相关工作人员进行工作培训，定期在各邦开展研讨会、向卫生条件改善较好的邦学习经验。

（二）新型厕所的研发能力强

随着清洁印度运动的推行，饮用水和卫生部通过资助各种项目来促进新型厕所的研发活动，通过成立专家委员会来审查新型厕所技术，并且在该部门的网站上定期上传技术创新的进展，以求造福于相关利益者。目前，已经出现了一批创新型厕所，例如，生物沼气池厕所，将人类的排泄物转化为甲烷和肥料，用于照明和农业用途；用于解决露天排便的便携式帐篷厕所，它可以安装在任何地方，废物被收集在一个含有除臭剂的可生物降解的袋子里，如厕不受场地约束，而且粪便也可及时得到处理；双坑堆肥厕所，顾名思义就是厕所旁边有两个化粪池，其中一个填满后再使用另外一个，这样填满的坑就可以进行堆肥，这种方式制成的肥料富含氮和磷，这种技术也被联合国认定为全球最佳实践[1]。厕所研发的技术创新丰富了民众的卫生选择，为面对不同卫生环境的民众如厕问题提供了解决方案。是印度政府因地制宜地满足不同民众对卫生设施需求的表现。

（三）民众的参与度广

活动聚集了国家领导人、全国官员和社会各界的力量，具有广泛的参与度。在运动发起后，为了健康、尊严和女性安全，印度总理莫迪定期在媒体或公众面前宣传，并亲自拿起扫帚到街上去进行清洁活动。全国上下官员们离开有空调的办公室，前往尘土飞扬的村庄，为数千名泥瓦匠组织培训和进行政策宣传集会。联合国儿童基金会、盖茨基金会、塔塔信托基

---

[1] 资料来源于新德里电视台网站（读取日期 2022 年 1 月 9 日）。

金、世界银行被要求提供资金和技术支持。电影明星和运动员也作为形象大使来提升运动进程，宝莱坞著名影星阿克谢·库马尔（Akshay Kumar）拍摄的电影《厕所英雄》获得了良好的口碑和票房。清洁印度运动团队还巧妙地利用社交媒体宣传自己所在地区取得的成就。通过政治家、官员、名人和社交媒体等各个层次的宣传与行动，厕所覆盖率不断提高（见图 1）[1]。

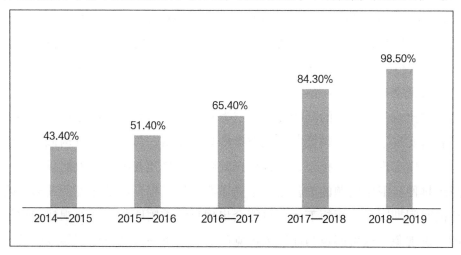

图 1　清洁印度运动开展后的厕所覆盖率

二、"清洁印度运动"的不足

　　运动的第一阶段（2014—2019 年）主要关注厕所的建设，以求在印度消除露天排便的现象。在运动进行的 5 年中，印度政府建造了 1.1 亿个厕所，全国在厕所普及率上取得了大幅进步。这对生态环境、儿童健康、妇女安全等方面有着积极作用。但是，运动过程中也存在官员腐败与虚报数据、预算资金在教育投入中占比过少、粪便处理系统建设不完善以及推行政策的手段不当等问题。

---

[1]　资料来源于统计学家网站（Statista）（读取日期：2022 年 1 月 9 日）。

（一）官员腐败问题和虚报数据的现象频发

在对宣布已实现无露天排便目标的村庄进行审查时发现，总共应该建设的 444 个厕所中只有 80 个建成，有 83 个厕所的建设工作仍在进行中。此外，还有 80 个厕所使用了不合格的材料，其余的 281 个厕所甚至还没有开始修建。同样，北方邦布兰德沙尔（Bulandshahr）的几个村庄也报道了腐败和违规行为，该地区约有 192 个村庄已被宣布实现无露天排便，似乎官员想在未完成工作项目的情况下匆忙宣布村庄实现无露天排便 [1]。数据监测网站上将比哈尔邦农村的厕所覆盖率定为 99.36%，然而在巴特那只有 27.40% 的农村实现了无露天排便 [2]。此类事件只是冰山一角，政府机构似乎急于宣布村庄实现无露天排便，使得村民的厕所只是建在纸上，人们只好继续露天排便。卫生问题的改善是一个循序渐进的过程，清洁印度运动第一阶段的时间期限只有短短五年，可能会出现只注重厕所数量却忽视建造质量的冒进现象，这可能也与印度人民党政府想在下一次选举中积累政绩资本有关。

（二）预算资金在教育投入中占比过少

清洁印度运动推行的前两年，只有 1% 的计划支出用于资助信息、教育和传播活动（IEC），以牺牲教育和交流为代价只关注厕所建设是得不偿失的。在 2011 年人口普查中，约 73% 的人口识字，其中男性为 81%，女性为 65%。北方邦、比哈尔邦、中央邦、拉贾斯坦邦、安得拉邦、西孟加拉邦、卡纳塔克邦和马哈拉施特拉邦各有超过 1,500 万文盲，占该国文盲人口的 69.7%[3]。在这样一个教育普及率低且教育水平地区发展不平衡的国家，政策的教育性意义就显得十分重要了，大多数人认识不到露天排便对人的健康

---

[1]　资料来源于新闻点击网（Newsclick）（读取日期：2022 年 9 月 1 日）。

[2]　资料来源于首发网（Firstpost）（读取日期：2022 年 9 月 7 日）。

[3]　资料来源于印度邮报网站（读取日期：2022 年 9 月 1 日）。

和生态环境的影响，甚至认为露天排便是天经地义的事，是亲近大自然的表现。并且，在运动的教育方案中缺乏维护厕所环境与厕后洗手的清洁练习。

（三）粪便处理系统建设不完善

国家建造的大部分厕所都是依靠在地下建造化粪池来容纳粪便污泥，缺乏完善的下水道系统。在匆忙实现建设目标时，并未考虑他们是否适合当地环境。例如，在被哈尔邦的 15 个洪水多发地区，厕所被洪水淹没导致耗资约 842.05 亿卢比建造的 785 万个厕所大部分在洪水期间都无法使用，夹杂着粪便的洪水在退去之后会污染土壤、地表水和地下水，不利于民众的生命健康，洪水对比哈尔邦无露天排便状态的保持构成了威胁 [1]。同时，在种姓制度影响下存在贱民人工清扫厕所的现象。在印度各地，作为"不可接触者"的种姓每天都会收集人类排泄物，然后用甘蔗篮将其运走处理。这个种姓的妇女通常在家中清洁干式厕所，而男性则更费力地清洁下水道和化粪池。这些来自清扫种姓的人被视为是贱民中最低贱的，受到了严重的歧视。在没有保护措施的情况下反复处理人类排泄物会对健康造成严重的后果，例如持续的恶心和头痛、呼吸道和皮肤病、腹泻、呕吐、一氧化碳中毒等。几乎每年都有清洁工在工作时被毒气扑倒致死的新闻被报道出来 [2]。而且农村清洁干式厕所的妇女很少收到或者根本没有工资，她们每天的酬劳大多是剩饭、谷物、雇主的旧衣服以及进入上层种姓的土地放牧或者收集柴火的权利，这是长期以来的习惯做法。

（四）政府官员推行政策的手段不当

在来自全国各地的新闻报道中发现，地方官员经常羞辱和骚扰露天排便的人。他们对露天排便的人吹哨子进行惊吓；如果家庭不建造或使用厕所，他们会以失去公共福利（如养老金或政府救济口粮）为代价进行威胁；

---

[1] 资料来源于直击地球网（Down to Earth）（读取日期：2022 年 9 月 7 日）。
[2] 资料来源于滚动媒体网（Scroll.in）（读取日期：2022 年 9 月 7 日）。

更极端的做法还有官员部署无人机监视哈里亚纳邦的田野，以及让那些露天排便的人当众受辱[1]。政策的初衷是向好的，但是在实际执行中出现了过激行为，执行官员使用的不是说服和教育，而是威胁和逼迫，对此政府必须予以纠正，否则政府失去的将是民心。

到 2019 年清洁印度运动第一阶段收官之年，莫迪宣布这项运动取得了成功，印度实现了无露天排便的目标。世界银行支持的全国农村年度卫生调查（NARSS）在 2019 年 2 月结束的数据调查显示，只有大约 10% 的印度农村人在露天排便。但是，由哈蒂（Hathi）担任研究员的非营利性经济研究所（RICE）在类似的时间线进行的另一项研究显示，四个大邦 44% 的农村人口仍在露天排便（Gupta et al., 2019）。世界卫生组织和联合国儿童基金会发布的一项关于水、环境卫生和个人卫生的联合监测计划（JMP）指出，印度至少有 15% 的总人口露天排便，占该国总人数 1% 的城市人口和 22% 的农村人口露天排便[2]。政府修建了数目众多的厕所，但是厕所的使用率低下，依旧有人露天排便。因此，探究运动效果欠佳的深层原因有助于印度卫生政策的完善。

三、清洁印度运动效果欠佳的原因

在运动第一阶段收官之际，露天排便问题并没有真正得到解决。从表面上看，政府只注重厕所数量而忽略了厕所使用率是导致运动进展乏力的原因。究其根源是水资源与空间资源、政府执政能力、印度宗教哲学和缺乏相应的配套设施等多种因素共同作用的结果。

（一）水资源空间分布不均与贫民窟空间资源紧张

印度的水资源空间分配不平衡，是影响厕所清洁和维护的重要原因。

---

[1] 无资料来源于印度时报网站（读取日期：2022 年 9 月 7 日）。

[2] 资料来源于世界卫生组织网站（读取日期：2022 年 9 月 7 日）。

印度处于季风气候带，东北季风占印度总降雨量的 10%—20%，而西南季风提供约 80% 的降雨量，降水量受季风的影响明显，洪水造成卫生设施被淹没、干旱地区的厕所缺乏清洁和维护使粪便处理系统受到影响。近年来，印度的季风变化更加明显，同时季风期的时长也在减少，从而减少了总降水量。2019 年 6 月，印度的第六大城市——钦奈，在其 4 个主要水库完全干涸后面临严重缺水问题，缺水严重影响了钦奈人的日常生活，使得该市的餐馆和酒店歇业关门，出现了民众提着空水桶排队等候数小时才能接上水的现象 [1]。这对城市中冲水厕所的维护和清洁带来了巨大的挑战。印度为解决水资源空间分配不均的问题，还提出了"北水南调计划"，可是由于国力有限和涉及的多方利益难以调和，一直未能实现。因此，在水资源短缺的地区的印度民众依赖现场卫生设施，这意味着主要使用农村地区的坑式厕所，而且在粪便处理方式上依赖人工清扫，厕所没有得到有效的清洁和维护就为露天排便现象的持续提供了可能。

此外，在城市贫民窟中还存在空间资源紧张的问题。城市贫民窟的特点就是巷道拥挤，采光不足，通风不良，居民处在拥挤的生活空间内，一个家庭可以用于建设厕所的空间少之又少。居住在出租屋中的租客也很难有厕所，因为建造厕所的决定权在于房主。因此，社区厕所的建造就十分有必要，它的建设和长期使用又依赖于在贫民窟附近找到可以辐射整个社区的建设地点，这在空间资源紧张的贫民窟中不太容易实现。

（二）印度政府的治理能力不足

在印度政府的政策实施过程中，国家意志很难自上而下推行至全国，运动的推行在地方上有很大的自主性，中央与地方难以形成合力。在独立初期，印度在继承英国殖民时期政治传统的基础上，依据本国复杂的民族、阶级和宗教国情，建立了一套具有单一性和强中央性特点的印度联邦制，初步实现了政治上的国家整合。但这种整合是不稳固的，是用一部强

---

[1] 资料来源于美国全国公共广播电台（读取日期：2022 年 9 月 7 日）。

有力的宪法和一系列僵硬的行政机制框住的。当时主政的国大党能够在矛盾中维持印度政府政令运行流畅，但是在国大党从一党独大的神坛上陨落后，印度政治开始陷入中央与地方权力割裂的泥潭。随着中央权威的下降，地方上各种利益集团要么纷纷组建新的政党，要么就是与现有政党相互依附，进行权利交换。从1989年到2014年，"悬浮议会"统治印度政坛长达25年之久。这意味着政府推行的政策可能被各政党或利益既得集团所裹挟。

同时，印度人民党政策的推行也被印度宗教性所影响，由于印度宗教特征中的种姓制度根深蒂固，在涉及种姓方面的卫生政策时也会遭受激进印度教教徒的反对。印度人民党（Bharatiya Janata Party，简称BJP）为何能在2014年的大选中以绝对优势上台组阁？除了反对腐败和家族政治的原因，另外一个重要原因就是利用印度教宗教特性来笼络人心。用这种方法打破印度社会民族、种姓和阶级的壁垒，将印度教教徒的虔诚转化为整合国家资源和引领国家前进的强大动力。同时，印度人民党也与其母体组织印度国民志愿服务团（Rashtriya Swayamsevek Sangh，简称RSS）关系紧密，运用宗教组织来推动政策的运行。现代政党政治治理与印度宗教特性的矛盾，使得清洁印度运动的政策难以实现。

政府资金预算不足也是政府治理能力不足的体现。在运动的报销模式下，家庭要先用自己的资金建造厕所，然后在所建厕所信息上传及认证合格后，他们才会获得12,000至15,000卢比的报销。这一程序性要求使处于贫困线以下的家庭面临障碍，厕所的建造成本实际变化很大，通常可能超过政府能够报销的金额。根据全印度农村金融包容性调查，2016—2017年农业家庭的平均收入水平为每月8,931卢比[1]。将收入数据和建设厕所的成本相结合发现家庭筹集初始资金具有挑战性。虽然存在从亲戚那里借款或动用个人储蓄等筹资方法，但并非所有家庭都可以使用。而且，在缺水和污水处理管道不足的农村，建设的更多是带有大型地下化粪池的坑式厕所。印度农村家庭倾向于拒绝政府推广的负担得起的小型坑式厕所，因为这些

---

[1] 资料来源于《全印度农村金融包容性调查2016—2017》（读取日期：2022年9月7日）。

坑在几年后就会填满，需要人工清空。农村家庭为了不经常进行粪便清扫，想要建造拥有更大化粪池的厕所，这就使家庭在建造厕所时成本远大于政府补贴的费用，使得家庭厕所建设困难。

（三）印度哲学与宗教观念的影响

印度哲学中"梵我一致"思想和"纯净与污秽"观念的影响。印度教认为"梵"是一切事物的本源，整个世界都是由"梵"构成的，"我"（阿曼特）在奥义书被认为是人生现象的内在主体，是"梵"的一部分，而万事万物来源于梵，死后又复归于梵（姚卫群，2006）。印度教教徒修行就是要发现自己的"梵"，以此达到"梵我一致"的最高境界。这就使印度教教徒有了自己和大自然的其他物质载体本质上是相同的观念，为了达到修行的最高境界，人们更喜欢亲近自然，到大自然中去排便。所以，认为野外露天排便是一件非常正常的事情。在圣典《摩奴法典》中，就有关于"在远离自家房屋的大自然排泄"的教义。"要将粪便、洗脚水、残食、洗澡水，倒在远离圣火的地方，在用树枝、土块、树叶、枯草等类似的东西盖在地面上以后，保持清洁，缄默不语，裹衣，蒙头来排泄粪便。"（《摩奴法典》，1996）在印度人的思想中，纯净与污秽的标准界线是"室内"与"室外"，在家中印度人会认真清洁自己的身体，以便将在外沾染的污秽清除干净。因此在许多印度人的观念中，不在家中上厕所，将粪便排到户外才是符合《摩奴法典》规定的洁净的行为。

印度教种姓观念的影响。印度目前有 9.6 亿印度教教徒，占其总人口的 79.8%[1]。种姓制度虽然在独立之后已经废除，但是传承了千年之久的种姓观念仍影响至今，要达到种姓平等的目标绝非易事。在印度农村的富裕家庭中，新婚妇女和老人在家中或者附近排便是很常见的，而清扫粪便则由低种姓群体负责，他们认为这是只有贱民清扫工才能完成的任务，高种姓群体来人工处理粪便不仅有辱人格，还会导致他们自己受到社会排斥。印度

---

[1]　根据 2011 年印度人口普查数据计算得出，资料来源于印度人口统计网（读取日期：2022年 9 月 7 日）。

政府为此专门颁布的保护贱民权益的法律收效甚微。1955 年的《民权保护法》禁止强迫任何人进行手工清理。2013 年，印度议会颁布了《禁止雇佣人工清道夫及其康复法》，禁止所有人工清理粪便，并且为其提供援助使他们免遭侮辱和不公正待遇。值得注意的是，印度法律与当地现行法律之间的差距往往很大，从来没有人因为使用贱民清洁工而被定罪，这些法律迄今为止尚未成功结束人工清理。罗荣渠教授认为，生态、人口、社会、经济、政治、文化和国际交往是影响社会变迁的主要因素（罗荣渠，1993）。其中社会因素和文化因素都是慢变因素，具有相对稳定性。虽然印度在现代化的过程中政治建设向公正和民主迈进，经济社会发展也从殖民体制下转变为有印度特色的高速发展模式。但是印度社会还是一个拥有特色文化的宗教社会，种姓制度和传统文化对印度人民影响十分深远。

（四）缺乏配套的污水处理系统

政府关注的更多是地上的坑位，而地下管道、泵站和处理厂在内的集中式污水处理系统建设不足。未经处理的污水是印度水源的主要污染源，会导致一系列疾病。印度的污水处理能力有限。根据中央污染控制委员（The Central Pollution Control Board）2021 年的报告，目前，印度有能力处理约 50% 的废水，即每天 36,668 亿升，而每天产生的污水约为 72,368 亿升。此外，大多数污水处理厂不能以最大容量运行，也不符合规定的标准。更为令人瞠目结舌的是，包括安达曼和尼科巴群岛、拉克沙威普群岛、曼尼普尔邦、梅加拉亚邦和那加兰邦在内的五个地区至今尚未建成污水处理厂[1]。就算在有污水处理厂的大城市，污水处理系统的建造和运行成本也比较高，需要不间断地供电、熟练的操作人员和大量的维护。上述这些原因导致有的家庭厕所只是安装了坑位，但是没有合格的废物处理系统和下水管道的建设，只好用厕所间来堆放杂物。厕所建设是一个系统工程，不仅包括地上的坑位，还包括地下的粪便处理系统和地下排污管道的铺设，如果忽视

---

[1] 资料来源于印度政府《中央污染控制委员会：2020—2021 年度报告》（读取日期：2022 年 9 月 7 日）。

废物处理系统的建设和维护，厕所就只是一个摆设。

四、结语

印度的卫生改革运动在过去七十年的普及中效果欠佳，在经历了莫迪的卫生改革后基本上满足了人们对厕所数量的需求，但是厕所建造质量、厕所使用率和人们的卫生观念依旧有待提升。厕所的清洁和维护、印度政府的治理能力、思想文化观念和污水处理系统都是影响清洁印度运动效果的重要因素。卫生问题本质上是一个发展问题，造成厕所问题迟迟不能解决的根本原因是生产力水平不足，只有不断地解放和发展生产力，提高经济发展水平才能有更多的资金进行厕所建设和卫生教育。印度政府在清洁印度运动的第二阶段，通过加大资金筹备力度、改善粪便处理系统和保障环卫工人的工作安全来解决上一阶段存在的问题。运动成果如何主要取决于经济社会的发展和文化观念的进步，运动第二阶段的成果有待时间的验证，印度卫生改革依旧任重而道远。

参考文献

DIANE C, SPEARS D, 2017. Where India goes: abandoned toilets, stunted development and the costs of caste[M]. New Delhi: Harper Collins Publishers India.

GUPTA A, et al., 2019. Changes in open defecation in rural north India: 2014-2018[J]. Social science research network, 12065: 1-24.

MEERA M, 2018. Public finance at scale for rural sanitation – a case of Swachh Bharat Mission[J]. Journal of water, sanitation and hygiene for development, 8(3): 1-15.

SINGH S L，KUNWAR N，SHARMA A，2018. Impact of Swachh Bharat Abhiyan in Indian society[J]. International journal of home science, 4(1): 215-219.

罗荣渠，1993. 现代化新论 [M]. 北京：北京大学出版社：120.

摩奴法典 [M]. 1996. 迭朗善，译 . 马香雪，转译 . 北京：商务印书馆：92.

颜佳华，方浩伟，2018. 清洁印度项目：动因、执行机制与运作逻辑——兼论对中国农村"厕所革命"的启示 [J]. 公共事务评论，（1）：113-125.

姚卫群，2006. 印度宗教哲学概论 [M]. 北京：北京大学出版社：150.

Analysis of the Strengths, Weaknesses and Causes of the "Swachh Bharat Mission"

LIU Xin

Abstract: Since independence, India has achieved world-renowned achievements in political system reform and economic and social development, but the health problem has become an obstacle for this country to embark on the road of a great power. In order to solve the problem of "open defecation", Indian Prime Minister Narendra Damodardas Modi launched a massive "Swachh Bharat Mission " (Clean India Movement). On the one hand, there is high flexibility in policy implementation, strong research and development capabilities for new toilets, and extensive public participation. On the other hand, there are problems of official corruption and false reporting of data, too little budgetary funds in education investment, imperfect construction of the excrement disposal system, and improper methods of officials to implement policies. The underlying reasons for the ineffectiveness of the "Clean India Movement" are the uneven distribution of water resources in time and space, the shortage of space resources in slums, the lack of governance capacity of the Indian government, the influence of Indian philosophy and religious concepts, and the lack of supporting sewage treatment systems. In general, health issues are essentially a development issue, and India's health reform movement has a long way to go.

Keywords: Swachh Bharat Mission; open defecation; sanitation reform

（责任编辑：宋清润）

菲律宾女性参议员的政治参与：以第十九届国会为例

内容提要：菲律宾自 1986 年民主转型以来，每届国会中的女性参议员比例均呈上升趋势。研究发现，菲律宾女性参议员要么因为是著名男性政治家的妻女而获得民众的关注，要么是因个人能力而在众多候选人中脱颖而出，顺利跻身政治领域。但菲律宾女性参议员现象并不能完全代表着菲律宾妇女地位的提高，也不意味着菲律宾父权制的衰弱。相反，正是因为父权制才为女性提供了上台机会，她们非但不挑战父权制，反而支持与维护现有的父权制。

关 键 词：社会性别；女性参议员；菲律宾

作者简介：洪天悦，暨南大学政治学硕士研究生，主要从事菲律宾国情与政治研究。

基金项目：本文系国家社会科学基金重大项目"东南亚藏中国南海史料文献整理与研究"（21&ZD244）的子课题阶段性研究成果。

20 世纪 80 年代，东南亚国家相继卷入第三波民主化浪潮之中，开始从威权政体转向民主政治，菲律宾也是其中一员。在这一时期，菲律宾不但涌现出多位女领袖，而且女性在立法领域的成绩也不容小觑。以 2022 年第十九届国会为例，24 位参议员中共有 7 位女性，例如在没有任何政府管理经验的前提下参加 2013 年第十六届国会竞选，便以第五名的成绩当选参议员，并实现多届连任的南希·比奈（Nancy Binay）；曾担任北伊罗戈省长、在第十八届国会中崭露头角，连任两届的议员艾米·马科斯（Imee Marcos）；多次以压倒性优势领先对手的辛西娅·维拉尔（Cynthia Villar）等人。菲律宾第十九届国会的女性参议员有一个共性特点，即她们多为著名政治家的直系亲属。有的是政治家的妻子，如辛西娅·维拉尔的丈夫曼尼·维拉尔（Manny Villar）早在 2006 年就当选参议院主席；洛伦·莱加达（Loren Legarda）的丈夫安东尼奥·莱维斯特（Antonio Levist）曾任八打雁省省长。有的是政治家的女儿，如南希·比奈是菲律宾第十三任副总统杰约马尔·比奈（Jejomar Binay）的女儿；皮娅·卡耶坦（Pia Cayetano）的父亲是前参议员雷内·卡耶塔诺（Rene Cayetano）；艾米·马科斯的父亲是菲律宾第六任总统费迪南德·马科斯（Ferdinand Marcos）；格蕾丝·傅（Grace Poe）的父亲小费尔南多·傅（Fernando Poe Jr.）是菲律宾家喻户晓的电影明星，并于 2004 年参加菲律宾的总统竞选；辛西娅·维拉尔不仅丈夫是政治家，其父亲菲蒙·阿吉拉尔（Fremont Aguilar）也曾长期担任拉斯皮纳斯的市长兼国会议员。

菲律宾女性在国家立法机构中拥有如此高的比例，放眼整个东南亚地区都是较为突出的政治现象。问题是，作为深受父权制影响的国家，菲律宾为何会出现如此普遍的女性参政？父权制社会下的妇女处于劣势地位，她们在政治领域更显弱势，法律和习俗早已将男性支配合法化，使得国家的政治或公共生活被假定为男性的领域，妇女的自然领域则是私人的。在此背景下，现在菲律宾女性普遍参与政治是否意味着父权制的衰弱或是女性地位的上升？

菲律宾女性政治参与水平较高，学者对这方面的研究成果颇丰且深入。米娜·罗丝（Mina Roces）在专著《女性、权力和家族：战后菲律宾的女政治家》中指出，菲律宾女性凭借与男政治家的关系，如妻子、女儿、兄妹等身份来行使非正式权力，从而参与到政治当中（Roces，1998）。她在论文《现代性的协商：1970—2000 年的菲律宾妇女》中讨论这一时期菲律宾女性的政治参与，指出菲律宾的家族政治提升了妇女非正式权力参与的重要性，对于菲律宾女性及女性主义者来说，如何发掘和行使非正式权力的巨大潜力是赋权女性的关键及挑战（Roces，2002）。玛丽亚·P. 穆纳兹（Marlea P. Munez）侧重分析菲律宾民主转型时期妇女政治参与和权利的状况改善，指出菲律宾妇女的权利通过各种立法得以维护，但其在参与选举的过程中仍将面对诸多阻碍（Munez，2004）。玛丽亚·埃拉（Maria Ela）在《性别与菲律宾地方治理》一文中详细探讨菲律宾民主转型时期的法律变革和非政府组织是如何赋权妇女，而妇女又是如何参与到地方治理当中，从而使得决策中的性别主流化达到较高水平，促进民主转型（Ela，2010）。劳尔德斯（Veneracion Rallonza Lourdes）的论文《妇女与民主议程：菲律宾妇女政治参与》用大量数据描述在民主转型时期，菲律宾妇女在立法、行政和司法部门的人数与比例，统计出参、众两院提出的有关妇女的议案，得出议案领域的性别主流化趋势得以加强的结论（Lourdes，2009）。就国内学者而言，范若兰在专著《东南亚女性的政治参与》中详细论述菲律宾女性政治参与的发展历程，并结合政治制度、政治文化、性别秩序与女性政治参与之间的关系进行阐述，指出家族政治、金钱政治、庇护政治始终是主导菲律宾女性政治参与的三大核心要素（范若兰，2015a）。她在《亚洲女政治领袖研究：研究范式与分析工具》一文中以亚洲女政治领袖上台执政为例，总结出学界目前对女领袖展开研究的父权制、社会性别、双重困扰以及道德资本四种分析工具，为学术研究提供参考（范若兰，2018）。其论文《当代菲律宾家族政治与女性权力政治参与的关系》指出在民主转型时期，民主选举和家族政治大大增加了政治家族女性参与正式权力的机会。但是家族政治实质上是阻碍菲律宾政治发展的一个毒瘤，不仅影响其民主政治的发展，也降低普通公民，尤其是普通妇女群体参与权力政治的可能性，最终阻碍女性政治参与的进一步提升（范若兰，2014）。范若兰和陈妍的《东南亚民主化浪潮中的女领袖现象探析》及《掌权之后：东南亚女总统与民主转型的性别分析》两篇文章从社会性别视角对东南亚女领袖上台的原因和执政后的双重困境进行深入探讨（范若兰 等，2012a；范若兰 等，2012b）。陈妍的硕士学位论文《科拉松·阿基诺和菲律宾民主化——基于女性主义视角的分析》侧重探讨女领袖与民主化和父权制之间的关系（陈妍，2012）。

总的来说，学界现有的成果多聚焦于政治权力顶端的女性是如何实现政治参与的，缺乏对立法领域女性从政的关注与探讨，同时学界更关注家族政治、父权制对女性参政的制约影响，而基于两大因素对女性从政的积极作用，以及女性参政是如何维护父权制与家族政治的研究较少。基于此，本研究以菲律宾第十九届国会为例，对女性参议员现象进行分析，回答本文先前提出的问题。

一、菲律宾女性政治参与的方式

政治参与分为大众参与和权力参与，大众参与是指参加选举、游说、示威游行等活动；而权力参与指进入国家、地方及社会事务的各个管理层面，参与立法、决策和公共管理的过程（范若兰，2015a）。

（一）大众参与

菲律宾女性的大众参与主要集中在成立促进妇女权益的妇女组织和提升妇女参政热情两个方面。

民主转型为菲律宾非政府组织（NGO）的发展提供相对自由和宽松的外部环境。1987年菲律宾《宪法》第2条第23款规定："国家鼓励符合法律的非政府、社区及部门组织的发展"。在内外因素的共同作用下，菲律宾的非政府组织数量从1986年的2.71万个增加到2019年的8万个，使其成为仅次于巴西和印度之后，全球拥有最多非政府组织的第三大发展中国家，被誉为"非政府组织的天堂"（杨超，2011）。在涉及农业、环境和人权领域的非政府组织中，女性领导人占比38%—40%（杨超，2011），女性担任要职，能够进一步推动非政府组织关注女性权益，提升妇女地位。在民主转型时期，一些妇女组织自发进行联合，组成规模更大的妇女联盟，如妇女健康联盟是由20个致力于女性和发展的团体构成，旨在为众多妇女组织以及发展组织提供一个集会的场所，并力争在影响女性权利和地位的具体问题上采取一致行动（Sobrichea，2010）。立法咨询网络（the Network for Legislative Advocacy）是由13个妇女组织联合而成，主要负责评估可能对女性产生影响的立法提案，并为刑事和民事案件的受害者提供法律援助（范若兰，2015a）。非政府组织的影响力伴随着民主化浪潮而迅速发展，故前联合国秘书长科菲·安南（Kofi Annan）把"以众多国际非政府组织为代表的、显著的、跨国发展的公民社会"概括为影响当前全球发展的八大因素之一

（甘燕飞，2012）。非政府组织凭借其组织的非正式性和广泛的影响力，对政府决策发挥着越来越大的影响，而众多妇女组织的成立与联合，能在很大程度上提升其组织的影响力，进而更好地保护妇女权益。

NGO 的发展和妇女组织的成立在很大程度上提升了女性的参政积极性。在 1986 年的选举中，为防止马科斯政府对选票结果造假，霍·康西普西翁（Jo Concepcion）组建自由选举全民运动组织（the National Movement for Free Elections）对投票箱进行监护，通过快速点票的方式，揭穿马科斯操纵的选举委员会的谎言，为科拉松·阿基诺（Cojuangco Aquino）的上台提供合法性（Dai，1992）。1992 年政治和公共政策中的妇女（Women in Politics and Public Policy）成立，拟出《女性政治议程十项纲领》，同时向时任总统拉莫斯（Fidel Valdez Ramos）提交关于任命更多女性高级官员的政策建议（Sobrichea，2010），为推动妇女进入政治领域发挥积极作用。还有不少妇女组织直接参与到大众政治活动当中，1998 年埃斯特拉达（Joseph Ejercito Estrada）当选总统，他的贪污腐败与大力提拔亲信引起菲律宾民众的不满。2001 年众多菲律宾妇女走上街头，参与"人民力量运动"，将埃斯特拉达赶下政治舞台。在 2004 年的众议院选举中，卡伯利拉妇女党（Gabriela Women's Party）和提升菲律宾妇女（Promotion of Filipino women）进入到最后的竞争环节，最终卡伯利拉妇女党以 3.65% 的选票赢得一个席位，进入众议院（Lourdes Veneracion，1998）。

妇女为保障自己的权益，积极参与到选举当中，使得菲律宾女选民的投票率始终高于男选民。在刚刚结束的 2022 年菲律宾大选中，总统候选人、前任副总统莱尼·罗布雷多（Leni Robredo）的支持者曾为她发起一场名为"Run for Leni"的竞选活动，女性占参与活动人数的一半以上。她们为罗布雷多的竞选积极宣传造势，力争让自己支持的候选人能够取得最后的胜利。

（二）权力参与

科拉松·阿基诺在 1986 年，马卡帕加尔·阿罗约（Gloria Macapagal Arroyo）在 2001 年当选总统，标志着菲律宾女性的权力参与达到顶峰。

1986 年，菲律宾恢复民主制，开始实行民主转型，为女性参与权力政治提供更广阔的舞台。

在立法领域，菲律宾女性取得较为明显的进步。1986 年科拉松·阿基诺上台后，任命 46 人组成制宪会议，其中包含 6 位女性，并任命积极参与民主运动的前最高法院法官塞西莉亚·帕尔马（Cecilia Palma）女士担任制宪会议的主席（范若兰，2015a）。制宪会议中的女性对推动 1987 年菲律宾《宪法》承认妇女地位发挥了重要影响。1991 年，《地方政府条例》允许包括妇女组织在内的非政府组织参与地方治理，同时规定每一个省和市的立法委员会在三个部门的代表中必须包含一个女代表（Ela，2010），将女性参与政治的权利纳入法律条文中，保证和促进菲律宾女性的政治参与。此外，1995 年菲律宾颁布共和国第 7941 号法案（即政党比例代表制），进一步明确政党之间的席位分配（范若兰，2015a），增加包括妇女在内的弱势群体进入决策机构的机会。法案颁布后，菲律宾女议员的比例明显上升。2001 年的第 12 届议会，国家、省、区 / 市一级的女议员占比均超过 15%；到第 18 届议会，三级女议员占比均超过 20%，国会女议员的占比尤为突出，达到 28.1%（见表 1）。

表 1　1987—2022 年菲律宾各级女议员比例（单位：%）

	国家级	省级	区 / 市级
第 8 届议会 （1987—1992 年）	8.8	4.5	10.5
第 9 届议会 （1992—1995 年）	11.3	10.5	12.6
第 10 届议会 （1995—1998 年）	11.3	11.2	13.7
第 11 届议会 （1998—2001 年）	12.7	12.8	16.6
第 12 届议会 （2001—2004 年）	16.7	16.5	17.3

（续表）

	国家级	省级	区／市级
第 13 届议会 （2004—2007 年）	15.4	16.5	17.1
第 14 届议会 （2007—2010 年）	15.4	16.1	18.2
第 15 届议会 （2010—2013 年）	22.1	16.3	19.1
第 16 届议会 （2013—2016 年）	22.1	21.8	20.0
第 17 届议会 （2016—2019 年）	29.4	19.9	21.4
第 18 届议会 （2019—2022 年）	28.1	20.2	21.8

在行政领域，菲律宾女性政治参与的成绩也较为不错，最引人注目的就是两位女总统的上台。在刚刚落下帷幕的 2022 年菲律宾总统大选中，正、副总统候选人中各有一名女性，她们是总统候选人、前任副总统莱尼·罗布雷多和副总统候选人、现任副总统萨拉·杜特尔特（Sara Duterte-Carpio），女性候选人能获得政党提名已经实属不易，更何况两人在众多民意调查中还均居前列。

在司法领域，菲律宾宪法规定总统有权直接任命最高法院的 15 名法官（范若兰，2015a）。因此，2000 年埃斯特拉达总统提名 2 位女性担任最高法官；2004 年马卡帕加尔·阿罗约总统提名 4 位女性担任最高法官一职。与最高法院中女法官占比不断扩大相比，地方法院中的女法官人数却未能实现同步增长。例如在伊斯兰教的沙里阿法院，由于伊斯兰教一直奉行的是男性参政、女性负责照顾家庭的观念，所以一直没有女法官（见表 2）。

表 2　2000—2004 年菲律宾地方法院法官性别分布（单位：人）

	2000 年		2004 年	
	男	女	男	女
地区上诉法院	3	0	3	0
地区审判法庭	613	165	728	103
市级审判法庭	164	56	222	59
市级巡回审判法庭	160	41	202	42
沙里阿法庭	2	0	2	0
沙里阿巡回法庭	19	0	19	0

综上所述，民主转型时期较为自由、开放的观念，为菲律宾女性的权力参与提供有利的外部环境，其中当属立法领域的女性政治参与成果最为丰硕。在父权制社会下，议会作为敲定国家大政方针的关键机构，理应更为男性所统治，究竟是什么原因使得女性能够较为"顺利地"进入参议院呢？

二、菲律宾女性参议员的政治参与

前文所述，菲律宾第十九届国会共有 24 名参议员，其中有南希·比奈、皮娅·卡耶坦、艾米·马科斯、格蕾丝·傅、辛西娅·维拉尔、洛伦·莱加达和里萨·洪蒂维罗斯 7 位女性参议员，占比 29.2%。笔者力图找出 7 位女性参议员之间的共通之处，并根据关键要素展开分析，对她们之所以能在众多候选人中脱颖而出，得出以下结论。

（一）政治替代者：著名政治家的妻女

政治替代者（political surrogates）是指当一个人因生病、亡故或为政治牺牲的亲属而掌握权力（范若兰，2015a）。上述 7 位女性参议员中有 6 位都是政治替代者，依靠她们父亲或丈夫的政治光环，登上政治舞台。

许多男性政治家因为其杰出的政绩而得到众多民众的支持，当他们的妻女作为其继承者或替代者登上政治舞台时，前者无一例外会借助这一天然且有利的身份。皮娅·卡耶坦的父亲、参议员雷纳托·卡耶塔诺因肝癌去世后，不少参议员鼓励皮娅竞选公职，完成其父亲的夙愿。作为一名政治新秀，她因担任其父亲的电视节目的新主持人而广受欢迎，随后成功当选参议员。格蕾丝·傅的养父小费尔南多·傅于2004年竞选菲律宾总统，落选后的几个月便离世。随后格蕾丝返回菲律宾，声称要追求其父亲对选举结果的权利，反对选举舞弊，由此进入政治舞台，开始自己的从政生涯。

女性参议员作为杰出男性政治家的直系亲属，民众会把他们对男政治家的拥戴转移到女性身上，从而使女性政治家也具备相应的号召力与影响力。除里萨·洪蒂维罗斯以外，其余6位女性参议员的家族里都有著名政客存在。在进入政治领域时，她们只需稍加宣扬自己与其丈夫、父亲的关系，便能够较为容易地获得民众的关注，提高支持率。同时相比其他政治家，她们不仅拥有更多的社会曝光度和知名度，更拥有一个广为人知的家族姓氏，增加获选的可能性。例如辛西娅·维拉尔，不光父亲长期担任拉斯皮纳斯的市长兼国会议员，丈夫还曾出任参议院主席和众议院议长，如此雄厚的政治资源使得辛西娅在2019年参议员选举中，以25,283,727票位列第一，创造菲律宾史上最多票数的历史。艾米·马科斯依靠其父亲、菲律宾第六任总统费迪南德·马科斯的光环，在其父实行戒严法期间，便开始自己的政治生涯。在外流亡二十年后，她返回马科斯家族的盘踞地北伊罗戈省，作为该省第二区的国会女议员参加竞选并获胜，由此重新踏入政治领域。2010年，艾米参加北伊罗戈省省长竞选，击败其堂兄迈克尔·马科斯·基恩（Michael Marcos Keon），赢得选举。丰富的从政经验以及雄厚的家族背景，使得艾米在2019年成功当选参议员，并实现连任。南希·比奈的父亲是菲律宾第十三任副总统杰约马尔·比奈，她在没有任何政府管理经验的情况下参加2013年的参议员选举，获得第五的好成绩，在其父亲的光环下，轻松进入政治领域。洛伦·莱加达的丈夫是前八打雁省省长安东尼奥·莱维斯特，曾祖父亚里士多·伦登·盖拉（Aristotle Rendon Gellar）曾参加菲律宾宪法的制定，家族背景为其从政打下坚实基础，使她成为参议院史上任职时间最长的女参议员，同时也是菲律宾唯一一位在两届参议院选举中均名列前茅的女性。

虽然菲律宾女性政治参与的程度在东南亚各国中均处于领先地位，但是纵观该国女性的参政情况可以发现，实现政治参与的女性大多出身于名门望族，普通女性跻身权力政治领域的机会少之又少，由此引出家族政治对菲律宾女性政治参与的这一重要影响因素。菲律宾的政治发展深受家族政治的影响，1965 年美国中央情报局曾用"政治王朝"一词来形容菲律宾的政治生活，即"根据能给个人或其家族带来利益的个人联系"参与政治（龙异，2013）。家族政治催生出众多的政治家族，例如安加拉家族、阿基诺家族、马科斯家族等。来自这些家族的成员依托雄厚的家族实力和关系网络，能够较为容易地进入政界，建立起自上而下的家族政治体系，形成割据局面，例如，马科斯家族长期把控北伊罗戈省，使得菲律宾北部成为其选票收割地。在刚结束的 2022 年总统大选中，邦邦·马科斯共获得 3,100 万张选票，其中约一半的选票都来自其家族的"北方票仓"，这为其成功当选菲律宾第十七任总统奠定扎实的基础。尽管菲律宾宪法明确禁止家族政治，但丝毫没有减弱家族政治对菲律宾政治发展的影响，反而日益成为阻碍其政治良性发展的一个毒瘤，使得菲律宾的政治人物不是效忠于政党，而是效忠于家族。

家族政治的长期发展对民主政治的构建极为不利，对女性政治参与的影响更是巨大，主要表现在以下两个方面。第一，提高政治家族女性进入政界的可能性。在菲律宾，男性领袖如果想要达到延续权力的目的，通常会在任期临近时提名妻子或者女儿上台，等到她们任期临近时，自己再出面参加竞选，从而使得权力在家族成员之间流转。如此一来，权力便永远掌握在某一部分人的手里，阻碍政治的良性发展。第二，家族政治降低普通妇女参与权力政治的可能性。政治家族的女性凭借其家族资源能够较为容易地参与权力政治，但对普通妇女而言，参加投票、游说等大众活动相对容易，若是想要进入权力政治的领域，在长期被"枪、金钱、暴力"所笼罩的菲律宾政坛，对于没有雄厚家族背景和资金支持的她们则是困难重重。

普通妇女很难拥有展开竞选所需要的大额资金，因而难以获得权力参与的渠道，使得女性参政处在一个极不平衡的状态之下。女性政治参与提升的只是来自政治家族女性的参政程度，普通妇女虽然也能接触政治，但她们接触到的只是最表面的一层，缺乏背景与资金的她们，难以靠近政治权力的中心地带。

（二）洁白的象征：追求自由与民主

虽然政治向来被视为男性的领域，但是男性统治者的贪污腐败、任人唯亲、不检点的私生活，让民众对政治领域失去信心。而女性自带的纯洁、温柔等品质，再加上她们大力提倡自由与民主，使得她们成为民众眼中社会进步的象征。南希·比奈是一名儿童权利倡导者，她参与的慈善基金会旨在照顾被遗弃的儿童，并为不幸的人提供教育机会。她在第十六届国会时提出 119 项法案和 151 项决议，均围绕保护妇女儿童、青年、老年人和穷人等弱势群体的利益展开。格蕾丝·傅因主张为父亲小费尔南多·傅讨回公道而进入政界，后来成为 FPJ 总统运动的名誉主席，该组织旨在为不幸者提供社会救济。辛西娅·维拉尔在担任土地改革委员会主席时，将执政重点放在农民自身权利和食品安全上，她关心基层民众的需求，并声称要改革菲律宾的土地制度，维护农民权益。洛伦·莱加达在 2001 年弹劾时任菲律宾总统约瑟夫·埃斯特拉达的审判中发挥关键作用，她负责检查包含埃斯特拉达政府涉嫌腐败证据的信封，为推翻埃斯特拉达的统治提供决定性证据。随后她于 2009 年启动自己的人道主义计划"Lingkod Loren in Luneta"，由于在气候变化和环保主义方面的倡导和行动，她在 2015 年被授予联合国全球复原力冠军奖项，2017 被法国政府授予法国军团骑士勋章。里萨·洪蒂维罗斯更多关注妇女、性别平等和家庭关系等议题，致力于保护菲律宾妇女的生存权和发展权。例如，因受宗教的影响，菲律宾明令禁止避孕和堕胎，许多当地女性如要堕胎，只能采取一些非常规的手段，这常常会让自己陷入危险当中，因此洪蒂维罗斯认为必须停止不安全的地下堕胎行为，妇女要捍卫自己的权利。

女性参议员们在民主化浪潮中积极提倡民主、自由和人权，保护弱势群体的权利，迎合了民众对专制统治的不满、对民主和人权的渴望，群众把她们视为民主与进步的象征，因而给予她们支持。

（三）学识与从政经历：个人能力

尽管政治家族的背景是其家族内部女性成员得以参与政治的一个主要因素，但也不能忽视这些走上权力巅峰的女性自身所具备的能力。菲律宾第十九届国会中的 7 位女性参议员均受过高等教育，都来自具有一定名望的家族，属于精英女性。而且在进入国会之前，她们或多或少都有过从政经历，再加上超强的学习能力和洞察力，综合强化了她们的个人能力，使得她们在众多候选人中脱颖而出。

上述 7 位女性参议员均毕业于名校，知识储备丰富，属于高素质女性，而且在从政前基本都已是公众人物，活跃在大众的视野之内。南希·比奈获菲律宾大学学士学位，在 2013 年首次竞选参议员前，她曾作为其母亲的私人助理履行行政职责；自 2010 年起，她担任时任副总统、其父亲的私人助理。艾米·马科斯毕业于美国普林斯顿大学，该校是美国大学协会的 14 个始创院校之一，是常春藤联盟成员。或许因为其家族的缘故，艾米在流亡美国二十年后，顺利重回菲律宾政坛。1988 年，她当选北伊罗戈第二区的国会议员，2010 年出任北伊罗戈省长，卸任后参加 2019 年的国会竞选，连任两届，现为参议院外交关系委员会主席，随其弟弟、现任总统邦邦·马科斯于 2023 年初对中国进行国事访问。皮娅·卡耶坦毕业于菲律宾大学法学院，从政前是一名律师，自 2004 年当选参议员以来，她已有六届参议员的在任经历。辛西娅·维拉尔于 1970 年获得菲律宾大学理学学士学位，婚后帮助丈夫管理企业，并成为家庭金融公司的董事和副总裁，之后又管理国会开发银行。在第十八届国会的竞选中，她以 25,283,727 票位列第一。洛伦·莱加达曾是一名新闻记者，获得菲律宾 Jaycees 十大杰出青年、菲律宾杰出女性国家服务奖和贝尼尼奥·阿基诺新闻奖等 30 多个奖项，此前也多次参加副总统竞选，是选民眼中的"熟客"。里萨·洪蒂维罗斯毕业于马尼拉雅典耀大学，从政前是一名记者，因 2005 年获得诺贝尔和平奖提名进入公众视野。2016 年，她在时任总统阿基诺三世（Benigno Simeon Cojuangco Aquino III）的领导下，赢得当年的参议员选举。

综上所述，菲律宾女性参议员一是因为著名政治家妻女的身份获得民众的关注，在投票环节，选民会将其对男性政治家的支持转移到他们的妻女身上；二是因为女性多追求自由和民主而被民众视为进步的象征，又因为女性自身所带的纯洁特质，使得"厌恶"贪污腐败的菲律宾民众提升对女性的好感度；三是女性同时凭借出色的个人能力在众多候选人中脱颖而出，由此进入菲律宾的权力决策领域。

三、菲律宾女性参议员政治参与的影响

菲律宾作为东南亚最早卷入第三次民主化浪潮的国家，在妇女运动方面取得不错的成绩。当今世界共发生三波民主化浪潮和女权运动浪潮，二者虽然没有在同一时间维度进行，却有着极高的关联度（Norris et al.，1995）。一方面，每一波民主化浪潮都早于女权运动，由此一来，民主化浪潮带来的进步思想提升了女性的参政热情，推动女性意识的觉醒、促进女权运动的发展；另一方面，每一次女权运动也都有利于巩固民主化浪潮的成果，同时女权运动的发展也为下一次的民主化运动提供议题，加速民主化进程。声势浩大的菲律宾女性参议员现象所带来的影响主要表现在以下两个方面。

（一）促进民主化发展

受传统父权制的影响，女性政治参与的程度十分有限。但是伴随着民主转型，女性主义者大力宣扬男女平等的观点，使得越来越多的女性投身于政治活动当中。正如前文所述，虽然目前菲律宾女性的政治参与大多停留于游行示威、参加选举等大众参与上，权力参与的人数较少且多为来自

政治家族的女性。但总体来说，较之于殖民时期和威权时期，菲律宾女性的政治参与已经取得不小的进步。妇女参与政治，促使政治参与的主体更加多元，政治变得日益包容和公开，偏见、歧视以及暗箱操作等情况得到进一步减少和消除。学界普遍认为女性参政与民主化之间存在一种正相关关系（范若兰，2015a），即女性参政水平越高，一国的民主化程度也就越高。这是因为更多的女性参与政治，扩大了代表基础，使政治更具包容性，有助于完善民主机制，促进民主化的发展。

（二）增强性别主流化趋势

性别主流化，是女性主义者意图在政策制定、实施、检测和评估的过程中加入性别分析的视角，评价政策对男女两性产生的影响，同时针对性别不平等的现状采取相应行动（范若兰，2015b）。如前文所述，菲律宾女性的政治参与程度相较东南亚别国而言是比较高的，伴随着越来越多的女性进入到立法、行政和司法领域，权力参与取得显著进步；妇女组织的蓬勃发展，也使得女性的大众政治参与稳步提升。在民主转型时期，菲律宾妇女权利有所提高，主要体现在有关妇女权益的提案增多和立法出现性别主流化趋势两个方面。

在老马科斯执政的 21 年里，菲律宾议会仅通过 3 个与妇女有关的提案。而在民主转型时期，女性自我意识的觉醒以及民主化的社会环境，使得有关妇女权益的提案数显著增加。从 2004 年第 13 届议会通过的 93 项有关妇女权益的决议，到第 18 届议会通过的 165 项友善妇女的决议（见表3），大多涵盖针对妇女的暴力、歧视和政治权利等议题，其中包括 1997年颁布的《反强奸法》、2004 年颁布的《反对针对妇女及其子女暴力条案》等，都对保护妇女权益有着重要意义。同时政府在制定政策时也开始加入性别视角。拉莫斯就任总统期间，曾颁布多项与妇女权利有关的行政法案，例如发布第 268 号行政令，成立菲律宾妇女角色全国委员会。此外，菲律宾的性别主流化之所以能取得如此成效，离不开妇女组织的推动。以《反对针对妇女及其子女暴力条案》为例，它最初是由"妇女谋求改变法律和社会集体行动"组织（SIBOL）于 1992 年提出，在该组织的努力下，1997 年菲律宾议会通过《反强奸法》。1998 年大选后，SIBOL 与多个妇女组织展开积极讨论，同年向议会提交"反家庭暴力议案"，参众两院审理后，获得最终通过（Manila，2004）。因此，该条例从提出到通过，妇女组织均发挥了重要作用。

表 3　2004 年至今菲律宾有关妇女权益的议案数量与比例

	有关妇女权益的议案 （单位：件）	议案总数 （单位：件）	占比 （单位：%）
第 13 届议会 （2004—2007 年）	93	8,304	1.1
第 14 届议会 （2007—2010 年）	130	9,360	1.4
第 15 届议会 （2010—2013 年）	134	10,619	1.3
第 16 届议会 （2013—2016 年）	108	9,762	1.1
第 17 届议会 （2016—2019 年）	160	12,373	1.3
第 18 届议会 （2019 年至今）	165	13,614	1.2

　　过去人们总是不自觉地将女性事务排除在讨论之外，认为针对妇女的暴力和歧视是属于社会层面的事务。但是随着越来越多的女性进入到政治领域，她们将女性视角代入其中，使得立法者开始重视女性的权益保护，关注到男女不平等的现状，有关女性权益的提案数相继增加，性别主流化趋势得以增强，妇女地位也随之提高。

四、结论

虽然菲律宾女领袖和女性参议员的规模较之别国而言已经取得巨大进步，也确实在一定程度上推动菲律宾民主化的进程，但是如果由此得出女性参政意味着父权制衰弱的结论，笔者认为还为时尚早。

从菲律宾女性参议员产生的原因来看，父权制并没有阻碍她们上台，反而在一定程度上对她们进入政治领域起到了推波助澜的作用。民众之所以选择女性参议员，很大一部分原因是看中了她们所在家族的影响力和魅力，而不是她们的个人能力。第十九届国会中的 7 位女性参议员，有 6 位都是著名政治家的妻女，在深受家族政治影响的菲律宾国情下，女性参议员早已成为其家族政治链条中的一环。同时，女性参议员也会利用和维护父权制。一方面，她们在竞选的过程中，会有意无意地强调自己的政治家丈夫或父亲，引起民众的关注；另一方面，她们也会强调自己拥有的女性特质，实际上是在以这种方式表达对父权制的认同，淡化已有父权制所强调的"政治是男性领域"的观点，宣称自己并未"越界"，从而获得民众的支持与认可。女性参议员的上台，看似是女性地位的提高和妇女权利的改进，实则是在父权制背景下的一种传统政治模式，是对父权制社会的一种依附与延伸。

许多人认为女总统、女性参议员的出现，能在很大程度上保护妇女权利。诚然，女总统和女性参议员出于对自己性别的认同，在决策过程中较之与男性相比，是会更加关注女性的权益法案。但正如前文所说，她们借助父权制上台，所以必不可能去挑战父权制，因此她们在维护女性权益方面所能做的努力是十分有限的。所以，菲律宾女性参议员现象并不能真正意味着妇女地位的提升，但确实在一定程度上刺激了妇女的参政热情。尽管政治的大门始终是向来自精英阶层的女性打开，但也预示着性别差距有所缩小；同时女性参议员数量的增加也不代表着父权制的衰弱，因为正是父权制为她们的上台提供了帮助。水能载舟，亦能覆舟，父权制能帮助她们进入政治舞台，同样也会对她们之后的政治发展形成阻碍，女性参议员在进入权力舞台以后，可能会面临更多的困难与挑战。

参考文献

ATIENZA M E L, 2010. Gender and local governance in the Philippines[M]. Democracy and the Status of Women in East Asia.

MUNEZ M P, 2004. Can reforms withstand guns and gold politics[M]. Philippine Office.

MANILA M, 2004. Gaining ground: Southeast Asian women in politics and decision-making[M]. Philippine Office.

NORRIS P, LOVENDUSKI J, 1995. Political representation: gender, race and class in the British Parliament[M]. Cambridge: Cambridge University Press.

ROCES M, 1998. Women, power, and kinship politics: female power in post-war Philippines[M]. CT: Praeger.

ROCES M, 2002. Negotiating modernities: Filipino women 1970-2000[J]. Modernity and Globalization, (2): 2.

SOBRICHEA C, 2010. Selected reading in women's studies in the Philippines[M]. Chicago: University of Chicago Press.

陈妍，2012. 科拉松·阿基诺和菲律宾民主化——基于女性女主视角的分析 [D]. 广州：中山大学 .

范若兰，2014. 当代菲律宾家族政治与女性权力政治参与的关系 [J]. 南洋问题研究，（4）：87-96.

范若兰，2015a. 东南亚女性的政治参与 [M]. 北京：社会科学文献出版社 .

范若兰，2015b. 父权制类型与女性政治参与模式分析：一个理论思考 [J]. 思想战线，（5）：68-74.

范若兰，2018. 亚洲女政治领袖研究：研究范式与分析工具 [J]. 东南亚研究，（4）：119-134.

范若兰，陈妍，2012a. 东南亚民主化浪潮中的女领袖现象探析 [J]. 东南亚研究，（1）：4-9.

范若兰，陈妍，2012b. 掌权之后：东南亚女总统与民主转型的性别分析 [J]. 妇女研究论丛，（1）：79-85.

甘燕飞，2012. 东南亚非政府组织：起源、现状与前景——以马来西亚、泰国、菲律宾、印度尼西亚为例 [J]. 东南亚纵横，（3）：71-76.

龙昪，2013. 菲律宾精英家族政治的历史演进分析 [J]. 南洋问题研究，（4）：42-50.

杨超，2011. 菲律宾的非政府组织 [J]. 东南亚纵横，（7）：75-79.

Political Participation of Women Filipino Parliamentarians: The Case of the 19th Congress

HONG Tianyue

Abstract: Since the democratic transition of the Philippines in 1986, the proportion of female senators in each session of Congress has been on the rise. The study found that Filipino female senators either gained public attention because they were the wives and daughters of famous male politicians, or stood out among many candidates because of their personal abilities. However, the phenomenon of Filipino women senators does not fully represent the improvement of the status of Filipino women, nor does it mean the decline of Filipino patriarchy. On the contrary, because of patriarchy, women can come to power. Instead of challenging patriarchy, they support and maintain the existing patriarchy.

Keywords: gender; female senators; Philippine

（责任编辑：宋清润）

版权声明

　　对于本书所收录文章，作者承担其知识产权等保证责任。作者保证其享有该文章著作权及其他合法权益，保证无"抄袭""剽窃""一稿两投或多投"等学术不端行为，保证其文章中不含有任何违反我国法律法规的内容，不侵害其他任何方的任何合法权益。

　　作者同意将其作品整体以及附属于作品的图、表、摘要或其他可以从作品中提取部分的全部复制传播的权利，包括但不限于复制权、发行权、信息网络传播权、表演权、翻译权、汇编权等，许可外语教学与研究出版社有限责任公司使用。未经作者和本出版单位事先书面授权，任何机构和个人不得以任何形式予以转载、摘录、使用或实施其他任何侵害作者和本出版单位合法权益的行为，否则作者和本出版单位将依法予以追究。